Xpert.press

Springer-Verlag Berlin Heidelberg GmbH

Die Reihe **Xpert.press** des Springer-Verlags
vermittelt Professionals in den Bereichen
Betriebs- und Informationssysteme, Software
Engineering und Programmiersprachen aktuell
und kompetent relevantes Fachwissen über
Technologien und Produkte zur Entwicklung
und Anwendung moderner Informations-
technologien.

Tim Schumacher · Thomas Ernstschneider
Andrea Wiehager

Domain-Namen im Internet

Ein Wegweiser für Namensstrategien

Mit 19 Abbildungen

Springer

Tim Schumacher
Moltkestraße 59-63, D-50674 Köln
tim@sedo.de

Thomas Ernstschneider
Paul-Schallück-Straße 21, D-50939 Köln
thomas@ernstschneider.com

Andrea Wiehager
Altenberger Straße 15, D-50668 Köln
andrea@domainname.de

Die Deutsche Bibliothek - CIP-Einheitsaufnahme

Schumacher, Tim: Domain-Namen im Internet: ein Wegweiser für Namensstrategien/
Tim Schumacher, Thomas Ernstschneider, Andrea Wiehager. - Berlin; Heidelberg; New
York; Barcelona; Hongkong; London; Mailand; Paris; Tokio: Springer, 2002 (Xpert.press)
ISBN 978-3-642-62746-0   ISBN 978-3-642-55963-1 (eBook)
DOI 10.1007/978-3-642-55963-1

http.//www.springer.de

© Springer-Verlag Berlin Heidelberg 2002
Ursprünglich erschienen bei Springer-Verlag Berlin Heidelberg New York 2002
Softcover reprint of the hardcover 1st edition 2002
Die Wiedergabe von Gebrauchsnamen, Handelsnamen, Warenbezeichnungen usw. in diesem Werk berechtigt auch ohne besondere Kennzeichnung nicht zu der Annahme, dass
solche Namen im Sinne der Warenzeichen- und Markenschutzgesetzgebung als frei zu betrachten wären und daher von jedermann benutzt werden dürften. Text und Abbildungen
wurden mit größter Sorgfalt erarbeitet. Verlag und Autor können jedoch für eventuell ver-
bliebene fehlerhafte Angaben und deren Folgen weder eine juristische Verantwortung noch
irgendeine Haftung übernehmen.

Satz: Computer to film von PostScript Daten der Autoren
Umschlaggestaltung: KünkelLopka Werbeagentur, Heidelberg
Gedruckt auf säurefreiem Papier   SPIN 10857289 - 33/3142XT - 5 4 3 2 1 0

Vorwort

„Der Name zählt!" – auf diese kurze Begründung lässt sich die Notwendigkeit für ein solches Buch über Domain-Namen reduzieren. Schon immer war der Name ein wesentlicher Faktor für den Erfolg von Unternehmen oder Produkten. Mit dem Wachstum des Internet und der Vielzahl von Domain-Anmeldungen ist jedoch eine enorme technische Komplexität hinzugekommen.

Domain-Namen sind Gegenstand dieses Buches. Von der wirtschaftlichen Seite der Namensfindung und Namensgebung über das Domain-Recht bis hin zu technischen Einzelheiten wird in diesem Buch alles behandelt, was über das Thema Domain-Namen wissenswert ist. Das Buch richtet sich an alle, die mit dem Thema Domain-Namen in der Praxis konfrontiert werden, also insbesondere an Internet- und Mediadienstleister, Rechtsanwälte und Onlinemarketing-Verantwortliche.

Wir danken Aurélie Bourdelas, Geschäftsführerin von *Sedo.fr* für ihren Beitrag über Domain-Namen in Frankreich, German Dalamases für seine Ausführungen über Domain-Namen in Spanien, Kristen Del Grosso für den Teil über Domain-Namen in den angelsächsischen Ländern, Oleg Drewin von *Domain-Market.org* für Informationen über Domain-Namen in Russland. Insbesondere danken wir Marius Würzner, Geschäftsführer von *Sedo.de* für seinen umfangreichen Beitrag über den Transaktionsablauf von Domain-Namen in der Praxis. Für Recherche und Korrektur danken wir Caroline Schmidt, Ulrich Priesner und Ulrich Essmann. Nicht zuletzt danken wir auch dem Springer-Verlag für die gute Zusammenarbeit.

Köln, im April 2002

Tim Schumacher   *Thomas Ernstschneider*   *Andrea Wiehager*

Inhaltsverzeichnis

1 Domain-Namen im Internet

Im Zeitalter der Neuen Medien hat das Internet einen immer größeren Stellenwert. Nicht nur die Nutzerzahlen steigen trotz Schwäche der *New Economy* unaufhaltsam, sondern auch die Anzahl der Internetpräsenzen von Unternehmen und Institutionen. Der Domain-Name ist der Schlüssel und das Aushängeschild jeder Website. Je durchdachter die Wahl der Domain, um so besser die Kommunikation zwischen Unternehmen und Nutzer. Die Verwendung von Domain-Namen stellt aus diesem Grund ein bedeutendes Kommunikationsinstrument für jedes Unternehmen dar. Die Erwähnung der unternehmenseigenen Internet-Adresse in der Werbung, auf Firmendokumenten oder Produktpackungen nimmt zu. Modernität und Zeitgemäßheit sind dabei die gewünschten Imageeffekte. Jedoch sind vielfach noch deutliche Mängel bei der Absicherung der relevanten Domain-Namen festzustellen, was gravierende Kommunikationsbrüche zwischen Unternehmen und Nutzern zur Folge hat.

Das Geschäft rund um Domain-Namen floriert. Neben der Registrierung gewinnt auch der Handel mit Domains zunehmend an Bedeutung, denn die meisten guten Domain-Namen sind besetzt. Rund um die Domain-Registrierung ist ein eigener Wirtschaftszweig entstanden. Es gibt Dienstleister für Domain-Bewertungen, Transfers und Recherchen, Domain-Anwälte und Domain-Makler, ebenso auch Agenturen, die für die Kreation neuer Namen zuständig sind. In den USA wird bereits von einer *Domain Name Industry* gesprochen.

Dieses Buch analysiert die Bedeutung von Domain-Namen, behandelt das Domain-Recht und zeigt strategisch sinnvolle Möglichkeiten für das Management von Domain-Portfolios auf.

1.1
Einführung und Begriffe

Internet-Domain-Namen, kurz *Domains* genannt, sind Internetadressierungen im Format *www.name.de* oder *www.name.com* und identifizieren Internetserver auf eindeutige Weise. Sie ermöglichen es dem Endnutzer, sich Internet-Adressen leichter zu merken als dies mit der numerischen IP-Adresse im Format *123.456.789.123*, die hinter jedem Server steht, möglich ist. Lediglich für die Kommunikation des Computers sind IP-Adressen notwendig. Erst der Server des Domain-Namen-Systems (DNS) verwandelt die vom Nutzer eingetippte Zeichenfolge *www.name.de* in die IP-Adresse, wobei IP für *Internet Protocol* steht.

Domain-Namen haben das Internet mit einer klaren, prägnanten und verständlichen Adressierungsmöglichkeit ausgestattet. Heutzutage wissen praktisch alle Internet-Nutzer und auch ein Teil der Nicht-Internet-Nutzer, dass sich hinter dem Begriff *www.xyz.de etwas mit Internet* verbirgt, und viele Nutzer geben auf Verdacht einen Namen wie *www.firmenname.de* oder *www.produktname.de* ein, wenn sie eine Information über ein bestimmtes Unternehmen oder ein Produkt im Internet suchen.[1] So wie *Tempo* zum Synonym für Taschentücher wurde, ist das Kürzel mit dem Punkt und dem abschließenden *.com* oder *.de* – und meist dem *www* davor – zu einem Synonym für das Internet selbst geworden.

Wichtig ist, dass die Wahl des Domain-Namens durchdacht ist. Dadurch können viele Fehler vermieden werden, die die Kommunikation zwischen Unternehmen und Nutzer stören können (mehr dazu in Kapitel 2).

Ein Domain-Name besteht aus zwei wesentlichen Teilen, dem eigentlichen Namensbestandteil der Domain, auch *Second-Level-Domain* (SLD) genannt, und der *Top-Level-Domain* (TLD) als Suffix. Es wird zwischen zwei Arten von Top-Level-Domains unterschieden: Den *generischen* Top-Level-Domains (gTLDs) wie etwa *.com*, *.net* und *.org* und den länderspezifischen *country code* Top-Level-Domains (ccTLDs), beispielsweise *.de* für Deutschland oder *.fr* für Frankreich. Im deutschsprachigen Raum werden insbesondere die ccTLDs *.de*, *.at* (Österreich) und *.ch* (Schweiz) genutzt, außerdem die gTLDs *.com* (commercial, kommerziell), *.net* (network, für Netzbetreiber), und *.org* (organisation, gemeinnützige Organisationen).

---

[1] Vgl. Buschek (*Cyber-Burgen*), S. 289.

Eine Besonderheit gilt für TLDs wie *.tv, .fm* oder *.ws*. Aufgrund des allgemeinen Bekanntheitsgrades der entsprechenden Abkürzungen werden die ursprünglich als ccTLDs gedachten Endungen (*.tv* für Tuvalu und *.ws* für West Samoa) hauptsächlich länderübergreifend verwendet (*.tv* für Television, *.ws* für Webseite, *.fm* für Radiosender).

Aus Gründen der Namensknappheit ist im Jahr 2000 von der internationalen Domainverwaltung ICANN die Einführung der neuen generischen TLDs *.aero, .biz, .coop, .info, .museum, .name* und *.pro* beschlossen worden, die zum Teil bereits registriert werden können. Kurz vor der Einführung steht die europäische Top-Level-Domain *.eu*.

Zusätzlich wird vor dem eigentlichen Domain-Namen in der Praxis meist das Präfix *www* gesetzt. Aus technischer Sicht könnte auf diese Subdomain verzichtet werden. Sie hat sich jedoch bei der Nennung von Internetadressen durchgesetzt, um sprachlich die Verbindung zum World Wide Web (WWW) herzustellen. Der Domain-Name selbst ist wiederum meist ein Teil einer *URL (Uniform Resource Locator)*, die zusätzliche Informationen über die Lage und die Art einer angeforderten Internetseite enthält. Unter einer URL versteht man einen vollständigen Pfad auf ein Internet-Dokument in der Form *http://www.name.de/verzeichnis/dokument.endung*.

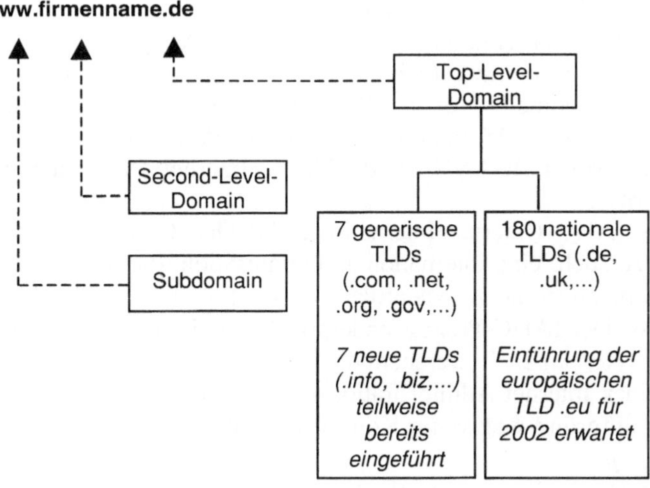

Abb. 1.1. Aufbau einer Internet-Adressierung

1.1.1
Vergabestellen

Domain-Namen werden in allen Ländern in einer zentralen Datenbank verwaltet. In der Schweiz ist dafür das *SWITCH* und in Österreich die *NIC.AT* zuständig.

DENIC In Deutschland ist die Genossenschaft *DENIC* (*Deutsches Network Information Center e.G.*) für die Verwaltung zuständig. Deren Hauptaufgabe liegt im Betrieb des Primary-Nameservers für die Top-Level-Domain *.de*.

Außerdem gehört die bundesweite zentrale Registrierung von Domains unterhalb der TLD *.de*, die Administration des Internet in Zusammenarbeit mit internationalen Gremien (z.B. ICANN) und die Bereitstellung verschiedener Datenbankdienste (zum Beispiel die Whois-Abfrage für Domain-Namen, die Domainregistrierung, Statistiken) zum Angebot der DENIC.

Die DENIC e.G. ist eine eingetragene Genossenschaft. Sie wurde am 17. Dezember 1996 gegründet und am 29. September 1997 ins Genossenschaftsregister eingetragen. Die Mitglieder der DENIC e.G. sind Internet Service Provider (ISP), die ihren Kunden lokale Zugänge zum Internet zur Verfügung stellen. Verschiedene Organisationen und Institutionen kümmern sich um die Verwaltung und Weiterentwicklung des Internet. Die DENIC ist als zentrale deutsche Registrierungsstelle in einigen dieser Einrichtungen offizielles Mitglied, in anderen arbeitet sie informell mit.

Internationale Internet-Organisationen Die ICANN (Internet Corporation for Assigned Names and Numbers) ist verantwortlich für die Vergabe von IP-Adressen und Top-Level-Domains, für den Betrieb der Root-Nameserver und für die Koordination der Internettechnologien (Protokolle, Dienste). Die Vorgängerin der ICANN war die IANA (Internet Assigned Numbers Authority).

Das IAHC (Internet International Ad Hoc Committee) war der erste Versuch, eine internationale Organisation, die das Internet koordiniert, zu gründen. Nachfolger dieses Projektes ist der ICANN-Prozess. Der IAHC-Prozess endete 1998 durch die Veröffentlichung eines *green paper*, in welchem die US-Regierung ihre Vorstellungen von einer Internet-Administration darlegte. Diese präzisierte sie in einem aufgrund weltweiter Kommentare aktualisierten Bericht, dem *white paper*.

Die Mitglieder von CORE (Internet Council of Registrars) registrieren *.com*, *.net* und *.org*-Domains weltweit. CORE ist eine Non-Profit-Organisation von Unternehmen, die Domain-Namen registrieren, und existiert seit 1997. Es unterhält für Mitglieder ein soge-

sogenanntes Shared Registry System (SRS) zur Verwaltung von Domains.

Die Mitglieder von CENTR (Council of European National Top-Level-Domain-Registries) sind nationale Registrierungsstellen für ccTLDs hauptsächlich in Europa. CENTR versteht sich als Forum zur internationalen Diskussion von Fragen, die sich rund um die Domainregistrierung stellen. Ziel ist dabei der Gedanken- und Informationsaustausch zwischen den ccTLD-Registrierungsstellen. Alle ccTLD-Domain-Registraturen werden in der ccTLD-Datenbank der IANA geführt.

Das ISC (Internet Software Consortium) ist eine Non-Profit-Organisation, die sich um die Entwicklung von Standardsoftware für die Internetverwaltung bemüht.

BIND (Berkeley Internet Name Domain) ist die Referenzimplementierung der DNS-Protokolle und bietet einen Nameserver und diverse Libraries und Tools. Die technischen Spezifikationen sind im *Name Server Operations Guide for BIND* festgehalten.[2]

Als eine Art Vermittler agieren Provider an der Schnittstelle zwischen der Zentraldatenbank und dem privaten oder geschäftlichen Endkunden. In Deutschland vergeben z.B. *PureTec.de*, *Schlund.de* und *Carambole.de* Domain-Namen im sogenannten *Domain-Registrierungsprozess* (mehr dazu in Kapitel 3).

Hierbei wird in der zentralen Datenbank geprüft, ob der von einem Kunden gewünschte Domain-Name noch frei ist. Im Idealfall ist dieser frei und kann auf den Namen des Kunden registriert werden.

Aus diesem Prozedere entsteht jedoch eine Problematik, die gerade für Unternehmen von Relevanz ist: In vielen Fällen kommt es vor, dass ein Domain-Name, den ein Unternehmen zu registrieren wünscht, bereits entweder an eine Privatperson oder ein anderes Unternehmen mit gleichem Namen oder gleichlautenden Produkten oder Dienstleistungen vergeben ist. Zudem kann es vorkommen, dass der Name mit dem Hintergedanken registriert wurde, diesen zu einem späteren Zeitpunkt weiter zu verkaufen, ohne dass eine Namensgleichheit besteht. In diesen Fällen spricht man von *Domain-Grabbing* oder *Cybersquatting* (mehr dazu in Kapitel 4). Dies ist die negative Seite des Handels.

Da es mittlerweile immer schwieriger wird, an einen guten nicht-registrierten Namen zu kommen, haben sich Domainbörsen etabliert, über die *gebrauchte* Domains legal erstanden werden können. Der Handel mit Domains floriert mit zunehmender Domain-Knappheit und es ist zu erwarten, dass der Sekundärmarkt für Domain-Namen

Domain-
Registrierung

Domainbörsen

---

[2] Vgl. *www.DENIC.de*

(An- und Verkauf von bereits registrierten Domains) gegenüber dem Primärmarkt (Erstregistrierung) an Stellenwert gewinnen wird (mehr dazu in Kapitel 5).

1.1.2
Regulierungsbehörde ICANN

ICANN steht für *Internet Corporation for Assigned Names and Numbers* und ist eine private Internet-Organisation mit Sitz in Marina del Rey in Kalifornien. Die ICANN ist eine Art Internetverwaltung, die entscheidenden Einfluss auf das Domain-Namen-System ausübt. Sie übernimmt bestimmte zentrale Koordinierungsaufgaben im Internet. Dazu gehört die Koordination des IP-Adressensystems: Die ICANN vergibt die IP-Adressenblöcke und gibt sie weiter an regionale IP-Registries, die diese dann weiter verteilen. Außerdem koordiniert die ICANN das Domain-Namen-System (DNS) und ist insbesondere die Instanz, die über die Einrichtung neuer Top-Level-Domains entscheidet.

Hierarchie innerhalb der ICANN

Die ICANN besteht hauptsächlich aus einem Direktorium samt Präsident und drei Unterorganisationen. Das ICANN-Direktorium besteht aus neunzehn Mitgliedern: Je drei werden von den Fachorganisationen ASO, DNSO und PSO gewählt und neun von den Internetnutzern, die sich als ICANN-At-Large-Mitglieder registriert haben. Dazu kommt ein von den anderen Direktoren gewählter Präsident, der ebenfalls dem Direktorium angehört.

Die Unterorganisationen sind jeweils für bestimmte Aufgabenbereiche zuständig. Die *Adress Supporting Organization* (ASO) kümmert sich um die IP-Adressen. Die Mitglieder des ASO-Gremiums Adress Council werden von den drei regionalen IP-Registries (ARIN, RIPE NCC und APNIC) gestellt. Die *Domain Name Supporting Organization* (DNSO) ist für das Domain-Namen-System zuständig. Die Mitglieder des Names Council werden von sieben Fachgruppen gewählt. In diesen Fachgruppen sind jeweils Interessenvertreter einer Richtung versammelt: Registrare, die das Eintragen von Domain-Namen anbieten, gTLD-Registries (die das Register über die eingetragenen Domains führen), ccTLD-Registries (für jede Ländercode Top-Level-Domain), kommerzielle Internetnutzer, nicht-kommerzielle Domain-Namen-Inhaber (wie z.B. Universitäten, Organisationen), Internet Service Provider und Connectivity Provider sowie Vertreter von Urheberrechtsinteressen. Die *Protocol Supporting Organization* (PSO) ist für technische Parameter zuständig. Das Protocol Council setzt sich aus vier Organisationen zusammen, die im Internet-Bereich Standards setzen: World Wide

Web Consortium (W3C), Internet Engineering Task Force (IETF), International Telecommunications Union (ITU) und European Telecommunications Standards Institute (ETSI).

Bevor es die ICANN gab, wurden die Aufgaben durch oder im Auftrag von US-Regierungsbehörden erledigt. Die meisten Aufgaben hat die ICANN von der IANA, der *Internet Assigned Numbers Authority*, übernommen. Hinter der IANA stand hauptsächlich ein Internet-Pionier Namens Jon Postel. Postel gehörte zu den Erfindern des Domain-Namen-Systems.

Die Entstehungsgeschichte der ICANN begann im Jahr 1992. Zu dem Zeitpunkt erhielt die Firma *Network Solutions Inc.* von der US-Wissenschaftsbehörde NSF den Auftrag, den Betrieb der Domain-Datenbank für *.com*, *.net*, *.org* und *.edu* zu betreuen. Im Jahr 1995 wurde das Abkommen zwischen US-Regierung und Network Solutions dahingehend geändert, dass die Firma jährliche Gebühren berechnen durfte. Vom Internet-Boom, vor allem durch das World Wide Web, profitierte Network Solutions enorm.

Jon Postels IANA unternahm 1996/97 den Versuch, zusammen mit Internet-Verbänden und internationalen Organisationen eine Domainverwaltung aufzubauen, die neue Top-Level-Domains einrichten sollte. Zwar wurde daraufhin ein Abkommen unterzeichnet und sieben neue TLDs ausgesucht, doch Network Solutions weigerte sich, die neuen gTLDs in die Rootserver einzutragen. Die US-Regierung gab Network Solutions vorerst recht und legte nacheinander zwei Entwürfe zur künftigen Domainverwaltung vor. Der erste Entwurf (das *green paper* von Anfang 1998) sah vor, dass das Domain-Namen-System klar unter US-amerikanischer Führung bleiben sollte. Nach heftiger Kritik wurde im Mai 1998 das *white paper* zur Internetverwaltung vorgelegt, das stärkere internationale Beteiligung vorsah. Die ICANN ist auf Grundlage dieses *white paper* gegründet worden.[3]

Seit Bestehen des jetzigen Domain-Namen-Systems wird von verschiedenen Seiten darüber diskutiert, dass das System durch einfachste technische Alternativen ersetzt werden könnte, da es staatlich nicht legitimiert ist[4] und technisch keine besonderen Fähigkeiten aufweist. So wäre es möglich, dass alle Teile der domainverwaltenden Organisationen, z.B. die DENIC, die INTERNIC oder sogar die übergeordnete ICANN, beschließen, das Domain-Namen-System völlig neu zu ordnen oder die Vergabekriterien grundlegend zu ändern. Ausblicke auf Systemalternativen, Tendenzen, Trends und Prognosen werden ausführlich in Kapitel 6 dargestellt.

---

[3] Vgl. *www.icann-channel.de*
[4] Vgl. Strömer (Online-Recht), S. 71.

1.2
Grundlagen des Internet

Das globale Netz *Internet* hat seinen Ursprung in Amerika. Die Idee des Internet wurde 1962 zuerst von J.R. Licklider am Massachusetts Institute of Technology (MIT) als ein Konzept des *galaktischen Netzes* aufgegriffen. Die Vorstellung war, dass global verbundene Computer, Daten und Programme für jedermann zugänglich sein sollten. Kurz darauf wurde von der ARPA (Advanced Research Projects Agency) ein Computerforschungsprogramm unter der Leitung von Licklider eröffnet. Ende 1969 wurde das *ARPANET* (Advanced Research Projects Agency-Net) entwickelt. Zu Beginn hatte man innerhalb des ARPANET vier Host-Computer zusammengeschlossen.[5] Ab etwa 1972 wurde es weiträumig eingesetzt, um Universitäten und Forschungseinrichtungen zu verbinden, die mit dem amerikanischen Verteidigungsministerium zusammenarbeiteten. Eine Familie von Protokollen war die Basis dieses Netzes. Diese wurden bis etwa 1982 spezifiziert. Bekannt ist diese Familie unter dem Namen *TCP/IP*.

Übertragungsprotokoll des Internet

TCP (*Transmission Control Protocol*) und *IP* (*Internet Protocol*) definieren das Übertragungsprotokoll des Internet. TCP ist verantwortlich für das Verpacken der zu übertragenden Daten in eine Folge von Datenpaketen. Versehen mit einer Adresse werden diese an die niedrigere Schicht, das IP, weitergereicht. IP ist für den Versand der einzelnen Pakete zuständig. Die einzelnen Datenpakete wandern zum nächsten Vermittlungsrechner (*Gateway)* und werden von diesem weitergereicht, bis sie über viele Zwischenstationen an einem *Gateway* ankommen, in dessen Bereich (*Domain*) sich der Zielrechner befindet. Die Pakete einer Datei können in veränderter Reihenfolge beim Zielrechner ankommen. Für die korrekte Zusammensetzung ist dann wieder TCP zuständig.

Die Schaffung eines ausfallsicheren Netzes war ein wichtiges Ziel bei der Entwicklung von TCP/IP. Das ursprünglich militärische Netz sollte auch noch funktionieren, wenn durch einen Atomschlag einige Verbindungsrechner vernichtet sein sollten. Die Ausfallsicherheit wird in der Tat durch die Paketvermittlung gewährleistet. Der Nachteil ist aber, dass die Pakete grundsätzlich unverschlüsselt über viele Vermittlungsrechner reisen. So kann man sich etwa mit dem Internetdienst *telnet* in einen entfernten Rechner einloggen. Es erscheint ein Login-Bildschirm, der zuerst Name und Passwort erfragt. Beides reist dann in TCP/IP-Paketen über mehrere Gateways und kann dort theoretisch abgehört und gesammelt werden. Daher

---

[5] Vgl. *www.nic.at*

sollte der Nutzer seine Daten selbst verschlüsseln, wenn vertrauliche Daten auf die Reise geschickt werden.

Entwicklung des Internet

Das ARPANET wurde in den 80er Jahren aus Sicherheitsgründen in einen öffentlichen und einen nichtöffentlichen Teil geteilt. Der öffentliche Teil wurde in das Internet umgewandelt. 1990 bestand das Internet aus über 3000 lokalen Netzwerken mit insgesamt 200.000 angeschlossenen Computern. Das Internet ist ein Netz von Netzen. Vermittlungsrechner verknüpfen diese Netze. Hier handelt es sich meist um UNIX-Rechner, die in dem Netz einen Bereich von Endanwendern bedienen. Der Vermittlungsrechner hat ein lokales Benutzer-Namensverzeichnis, um seine Endanwender zu verwalten, und ist seinerseits in einem oder mehreren globalen Rechner-Namensverzeichnissen eingetragen. In diesen globalen Namensverzeichnissen werden die Rechner über eindeutige Nummern identifiziert.

Eine zentrale Verwaltung des Netzes gibt es nicht. Das Internet gehört den Benutzern. Diese waren bis vor wenigen Jahren noch an Universitäten und Forschungseinrichtungen zu finden, seit Mitte der 90er jedoch ist das Internet in die Öffentlichkeit getreten. Die Anzahl der Internetnutzer und die der Anbieter hat explosionsartig zugenommen. Es ist zu einem kommerziellen Medium geworden. Ende 1999 existierten über 9,5 Millionen Webseiten weltweit.[6]

Dienste im Internet

Vor nicht allzu langer Zeit war es die Hauptaufgabe des Internet, die elektronische Post, sprich E-Mails, zu verschicken. Bald kamen jedoch weitere Dienste hinzu: News, FTP, Telnet, Gopher und schließlich das World Wide Web (WWW).

Die *E-Mail* realisiert die naheliegende Idee, dass ein Brief eine Datei ist, die über das Netz übertragen werden kann. Jeder Teilnehmer benötigt dazu eine Adresse von der Struktur *name@domain.tld*

Der *News-Dienst* ist eine konsequente Weiterführung der Idee der Diskussionslisten (*mailing lists*).

Das *file transfer protocol* (*FTP*) dient dazu, Dateien zwischen Rechnern zu übertragen. Insbesondere wird es heute dazu verwendet, um Dateien von im Internet vorhandenen Archiven herunterzuladen oder um eigene Dateien bereitzustellen.

Gopher war der erste Dienst im Internet, der auch für Computerlaien sofort zugänglich war. Obwohl Gopher veraltet und ungebräuchlich ist, soll es hier kurz vorgestellt werden, da es bereits die wichtigsten Ideen des WWW vorwegnahm. Bei Gopher gibt es zwei Sorten von Dateien: Menüs und Daten. Die Menü-Dateien wurden auf dem Bildschirm angezeigt, man wählte einen Menüpunkt und landete entweder bei einem anderen Menü oder bei einer Datei mit

---

[6] Vgl. *www.nic.at*

dem gesuchten Inhalt. Diese konnte dann zum Beispiel Text, Musik oder Bilder enthalten. Das Besondere daran ist, dass alle Menüs oder Dateien auf beliebigen Rechnern im Netz verstreut sein können.

Das *World Wide Web* ist technisch gesehen eine recht naheliegende Weiterentwicklung von Gopher. Durch Grafik und verschiedene Textformate und die Möglichkeit, durch *Links* an andere Stellen zu verweisen, wurde das WWW begeistert aufgenommen. Firmen erkannten schnell die Möglichkeiten eines solches Kommunikationsmittels, so dass die Öffentlichkeit auf das Internet aufmerksam wurde. Offiziell ist das World Wide Web ein *verteiltes Hypermediasystem. Verteilt* deshalb, weil es sich um ein Informationssystem handelt, dessen Bestandteile wie bereits von Gopher bekannt auf unzähligen Rechnern in der Welt verstreut sind. *Hypermedia* leitet sich von *Hypertext* ab. Letzteres besteht aus Textdokumenten, in denen gewisse farblich besonders gekennzeichnete Textstellen *aktive Links* sind.[7]

Zu Beginn der Internet-Ära wurde die eindeutige Identifikation der Rechner über IP-Adressen in der Form *123.456.789.123* vorgenommen. Im Jahr 1984 wurde dann zur besseren Merkbarkeit das Domain-Namen-System (DNS) in den USA eingeführt. Die Administration von IP-Adressen und Domain-Namen war einer militärischen Behörde der USA unterstellt.

Mit der Öffnung des Internet für nicht-militärische Organisationen wurde die Verwaltung des Domain-Namen-Systems dem International Network Information Center (INTERNIC) mit Sitz im amerikanischen Herdon, Virginia, vergeben. Als immer mehr Rechner weltweit Anschluss an das Internet suchten, begann man im Jahr 1991 damit, einen Teil der Domains von Organisationen vergeben zu lassen, die in den Ländern angesiedelt waren, in denen Rechner angeschlossen werden sollten. Auf diese Weise entstand das Deutsche Network Information Center (DENIC), das seitdem Domains unterhalb der Top-Level-Domain *.de* vergibt. Das INTERNIC blieb zuständig für die Top-Level-Domain *.com*, die an kommerziell tätige Unternehmen – auch an deutsche Firmen – vergeben wird. Anfang der neunziger Jahre stieg die Anzahl der Registrierungen zusammen mit der Kommerzialisierung und dem allgemeinen Wachstum des Internet dann auch stark an. Im Bereich der *.de*-Domains wurden bis Februar 2002 über fünf Millionen Domains registriert, wie die folgende Grafik zeigt.

---

[7] Vgl. Gumm/Sommer (Einführung in die Informatik), S. 542 ff.

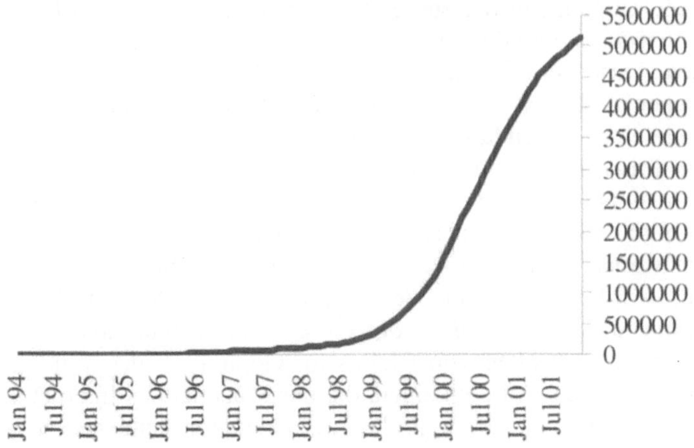

Abb. 1.2. Registrierte .de-Domains[8]

Zusammen mit einem kontinuierlichen Preisverfall im Primärmarkt[9], also bei der Erstregistrierung von Domain-Namen, stieg in fast allen Ländern die Anzahl der registrierten Domain-Namen stetig an, vor allem in den Ländern, die nur geringe oder keine Anforderungen an die registrierende Firma oder Person stellen. Aktuell sind mehr als 30 Millionen Domain-Namen weltweit registriert, wovon einen Großteil die allgemein – vor allem in den USA – genutzten *.com*-Adressen ausmachen. Unter den länderspezifischen Domains sind Deutschland *(.de)* und Großbritannien *(.co.uk)* mit großem Abstand führend. In dem stark fragmentierten Markt für Domain-Namen bieten hunderte von Unternehmen die Dienstleistung einer Erstregistrierung an. Bei der Erstregistrierung prüfen diese Dienste in einer zentralen Datenbank, ob ein Name bereits verwendet wird. Wird er das nicht, kann er gegen ein geringes Entgelt registriert werden und geht damit in das Recht des Erwerbers über. Solange die jährlich fälligen Gebühren bezahlt werden, behält der Domaininhaber grundsätzlich das Recht an dem Namen. Eine weitergehende Prüfung (zum Beispiel auf Markenrechte) findet in den meisten Ländern nicht statt. Der Primärmarkt für Domain-Namen, der Teil des Marktes für Webhosting ist (Bereitstellung von Servern, Speicherplatz und dazugehörigem Datentransfer)[10], hat weltweit ein Marktvolumen von ca. 500 Millionen US$.

---

[8] Quelle: *www.denic.de*
[9] Vgl. Gayer (Com, net und org für alle – Network Solutions verliert sein Monopol auf die Domainvergabe).
[10] Vgl. o.V. (The Brains and Muscles of eCommerce).

Zusammen mit der stetig steigenden Nachfrage nach Domainregistrierungen und der damit entstehenden Knappheit an Domain-Namen – also dem Problem, noch einen aussagekräftigen und kurzen Namen zu finden – entwickelten sich Mitte der 90er Jahre die Anfänge eines Sekundärmarkts mit bereits registrierten Namen. Vor allem Privatleute, die sich in früherer Internet-Zeit gute Domain-Namen registriert hatten, boten diese meistbietend in diesem Sekundärmarkt zum Verkauf an. Als Legitimation für den Weiterverkauf der Namen, von offizieller Seite (ICANN) als Spekulation gescholten, wurde schon früh der Vergleich von Domain-Namen mit Grundstücken (*Immobilien des Cyberspace*) bemüht und eine Parallele zum Abstecken von Claims im Goldrausch des Wilden Westens[11] gezogen. All diejenigen, die das Potential des Internet zu spät erkannt hatten, so die logische Argumentationskette, müssten ihren Claim, also den Domain-Namen, käuflich erwerben: *"For those of us who were born too late to get free frontier land to settle, we have to look to cyberspace to realize the dream of staking our claim in the new Wild West."*[12]

Eine moralische Wertung, ob das Registrieren von Domain-Namen mit dem Ziel des Weiterverkaufs oder gar Spekulation an sich verwerflich ist, soll hier nicht vorgenommen werden. Inzwischen wird die Meinung vertreten, dass der Verkauf von Domain-Namen – wenn hierbei keine Rechte Dritter verletzt werden – nicht unrechtmäßig[13] und auch im Sinne einer ökonomischen Allokation von Produktionsfaktoren[14] (hier: des Domain-Namens) wünschenswert ist. Es ist deshalb davon auszugehen, dass der Handel mit Domain-Namen zunehmen wird.

Eines scheint sicher: Das Medium Internet wird seinen Stellenwert im Kommunikationsbereich weiter ausbauen und damit wird auch die Zahl der Nutzer, die einen Domain-Namen benötigen, stetig zunehmen. Laut *Computer Industry Almanac* wird es bis zum Jahresende 2005 über 765 Millionen User weltweit geben, so dass etwa 12% der Weltbevölkerung das Internet nutzen werden.[15] Dies entspricht einer knappen Verdopplung der Zahl der Nutzer im Jahr 2002 (ca. 400 Millionen).

---

[11] Vgl. Leibowitz (As "cybersquatters" multiply, colleges try to protect their good names).

[12] Vgl. Trust, Rhino (Killer Names Brokerage), zitiert nach: Rony; Rony (*Handbook*), S. 480.

[13] Vgl. hierzu Abschnitt 4.5 – Domainerwerb auf dem Sekundärmarkt – im Kapitel Domain-Recht.

[14] Vgl Rony; Rony (Handbook), S. 480.

[15] Vgl. *www.nic.at*

Interessant ist dabei auch die weltweite Verteilung. Während momentan noch ein Drittel der Internet-Nutzer aus den USA kommen, wird dieser Anteil bis zum Jahr 2005 auf 27 % zurückgehen. Es wird jedoch nicht erwartet, dass die Entwicklungsländer ihren Anteil signifikant erhöhen können. Vor allem Afrika – bereits jetzt mit nur zwei Millionen Nutzern unterrepräsentiert – wird sich wenig steigern. In Lateinamerika und Asien dagegen werden die Nutzerzahlen in die Höhe gehen. Die *International Data Corporation* erwartet für das Jahr 2003 zirka 30 Millionen Internetnutzer in Lateinamerika, eine starke Steigerung gegenüber den 8 Millionen des Jahres 2000. Für Asien, das im Jahr 2000 noch 45 Millionen Nutzer verzeichnete, rechnet *Newsbytes Asia* mit gut 300 Millionen Nutzern im Jahr 2005. In Europa, wo der Norden (insbesondere Skandinavien) tendenziell eine sehr hohe Internet-Durchdringung vorweisen kann, gab es im Jahr 2000 etwa 100 Millionen Internet-Nutzer.

Abschließend soll der Blick noch einmal auf Deutschland gerichtet werden. Hier ist zu beobachten, dass die meisten .*de*-Domains in städtischen Ballungsgebieten registriert worden sind. Vor allem die Regionen Berlin, Hamburg, Köln, Frankfurt und München haben eine überdurchschnittliche „Domain-Dichte", wie in der nebenstehenden Grafik ersichtlich ist. München ist hierbei mit einer Domain-Dichte in Höhe des zweieinhalbfachen Bundesdurchschnitts führend. Nach *Sternberg* und *Krymalowski* besteht eine hohe Korrelation zwischen der Anzahl von Domain-Registrierungen und der Anzahl von Single-Haushalten. Dieser Zusammenhang gilt vor allem, weil gerade gut ausgebildete, junge Personen in urbanen Ballungszentren in Single-Haushalten leben.

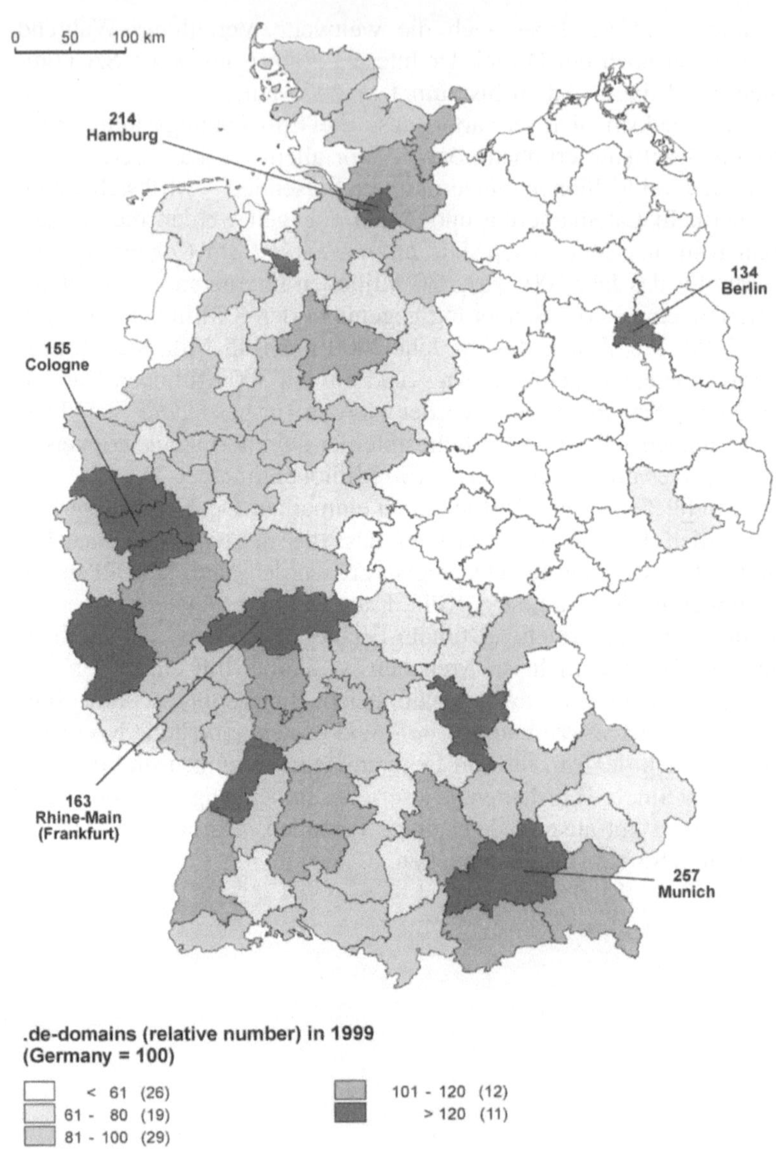

---

[16] Sternberg, Rolf; Krymalowski, Mark (2002): Internet Domains and the Innovativeness of Cities/Regions – Evidence from Germany and Munich.

1 Domain-Namen im Internet

2 Domain-Strategien

Die Bedeutung von Domain-Namen geht weit über die technische Adressierungsfunktion hinaus. Sie haben vielmehr eine grundlegende strategische Aufgabe bei der Lokalisation von Internet-Angeboten. Domain-Namen bilden die Basis für jegliche Kommunikationshandlung im Internet. Die verschiedenen Applikationen des Internet greifen alle auf Domain-Namen als Adressierungsfunktion zurück. Die meistgenutzte Internetapplikation ist die *E-Mail*, deren Adresse das Format *nutzer@firmenname.de* hat. In der am zweitmeisten genutzten Applikation, dem World Wide Web (WWW), wird der Domain-Name *firmenname.de* ohne Zusatz zur Adressierung genutzt oder als Teil einer Webadresse wie *www.firmenname.de/angebot*. In beiden Fällen kommuniziert das Unternehmen gegenüber dem Nutzer mit dem Firmennamen in Form des Domain-Namens. Während viele Unternehmen an anderen Stellen die Schreibweise von Firmennamen klaren Richtlinien entsprechend der angestrebten *Corporate Identity* unterwerfen, wird den Domain-Namen oftmals eine zu geringe Bedeutung beigemessen. Tendenziell ist jedoch zu beobachten, dass die Präsenz der unternehmenseigenen Internet-Adresse in der Werbung, in der Presse, auf offiziellen Firmendokumenten und auf Produktpackungen zunimmt. Das Firmenimage soll dadurch zeitgemäß und modern erscheinen und die Kommunikation mit dem Kunden stärker werden.

Die Namensstrategie eines Unternehmens sollte auf jeden Fall langfristig sein und eine hohe Attraktivität besitzen. Bei der Entwicklung des Namens sind der Fantasie und Kreativität keine Grenzen gesetzt. Im Gegenteil – Kreativität und der Mut, gegen den Strom anzuschwimmen, ist der Schlüssel zum Erfolg. Ein prägnanter Name wird das jeweilige Produkt differenzieren. Das Angebot des Anbieters wird somit unverwechselbar und unterscheidet es so von dem Angebot der Wettbewerber. Produkte können kopiert werden, eine Marke dagegen nicht. Je markanter ein Name, desto schneller kann der Markenaufbau erfolgen und desto geringer ist der Kommunikationsaufwand. Wichtig bei einer erfolgreichen Namensentwicklung ist die systematische Planung und strukturierte Durchführung.

Für die Namensentwicklung ist eine exakte Markenpositionierung bedeutend. Aspekte wie *In welchen Ländern soll der Name nicht nur heute, sondern auch später eingesetzt werden? Wird das Leistungsangebot möglicherweise noch erweitert?* müssen in die Namensplanung einbezogen werden. Wenn diese und andere Fragen geklärt sind, kann die Namensstrategie erarbeitet werden. Das ist die Grundvoraussetzung für die systematische Markenkreation.

Bevor ein Name in die engere Wahl kommt, muss er hohe Hürden nehmen. Ermöglicht der Name auch die Weiterentwicklung der Marke? Ein Name, der international eingesetzt werden soll, muss von muttersprachlichen Namensexperten in den jeweiligen Absatzmärkten überprüft werden. Der favorisierte Markenname muss zudem juristischen Recherchen durch den Rechts- oder Patentanwalt unterzogen werden, bevor dann die Markenanmeldung ansteht. Qualitative und quantitative Namenstests liefern Erkenntnisse über Chancen und Risiken des Namens. Es gilt, den Namen mit seinen Vorteilen nach innen und außen zu verkaufen. Dieses Prozedere erfordert Geduld und meistens harte Überzeugungsarbeit. Jeder Name braucht seine Zeit, um von der Öffentlichkeit akzeptiert und verinnerlicht zu werden.[17]

Gerade aufgrund der immer weitreichenderen Präsenz des Internet sollte das Bewusstsein für eine gut überlegte Wahl eines Domain-Namens geschärft werden. Da der Domain-Name immer stärker nach außen kommuniziert, sollte bei dessen Wahl darauf geachtet werden, dass er bestmöglich mit dem Firmennamen, der nach außen getragen werden soll, übereinstimmt.

Kryptische Abkürzungen und Variationen mit Bindestrichen oder Umlauten sind zu vermeiden. Es kann jedoch sinnvoll sein, als so genannte Co-Domain einen oder mehrere weitere Namen zu verwenden, um die Auffindung des Unternehmens zu erleichtern und diese Co-Domain bei der Eingabe in den Internetbrowser automatisch in den korrekten Firmennamen umzuwandeln. Vor allem mögliche Schreib- und Sprechweisen und unterschiedliche ortographische Notationen sollten beachtet werden. Beispielsweise sollte die DaimlerChrysler AG unter allen möglichen Namensvariationen wie etwa *daimlerchrysler.de* und *daimler-chrysler.de* auftreten und möglichst auch unter – im deutschsprachigen Raum in mehr als fünfzehn Prozent der Suchanfragen auftretenden – Fehlschreibweisen wie *crysler.de* (sic), *daimlercrysler.de* (sic) oder *daimlercrysler.de* (sic).

---

[17] Vgl. Kircher (Ingredient Branding), S. 24 f.

Ferner ist es sinnvoll, alle Versionen in allen gängigen Top-Level-Domains zu registrieren.

Bei der Nutzung von Fehlschreibweisen und Abkürzungen als zusätzliche Domain-Namen ist es außerdem sinnvoll und zudem technisch sehr einfach, die Alternativnamen bei der Eingabe automatisch zu korrigieren und damit die in der Unternehmenskommunikation anvisierte Schreibweise wieder herzustellen.

Domain-Namen bieten ein beachtliches strategisches Potential bei der Lokalisation von Internet-Angeboten. Insbesondere Unternehmen mit bekannten Firmen- oder Markennamen werden über die direkte Eingabe des Domain-Namens in den Browser und nur seltener über Suchmaschinen, Links oder Banner gefunden und angesprochen. So kommt zum Beispiel eine Studie der Boston Consulting Group[18] zu dem Ergebnis, dass zwei Drittel aller Webseiten-Besucher von *Multichannel*-Anbietern wie *Otto*, *Quelle* oder *Conrad* durch Direkteingabe der Internet-Adresse dorthin gelangen. Oftmals wird die URL sogar nur vermutet, indem an einen bekannten Namen aus der Realwelt die TLD *.de* angehängt wird.[19]

Zusätzlich favorisieren die Algorithmen verschiedener Suchmaschinen bei Rankings der Suchergebnisse URLs, die den gesuchten Begriff als Domain-Namen enthalten. Auf diese Weise fördert das Auftauchen populärer Suchbegriffe im Domain-Namen die Platzierung in den obersten Rängen der Rankings.[20] So sind zum Beispiel die Domains *mp3.com* und *mp3.de* in diesen Suchmaschinen zum Suchbegriff *mp3* deutlich besser platziert als die meisten anderen Domains, die *mp3* nicht im Domain-Namen enthalten, aber trotzdem aus inhaltlichen Gründen gelistet werden, wie zum Beispiel *musik-online.de*.

Besondere Beachtung verdienen hier auch solche Unternehmen, deren Aktivität sich primär im Internet abspielt. Als Beispiel seien Online-Shops genannt. Für die Domain-Namen von Online-Shops sind sowohl Aspekte der Merkbarkeit, der Internationalisierbarkeit und der Erweiterbarkeit der Produktpalette von Relevanz. Gerade wegen des Firmen- beziehungsweise Domain-Namens ist diese Erweiterbarkeit der Produktpalette bei vielen Unternehmen nicht gegeben, wodurch sich diese dann unfreiwillig in eine *Lock-In-Position* begeben. Vor diesem Dilemma stand zum Beispiel der Internet-Buchhändler *buecher.de*, der in Deutschland über eine sehr hohe Markenbekanntheit von 68 Prozent bei Internet-Nutzern verfügte.

---

[18] Vgl. Mei-Pochtler; Rasch (E-Commerce in Deutschland – vom Goldrausch zur Goldgewinnung).

[19] Vgl. Krautwurst (Viele Banken übersehen die Bedeutung des Domain-Namen), S. 50.

[20] Vgl. Kius, René (Kampf um die Pole Position), S. 64-67.

Der Domain-Name und gleichzeitige Name des Unternehmens (*buecher.de AG*) verhinderte sowohl eine Erweiterung des Produktspektrums (statt Bücher auch andere Medien, Software und Photos) als auch eine Expansion in andere Länder. So wurde eine Namensänderung in *mediantis* beschlossen, die mit hohen *Switching-Costs* verbunden war. Beschreibende Domain-Namen sind deshalb – je nach Unternehmensziel – eher als zusätzliche Co-Domain-Namen empfehlenswert.

2.1
Namensgebung

Bei Unternehmensneugründungen und etablierten Unternehmen, die neue Produkte planen, muss sich meist zuallererst die Frage gestellt werden, welchen Namen das Unternehmen beziehungsweise das Produkt tragen soll. Diese Überlegungen stehen somit immer auch vor der eigentlichen Registrierung von Domain-Namen. Dieses Kapitel beschäftigt sich aus diesem Grund mit der Auswahl von Namen, dem sogenannten *Namefinding*.

Etablierte Unternehmen und Produkte

Etablierte Unternehmen haben fast immer eine Vielzahl von Produktnamen, zumindest jedoch einen Firmennamen. Sowohl Marke als auch Firmenname sollten durch eine Markenanmeldung geschützt sein, auch wenn dies bei kleinen und mittelständischen Unternehmen oft versäumt wird.

Bezüglich der bereits existierenden Namen ist es generell sinnvoll, alle Firmen- und Markennamen auch als Domain-Namen zu verwenden. Zusätzlich kann es sinnvoll sein, als weitere Namen (*Co-Domains*) einen oder mehrere beschreibende Namen zu verwenden, um die Auffindung des Unternehmens zu erleichtern. Ziel einer solchen Variierung von Domain-Namen ist die komplette Absicherung eines Domain-Portfolios, wie sie im dritten Abschnitt dieses Kapitels ausführlich behandelt wird.

Neue Unternehmen und Produkte

Neuzugründende Unternehmen oder Unternehmen mit neuen Produktkreationen dagegen gehen oft einen anderen Weg. Hier wird bereits bei der Namensfindung überlegt, ob der gewünschte Firmen- oder Produktname noch als Internet-Domain frei verfügbar oder zumindest zu einem vertretbaren Preis käuflich zu erwerben ist. Bei international orientierten Unternehmen muss dieser Domain-Name nicht nur im Stammland, sondern auch in den geplanten Expansionsländern verfügbar sein. Da der Domain-Name als Markenname auch den gängigen Kriterien[21] (annehmbarer Klang, internationale Ver-

---

[21] Vgl. Sander (Die Bestimmung und Steuerung des Wertes von Marken), S. 69.

wendbarkeit[22] und wenn möglich eine sinnvolle Assoziation mit dem Produkt) genügen muss, ist dies ein schwieriges Unterfangen. Verallgemeinernd kann deshalb gesagt werden, dass bei den meisten Unternehmensneugründungen für die Wahl des Firmennamens die Verfügbarkeit des Domain-Namens eine entscheidende Rolle spielt.

Generell können *drei verschiedene Namensalternativen* voneinander abgegrenzt werden:

1. Die Auswahl eines guten *beschreibenden* Namens,[23] um den kostspieligen Aufbau einer eigenen Marke[24] durch den Einsatz eines gängigen Begriffs weitgehend zu vermeiden oder wenigstens abzumildern. Jedoch haben beschreibende Namen den Nachteil, dass eine internationale Expansion oder eine Produktexpansion problematisch sein kann, also ein unfreiwilliger *Lock-In-Effekt* durch den eigenen Firmennamen entsteht, wie bereits im Fall des Internet-Buchhändlers *buecher.de* skizziert wurde. Beschreibende Namen sind deshalb – je nach Unternehmensziel – eher als zusätzliche Co-Domain-Namen empfehlenswert. Unternehmen mit einem sehr limitierten Unternehmensziel, die lediglich das Anbieten eines einzelnen Produktes oder einer abgegrenzten Produktkategorie auf einem lokalen oder nationalen Markt planen, sind mit einem guten beschreibenden Domain-Namen durchaus sehr gut bedient. Unternehmen, die einen internationalen Ansatz haben und stark auf eine hohe Markenbekanntheit setzen, sollten beschreibende Namen jedoch nur als zusätzliche Co-Domain-Namen verwenden.

2. Als zweite Alternative bietet sich die Auswahl eines guten *brandingfähigen* Namens an, zumindest in einem Teil der gewünschten Ländercodes.[25] Dies ist für fast alle Unternehmen, die sich besonders über ihre Marke herausheben

---

²² Zwei Kriterien, die Amazon-Gründer Jeff Benzos sicherlich dazu bewogen haben, sein neues Unternehmen nicht wie ursprünglich geplant *abracadabra.com* zu nennen.

²³ Beispiele: *poster.de, monster.de, business.com* u.a.

²⁴ Vgl. Sander (Die Bestimmung und Steuerung des Wertes von Marken), S. 53 und Mei-Pochtler; Rasch (E-Commerce in Deutschland – vom Goldrausch zur Goldgewinnung), S. 19 f.

²⁵ Ein Sonderfall stellt hierbei der sogenannte "Gefangenenaustausch" dar, wie ihn zum Beispiel die Meinungsforums-Konkurrenten Dooyoo und Ciao praktiziert haben. Hier hatten beide Firmen in bestimmten Ländern Domain-Namen des jeweils anderen Unternehmens registriert, um deren internationale Expansion zu blockieren. Im Rahmen des Austausches wurden diese gegenseitig an die rechtmäßigen Eigner zurückgegeben.

möchten, von Bedeutung: So musste zum Beispiel *Ebay* seine japanische Domain teuer erwerben; andere Unternehmen (z.B. *Atrada*[26]), die ein Reservieren internationaler Domain-Namen bis heute versäumt haben, werden bei einer internationalen Expansion vor ähnlichen Problemen stehen.

3. Das Ausweichen auf schlechtere, weniger brandingfähige oder längere beschreibende Namen (z.B. *produktname-online.de* oder *firma-web.de*) oder Verzicht auf bestimmte Ländercodes.

Während mit der letztgenannten Methode vor allem kleinere Unternehmen starten, kommen gerade größere Unternehmen nicht um den Kauf eines Domain-Namens herum. Dieser Trend wird sich bei einer steigenden Anzahl an Registrierungen durch eine weitere Expansion des Internet[27] fortsetzen. In jedem Fall müssen reine Internet-Anbieter ihre Marken zuerst teuer aufbauen. Weiterhin ist zu beachten, dass ihre Besucher in viel stärkerem Maße über Portale und Suchmaschinen, aber auch über internetspezifische Instrumente wie Banner-Anzeigen und Links zu ihnen finden als dies bei Multichannel-Anbietern der Fall ist. So haben etablierte Multichannel-Anbieter den Vorteil, dass ihre Marke den potentiellen Kunden bereits ein Begriff ist und diese dann unter dem entsprechenden Markennamen (plus der Domainendung *.de*) im Internet nach der entsprechenden Webseite suchen. Unternehmen mit einer bereits bekannten Marke sind somit viel stärker als neue Unternehmen darauf angewiesen, exakt ihren Firmennamen als Domain-Namen zu sichern. Neugründungen dagegen können beschreibende Namen besser nutzen.

Auf der anderen Seite gibt es auch viele Argumente für eine nicht-beschreibende Namensgebung. So argumentieren Gegner von generischer, beschreibender Namensgebung, dass generische Domain-Namen für die Namensgebung weder in der Offline-Welt noch im Internet verwendet werden sollen. Manche Autoren gehen sogar noch weiter und befinden generische Domain-Namen im Internet für noch schädlicher als in der Offline-Welt. Dieser Logik liegt folgende Argumentation zugrunde:[28] Während es in der Offline-Welt immer noch eine visuelle Komponente gibt (Logo, Schriftzug, Farben), besteht ein Domain-Name nur aus Zeichen. Ein generischer Domain-

---

[26] Vgl. Pressemitteilung von Atrada "Atrada setzt auf Macht der Marke", 19.8.1999.

[27] Vgl. Mei-Pochtler, Antonella; Rasch, Stefan (E-Commerce), S. 11.

[28] Vgl. Ries, Al; Ries, Laura (Die 11 unumstößlichen Gebote des Internet-Branding), S. 41-54.

Name wie *buecher.de* übt keine eindeutige Kennzeichnung im Sinne eines Markennamens aus, sondern ist ein Gattungsname, der ein Produkt oder eine Dienstleistung lediglich beschreibt. Die Flut von beschreibenden Domain-Namen ist auf die Gründerphase im Internet zurückzuführen, in der ein generischer Name sowohl für die Unternehmen als auch für Nutzer am einfachsten schien. So gehören in Deutschland zwar *Job.de, Stellenmarkt.de, Stellenanzeigen.de, Jobs.de, JobUniverse.de, WorldWideJobs.de, Jobware.de* und *Jobticket.de* zu den großen Stellenmärkten im Internet. Führend sind jedoch zwei Stellenmärkte mit echten Eigennamen, nämlich *Monster.de und StepStone.de*, die sich aus der Masse der beschreibenden Namen wohltuend herausheben. Auch gemischt-beschreibende Namen, also Namen, die ein Attribut oder einen Eigennamen mit einem generischen Begriff kombinieren (*JobPilot.de*) haben es schwer, sich beim Konsumenten einzuprägen.

Optimal sind nach dieser Namefinding-Strategie Kunstbegriffe (zum Beispiel *Sedo*) oder Begriffe, die einem völlig anderen Kontext entnommen wurden zum Beispiel *Amazon*, ein eigentlich geographischer (Fluß Amazonas [dtsch.] bzw. Amazon [engl.]) und mythologischer (Amazone) Begriff. Nach dieser Strategie sind diese Markennamen am stärksten, die keinerlei Beziehung zu dem eigentlichen Produkt haben. *McDonalds* wäre damit ein besserer Eigenname als *Burger King* und *GMX* besser als *Freemail*.

Zusammenfassend können folgende **acht Punkte** als optimal für einen Namen angesehen werden:[29]

1. Der Name sollte kurz und prägnant sein:

Dies gilt sowohl innerhalb als auch außerhalb des Internet. Ein zusätzliches Argument innerhalb des Internet ist jedoch, dass der Name eingetippt werden muss, was besonders für kurze Namen und damit kurze Domain-Namen spricht. *Sedo*, *Ebay* oder *Sixt* sind kurz und damit besser als *Host Europe*, *Ricardo* und *Europcar*.

2. Der Name sollte einfach sein:

Komplizierte Namen sind schwer auszusprechen und oft noch schwerer korrekt einzutippen. Optimal sind kurze Namen mit einer universal präferierten Silbenstruktur (Konsonant-Vokal-Konsonant). Negativbeispiele gibt es viele, so ist zum Beispiel der Name *Jippie* schwierig auszusprechen und zu tippen. Auf der anderen Seite können einfache Namen auch oft langweilig sein und komplizierte Namen wie *Häagen Dazs* interessant.

---

[29] Vgl. Ries, Al; Ries, Laura (Die 11 unumstößlichen Gebote des Internet-Branding), S. 55-71.

3. Der Name sollte einen Hinweis auf die Kategorie enthalten:

Ein Hinweis auf das Produkt – ohne einen generischen Produktnamen direkt zu benutzen – ist sinnvoll. So enthält der Name *Sedo* mit den Buchstaben *do* einen Hinweis auf *Domains*.

4. Der Name sollte einzigartig sein:

Ein Name sollte sich in das Gedächtnis der Konsumenten einprägen, was jedoch nur gelingt, wenn er einzigartig ist. In der oben skizzierten Vielzahl der Jobbörsen mit *Job* im Namen (*WorldWideJobs.de*, *Jobware.de*, *Jobticket.de* etc.) stechen einzigartige Namen wie *StepStone.de* besonders heraus.

5. Der Name sollte ein Wortspiel beinhalten:

Alliterationen, Reime oder eine Aneinanderreihung von ähnlich klingenden Silben fördert die Merkbarkeit von Namen. Positive Beispiele sind *Coca Cola* oder *Otto*.

6. Der Name sollte leicht auszusprechen sein:

Der Amazon-Gründer Jeff Benzos plante zunächst, sein Unternehmen *Abracadabra.com* zu nennen. Dies wäre im Vergleich zu *Amazon.com* deutlich schwieriger auszusprechen gewesen und damit suboptimal. Probleme kann es auch mit Zahlen-Buchstaben-Kombinationen (*12move* oder *1&1 Webhosting*) geben. Optimal sind wiederum kurze Namen mit einer universal präferierten Silbenstruktur (Konsonant-Vokal-Konsonant), die auch international aussprechbar sind. Linguistisch gegensätzlich zu Namen mit einer universal präferierten Silbenstruktur sind Wörter mit suprasegmentaler Gestalt. Dabei handelt es sich um Silbenabfolgen, die nicht in jeder Sprache aussprechbar sind. So ist *Matsch* für einen Deutschen zwar leicht zu sprechen, in fast allen anderen Sprachräumen jedoch unaussprechlich.

7. Der Name sollte schockieren oder zumindest überraschen:

Ein überraschender, manchmal auch schockierender Name wie *fcuk* (Kleiderkette) oder *Yahoo!* sticht aus der Menge langweiliger Namen heraus und hat damit Vorteile in punkto Erinnerbarkeit.

8. Der Name sollte personalisiert sein:

Weiterhin ist es positiv, wenn der Name eines (charismatischen) Firmengründers mit dem Firmennamen und damit mit dem Domain-Namen verknüpft ist, so wie dies zum Beispiel bei *Otto* oder bei *Dell* der Fall ist.

Natürlich kann ein Kunstname nicht alle diese Bedingungen erfüllen, es sollte jedoch darauf geachtet werden, dass der Namensfindungsprozess für ein neues Unternehmen prinzipiell auf möglichst viele dieser Punkte ausgerichtet ist.

Auf der anderen Seite sollten derartige Namensgebungsprinzipien nicht als Dogmen gesehen werden, sondern allenfalls als Denkanstoß. Andernfalls droht die Gefahr von Konformität. So sind bei den jüngeren Namenskreationen vor allem die Punkte 2 und 6 (*Einfachheit* und *Aussprechbarkeit*) häufig zu stark beachtet worden. Gerade Wörter lateinischen Ursprungs, die in den meisten (westlichen) Sprachen gut aussprechbar sind, werden gerne gewählt. Dies macht es jedoch letztendlich schwer zu differenzieren, wo zum Beispiel die Unterschiede zwischen *Avensis*, *Aventis*, *Adventist* oder *Avanza* liegen.[30]

Gerade in der Welle der Internet-Neugründungen des Jahres 1999 und 2000 galt es, aus der Masse mit einem gut gewählten Namen herauszustechen. Somit liegt auf Punkt 7 (*Überraschungseffekt*) oft ein weiterer Schwerpunkt. Ein gutes Beispiel dafür ist *Yahoo!* – hier überrascht den englischsprechenden Nutzer, dass *Yahoo* im englischen *Flegel* oder *Brutaler Kerl* bedeutet, den deutschen Nutzer überrascht das doppelte *o*. Jedoch ist es fraglich, ob das Kopieren eines solchen Überraschungsfaktors sinnvoll ist, wie dies unter anderem die Internet-Startups *Dooyoo* und *Yoolia* getan haben.

2.2
Domains als Onlinemarketing-Instrument

Im Folgenden soll die Bedeutung, die Domain-Namen als Onlinemarketing-Instrument im Onlinemarketing-Mix von Unternehmen haben, erläutert werden. Zu diesem Zweck vorab ein kurzer Exkurs in die allgemeine Zielsetzung des Onlinemarketings.

In der *Wertschöpfungskette im Onlinemarketing* (siehe Abbildung auf der folgenden Seite) wird die Aufmerksamkeit des Nutzers, der zum Beispiel ein Banner sieht, Schritt für Schritt in eine Transaktion, zum Beispiel eine Anmeldung oder einen Kauf, transformiert. An erster Stelle steht eine Kampagne, in der dem Internetnutzer eine Botschaft übermittelt wird. Online-Werbeträger können hierbei sein:

1. *Banner*
2. *Links*
3. *Newsletter*

---

[30] Auflösung: *Avensis* ist ein Auto, *Aventis* der Pharmakonzern, *Adventist* die Religionsgemeinschaft (engl. Schreibweise) und *Avanza* eine Strommarke.

4. Artikel, Berichte
5. E-Mails
6. Kataloge

Interessierte Nutzer klicken in der Regel auf einen weiterführenden Link in einem solchen Werbeträger, um weitere Informationen zu erhalten, und werden dann auf die Unternehmens-Webseite oder eine Unterseite der Webseite (speziell passend zu der Kampagne) weitergeleitet. Falls der Kunde weitere Informationen wünscht, kann er sich registrieren, einen Newsletter abonnieren oder per E-Mail Informationen anfordern. Viele Onlinemarketing-Kampagnen gehen jedoch über den reinen Werbeeffekt hinaus und versuchen, den Nutzer zu einem Kauf zu bewegen. Optimal ist es, nach Abschluss einer Transaktion Feedback vom User zu erfragen und dieses Feedback in der Weiterentwicklung von Dienstleistungen und Service zu nutzen.

	Kampagne	Klick	Registrierung	Kauf	Feedback
Internet-nutzer zeigt...	Aufmerksamkeit („Awareness")	Interesse	Großes Interesse, Bereitschaft zur Datenweitergabe	Bedürfnis	Interesse an Weitergabe von Erfahrungen
Beispiel	Banner, Newsletter, Presseartikel, Suchmaschinen oder Katalog-Eintrag, Link, Formular, E-Mail	Kunde klickt auf Text- oder Grafiklink, gibt URL in Browser ein, kontaktiert den Anbieter per E-Mail oder füllt Formular aus	Kunde registriert sich mit seinen persönlichen Daten beim Anbieter, z.B. für ein kostenloses Kundenkonto	Kunde bestellt ein Produkt	Kunde gibt Anbieter Feedback, partizipiert in einem Online-Meinungsforum oder gibt seine Erfahrung offline weiter
Wert für den Anbieter qualitativ (Kampagnenziel)	Markenbildung (Branding)	Traffic, damit eventuell Werbeeinnahmen	Daten, die zum Beispiel für weitere Mailings im Rahmen von CRM-Kampagnen genutzt werden können	Umsatz	Positives oder negatives Feedback
Wert für den Anbieter quantitativ (Kampagnenkosten)	Zahlung pro Sichtkontakt der Werbung, Abrechnung auf TKP-Basis (z.B. Preis pro 1000 Einblendungen eines Werbebanners) Die TKP-Kosten schwanken von unter 1 Euro bei Streubannern bis über 500 Euro bei zielgerichteten elektronischen Mailings	Zahlung pro Klick auf ein Werbemittel, Abrechnung auf Per-Klick-Basis Die Kosten pro Klick schwanken je nach Werbeträger, Zielgruppe und Abnahmemengen von nahezu 0 Euro bis weit über 1 Euro	Zahlung pro Registrierung, Abrechnung auf Per-Lead-Basis Die Kosten pro Lead schwanken stark je nach Zielgruppe: Unter 1 Euro sind zum Beispiel bei Gewinnspiel-Anmeldungen üblich, Versicherungen zahlen für qualifizierte Kontakte oft mehr als 50 Euro	Hier kann eine Zahlung an den Werbeträger entsprechend dem Umsatz (z.B. 10% vom Umsatz) oder entsprechend dem Deckungsbeitrag der einzelnen Produkte geleistet werden	Schlecht messbar, aber langfristig enorm wichtig

Abb. 2.1. Wertschöpfungskette beim Onlinemarketing

Domain-Namen spielen hierbei eine tragende Rolle als Instrument im Onlinemarketing. Untersuchungen zeigen, dass ein Großteil der Besucher, insbesondere ein Großteil der zielgruppenorientierten Besucher, über den Domain-Namen auf die Webseite eines Unternehmens gelangen. So kommt zum Beispiel eine Studie der Boston Consulting Group zu dem Ergebnis, dass zwei Drittel aller Webseiten-Besucher von Multichannel-Anbietern wie *Otto*, *Quelle* oder *Conrad* durch Direkteingabe (*Type-In*) der Internet-Adresse dorthin gelangen. Oftmals wird die URL auch nur vermutet, indem an einen bekannten Namen aus der Realwelt einfach *.de* angehängt wird. Eine Studie von *StatMarket.com* kommt sogar zu dem Ergebnis, dass die Nutzung von direkten Navigationsmitteln (Browsereingabe und Bookmarks) gegenüber der Navigation durch Links/Banner und Suchmaschinen zugenommen hat.

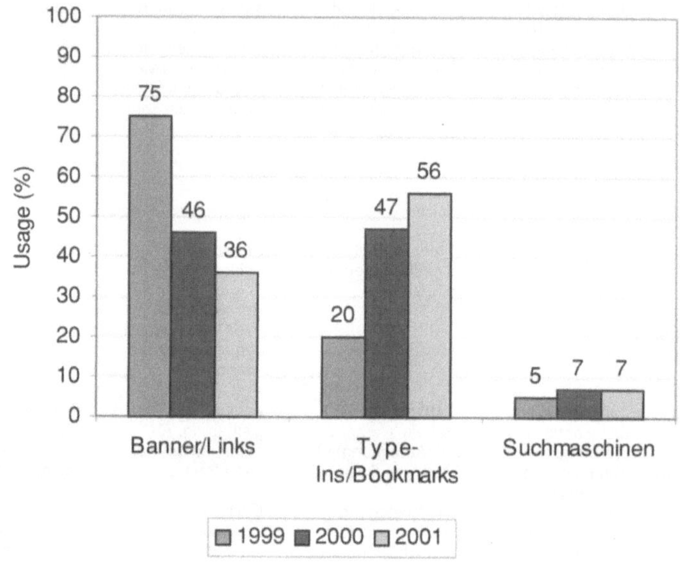

Auch wenn diese Statistik in absoluten Zahlen in der Praxis plausibel scheint, so ist jedoch kritisch anzumerken, dass bei den Zahlen von *StatMarket.com* keine Unterscheidung von Alt- und Neubesuchern vorgenommen worden ist. Altnutzer, also wiederkehrende Besucher einen Internetseite, steuern in vielen Fällen die Webseite über eine Direkteingabe ein – falls sie sich noch an den Domain-Namen erinnern – oder sie haben sogar ein Bookmark (in Microsofts Internet Explorer sind dies die sogenannten *Favoriten*) gespeichert. Neunutzer jedoch, die erst auf der Suche nach einer Webseite sind, nutzen Suchmaschinen oder Banner/Links in einem viel höheren Maße. Die Bedeutung von Links und Suchmaschinen ist deshalb gerade für die Neukundenakquisition nicht zu vernachlässigen.

Domain-Namen können in vielen Fällen wirkungsvoll dazu genutzt werden, zielgerichtete Besucher auf die eigene Internetpräsenz zu delegieren. Die Neukundengewinnung mittels Domain-Namen basiert konzeptionell auf **zwei Methoden**:

1. Nutzer tippen ein Stichwort plus *.de* oder *.com* in ihren Browser ein, wenn sie eine zu ihrem Suchbegriff thematisch passende Webseite im Internet zu lokalisieren versuchen. Diese Art von Besuchern wird mit den Begriffen *Direkteingabe-Besucher* oder *Type-In-Traffic* bezeichnet.

2. Suchmaschinen bevorzugen bestimmte Domain-Namen und listen diese höher in ihrer Suchergebnis-Ausgabe, was dazu führt, dass mehr Besucher diese Suchergebnisse anklicken und damit auf die Webseite gelangen. Die Optimierung der Ausgabe von Suchmaschinen wird als *Ranking-Optimierung* oder *Suchmaschinen-Optimierung* bezeichnet.

Diese beiden Eigenschaften von guten Domain-Namen sollen im Folgenden getrennt erörtert werden:

1. Gewinnung von Direkteingabe-Besuchern mittels Domain-Namen:

Dieser Marketing-Effekt wird durch die Tatsache erreicht, dass viele Internetbenutzer, wenn sie ein Unternehmen, ein Produkt oder einen Dienst im Internet suchen, zuerst eine Direkteingabe des Wortes im Internetbrowser probieren. Es kann deshalb sinnvoll sein, einen Domain-Namen zu registrieren oder zu kaufen, der von Internetbenutzern oft via Direkteingabe angesteuert wird, beispielsweise *buecher.de*. Von dieser Tatsache können auch diejenigen Internet-Angebote profitieren, die bereits einen oder mehrere Domain-Namen besitzen, wenn sie einen zusätzlichen beschreibenden Namen in einem Domainmarkt kaufen. Damit können unter Umständen kostspielige Werbeaufwendungen an anderer Stelle vermieden werden. Einige Internet-Unternehmen machen von dieser Möglichkeit bereits Gebrauch: Zum Beispiel ist die Software-Auktion des Internet-Auktionshauses *Atrada* unter *software.de* erreichbar, eine bekannte Telefonkosten-Informationsseite bedient sich des zusätzlichen Namens *flatrate.de*. Die Anzahl der Besucher, die über einen solchen zusätzlichen Domain-Namen auf die Webseite eines Unternehmens gelangen, hängt vor allem von der Nutzung des Suchbegriffes ab. Ein häufig genutzter Suchbegriff wie *buecher.de* oder *software.de* erzielt sehr viele Besucher, ein Spezialbegriff wie *flatrate.de* entsprechend weniger Besucher.

DOMAIN	SUCHEN / MONAT	TYPE-IN-VISITS AUF DOMAIN / MONAT
italienwetter.de	26	500
wetteritalien.de	376	140
spezialitaeten.de	0	228
sms-center.de	745	220
italien-online.com	0	120
handy-laden.com	0	40
personalauswei-se.de	0	25

Wie aus der Abbildung ersichtlich ist, erreichen selbst Spezialdomains hohe Besucherzahlen. So erreicht die Domain *italienwetter.de* 500 Besucher, *spezialitaeten.de* immerhin noch über 200 Besucher pro Monat. Abhängig von der Zielgruppe kann fast jeder Suchbegriff genutzt werden, um bestimmte Besuchergruppen anzuziehen. So könnte die Domain *italienwetter.de* eine sinnvolle Marketing-Domain für Italien-Reiseunternehmen darstellen. Die Anzahl der Besucher, die eine Domain direkt eingeben, ist nicht linear proportional zur Anzahl der Internetnutzer, die denselben Begriff in Suchmaschinen eingeben (vgl. erste Spalte der obigen Abbildung), eine positive Korrelation ist jedoch festzustellen.

2. Suchmaschinen-Optimierung mittels Domain-Namen:

Hierzu eigenen sich insbesondere Stichworte, also Wörter, die von Internetnutzern auch als Suchbegriffe verwendet werden. Besonders hohe Besucherzahlen werden dabei durch hochfrequentierte Suchbegriffe wie *download*, *bilder* oder *mp3* erreicht. Mit der zunehmenden Anzahl an Seiten im Internet erkannten Webmarketing-Spezialisten früh die Bedeutung, die Suchmaschinen beizumessen ist. Viele Neubesucher einer Webseite und insbesondere ein Großteil der zielgruppenspezifischen Neubesucher kommen über Suchmaschinen zu den Webseiten. Eine gute Platzierung, das heißt eine weit oben liegende Positionierung der eigenen Webseite in der Ausgabe von Suchmaschinen, ist deshalb eine der wichtigsten und kostengünstigsten Marketingmöglichkeiten, die das Internet bietet.

Eine gute Platzierung ist aufgrund der Vielzahl von Seiten im WWW aber nicht immer leicht zu erreichen. Neben sinnvollen *Beschreibungen*, *Metatags* und *Titeln* wird ein Kriterium jedoch oft vernachlässigt: Die URL der Internet-Seite beziehungsweise der Domain-Name der Internet-Seite. Die Untersuchung der Effekte des

2 Domain-Strategien

Domain-Namens – also die Frage ob und in wieweit mittels Domain-Namen eine Suchmaschinenoptimierung erreicht werden kann – war unter anderem Gegenstand einer Diplomarbeit an der Universität Köln. Dazu wurden Tests mit den wichtigsten deutschen Suchmaschinen und den wichtigsten, d.h. den meistverwendeten, Suchbegriffen vorgenommen.

Es wurde mit jedem der Begriffe eine Suchabfrage gestartet und die Ergebnisse analysiert. Hierbei wurden die auf der ersten Seite angezeigten Suchergebnisse (bei allen verwendeten Suchmaschinen wurden hier zehn Webseiten angezeigt) im Hinblick auf folgende Fragestellungen untersucht: *Taucht in der angezeigten Webseite der Suchbegriff in der URL auf? Wenn ja, ist der Suchbegriff in dem Domain-Namen selbst enthalten oder befindet er sich in der Rest-URL?*

Untersucht wurden die beiden zu diesem Zeitpunkt meistverwendeten deutschen Suchmaschinen *Altavista.de* und *Fireball.de* sowie die Suchmaschine *Inktomi*, die weltweit verschiedene Seiten mit Suchergebnissen speist. Folgende Ergebnisse sind für Verantwortliche im Onlinemarketing interessant:

1. Die verwendeten Suchmaschinenverfahren sind von Suchmaschine zu Suchmaschine sehr unterschiedlich. Während unter anderem *Fireball* und *Inktomi* dem Erscheinen des Stichwortes in dem Domain-Namen eine sehr große Bedeutung zumessen, ignoriert *Altavista* dieses Kriterium fast völlig.

2. Das Auftauchen populärer Suchbegriffe im Domain-Namen fördert die Platzierung in den oberen Regionen der Suchmaschinen. Bei beiden Suchmaschinen, in denen das Kriterium *Domain* überhaupt von Relevanz war, ist es außerdem bemerkenswert, dass bei fast allen Suchbegriffen auch der Domain-Name, der das Stichwort ohne weiteren Zusatz enthält, auftauchte. So sind zum Beispiel die Seiten *mp3.com* und *mp3.de* in den Suchmaschinen zum Stichwort *mp3* sehr weit oben platziert und in der Regel besser platziert als der Domain-Name *mp3-online.de*. Ein guter Domain-Name ist daher deutlich besser für die Suchmaschinen-Optimierung geeignet als lediglich ein guter Dateiname in der gesamten URL (Beispiel: *http://www.firmenname.de/verzeichnis/ mp3.htm*).

Daraus folgt für die Praxis die Erkenntnis, dass Domain-Namen gut gewählt sein sollten. Insbesondere sollte das wichtigste Stichwort oder die wichtigsten Stichwörter in dem Domain-Namen selbst enthalten sein. Auch ein Kauf von zusätzlichen Domain-Namen, das heißt Co-Domain-Namen zu der eigentlichen Seite, ist anzuraten, wenn diese nicht zu teuer sind. Listen von zum Verkauf anstehenden Domain-Namen lassen sich zum Beispiel in Domain-Märkten wie *Sedo.de* finden.

PLATZ 1-16	PLATZ 17-32	PLATZ 33-47
Download	Cheats	Homepage
Bilder	Dvd	Games
Mp3	Bild	Gratis
Berlin	Net	München
Moorhuhn	Frauen	Handy
Netzmarkt	Chat	Bad
Spiele	Warez	Deutsche
Hotel	Online	Reisen
Software	Auto	Deutschland
Sms	Test	Geschichten
Treiber	Musik	Internet
Immobilien	Hamburg	Nokia
Windows	Video	Geschichte
Kostenlos	Shop	Html
Crack	Moorhuhn3	
Kostenlose	Tuning	

Im Onlinemarketing sollte das Hauptaugenmerk jedoch nicht allein Domain-Namen mit hochfrequentierten Suchbegriffen gelten, sondern vielmehr solchen Domain-Namen, die besonders zielgruppenspezifische Besucher auf die eigenen Online-Seiten verweisen.

Für ein Unternehmen sind dies alle von ihm angebotenen Produkte und Dienstleistungen in allen möglichen Schreibweisen und Variationen. Dies gilt sowohl für Unternehmen, die an eine Vielzahl von Endkunden verkaufen (B2C-Massenmarkt) und damit häufig gesuchte Suchbegriffe als Schlüsselwörter haben, als auch für Unternehmen, die in Nischenmärkten operieren oder nur an eine kleinere Kundenzahl im B2B-Markt liefern. Für ein Unternehmen zum Beispiel, das Förderbänder herstellt, ist die Domain *foerderband.de* eine

---

[31] Die meistabgerufenen Suchbegriffe des deutschen Suchdienstes *Fireball.de* vom 21. Oktober 2001. Liste wurde von der Fireball-Redaktion bearbeitet, Erotik-Begriffe wurden aus der Liste entfernt.

seh: nützliche Domain, auch wenn dieser Begriff nur selten gesucht wird.

2.3
Unternehmensinterne Domainportfolios

Jedes Unternehmen verfügt in der Regel über einen Hauptdomainnamen, der auf die offizielle Unternehmenswebseite verweist und dessen Name primär nach außen kommuniziert wird, zum Beispiel in E-Mail-Adressen, in Anzeigen oder auf Visitenkarten.

Daneben befinden sich im Domain-Portfolio eines Unternehmens meist mehrere zusätzliche Domain-Namen. Im Idealfall sind damit alle möglichen Variationen, Schreibweisen und Kombinationen des eigenen Namens und der unternehmensinternen Produktnamen abgedeckt.

Mehrere zusätzliche Domains im Domainportfolio

Allerdings bestehen häufig Lücken im Domain-Portfolio, insbesondere bei Markenartiklern mit einer Vielzahl von Einzelmarken. So nutzt *L'Oréal* zwar die Domain *loreal.de*, jedoch nicht die Domains *jade.de* oder *laboratoiresgarnier.de* für ihre Einzelmarken, was zwecks einer besseren Lokalisation der Unternehmenswebseite dringend geboten wäre. Noch kritischer ist das in der Praxis vielfach beobachtete vollkommene Vergessen der Registrierung relevanter Namen. Der Powershopping-Anbieter *LetsBuyIt.com* zum Beispiel schaltete Hunderte von TV-Spots nicht nur für die Domain *LetsBuyIt.com*, sondern auch für die fiktive Domain *JeGroesser-DieGruppeDestoKleinerDerPreis.com*, die den Unternehmens-Slogan auf elegante Weise mit dem bei den Konsumenten bekannten Kürzel *.com* verbinden sollte. Pro gesendetem TV-Spot tippten trotz der unüblichen Länge und Kompliziertheit des Domain-Namens knapp 100 Nutzer diesen in ihren Browser, landeten dann aber nicht wie beabsichtigt bei *LetsBuyIt*, da das Unternehmen schlichtweg vergessen hatte, sich diese zweite Domain zu sichern.

In allen Fällen führen derartige Lücken im Domainportfolio zu *Überlaufverlusten*, also Verlusten von Besucherströmen, die entstehen, wenn Besucher auf eine andere als die gewünschte Domain geleitet werden, im Extremfall sogar zur Domain eines Konkurrenten. Es können drei mögliche Ursachen für Überlaufverluste voneinander abgegrenzt werden:

Überlaufverluste im Domain- portfolio

1. **Überlaufverluste aufgrund der Registrierung von Bindestrich-Domains:** Wenn ein Unternehmen nur einen Namen mit oder nur einen Namen ohne Bindestrich reserviert, werden Besucherströme, sobald Internet-Surfer den jeweils nicht registrierten Namen eingeben, auf die andere Domain umgelenkt. Untersuchungen zeigen, dass Überlaufverluste von *Bindestrich-Domains* auf die *Nicht-Bindestrich-Domains* höher sind als umgekehrt. Vor allem in angelsächsischen Ländern werden Domain-Namen mit Bindestrichen aufgrund der unüblichen Schreibweise weniger benutzt. Im deutschsprachigen Raum ist die Verwendung des Bindestrichs weiter verbreitet und bei Nutzern eher akzeptiert, daher sind die entsprechenden Überlaufverluste etwas geringer. Dennoch sei als deutsches Beispiel die Domain *n-tv.de* des gleichnamigen Fernsehsenders genannt. Da sich eine mündliche Erwähnung des Bindestrichs schwierig gestaltet, verwiesen die Moderatoren in den Sendungen oft irrtümlich auf die Domain *n t v – punkt – d e*. Diese Domain (*ntv.de* statt *n-tv.de*) ist jedoch im Besitz einer gleichnamigen Firma aus einem anderen Tätigkeitsfeld, die ältere Rechte besitzt. Das bedeutet, dass die Registrierung der Bindestrich-Domain *n-tv.de* zu Überlaufverlusten zuungunsten von *n-tv* und zugunsten der Firma führt, der *ntv.de* gehört.

2. **Überlaufverluste aufgrund fehlender Top-Level-Domains:** Wenn ein Unternehmen seinen Namen in nur einer Top-Level-Domain reserviert, entstehen Überlaufverluste in die anderen Top-Level-Domains, die unter Umständen von anderen Unternehmen reserviert worden sind. In Deutschland sind die Überlaufverluste dann am höchsten, wenn ein Internetangebot unter der Top-Level-Domain *.com* oder ein anderen Top-Level-Domain (*.tv*, *.net*, *.org*) beworben wird und das *.de*-Pendant fehlt. So reservierte die Betreibergesellschaft des europäischen Schnellzugs *Thalys*, der Köln, Brüssel, Amsterdam und Paris verbindet, zwar die Domains *thalys.com*, *thalys.nl*, *thalys.be* und *thalys.fr*, vergaß aber lange die Registrierung von *thalys.de*. Obwohl die Domain *thalys.de* nicht beworben wurde, steuerten jährlich zirka 15.000 Besucher diese Adresse an. Große Überlaufverluste verzeichnen auch die Top-Level-Domains *.tv* und andere in Deutschland zur Zeit noch weniger gebräuchliche Top-Level-Domains wie *.ws* oder *.cc*. Nachdem der Fernsehsender *VIVA* lange Zeit vergeblich

versuchte, die Domain *viva.de* zu bekommen, und schließlich notgedrungen unter *viva-liebt-dich.de* operierte, nahm
er die neue Top-Level-Domain *.tv* dankbar an und wechselte zu *viva.tv*. Sicherlich bietet *viva.tv* geringere Streuverlus-
te als *viva-liebt-dich.de*, dennoch sind Überlaufverluste zu
viva.de weiterhin vorhanden. Eine lediglich regional operierende Firma braucht Überlaufverluste durch nicht registrierte Versionen des Firmennamens in andere regionale
Top-Level-Domains weniger zu fürchten als ein weltweit
agierendes Unternehmen. Jedoch sollten sich alle Firmen,
die eine internationale Expansion prinzipiell in Erwägung
ziehen, frühzeitig um die Akquisition der entsprechenden
Domain-Namen in den Ländern kümmern, in die eine Expansion geplant ist. Dies gilt insbesondere für knappe Na-
mensräume wie *.com*, *.de* oder *.co.uk*, in denen die Wahrscheinlichkeit, dass die Domain vergeben ist, derzeit am
größten ist. Bei international orientierten Unternehmen
muss dieser Domainname nicht nur im Stammland, sondern auch in den geplanten Expansionsländern verfügbar
sein. Dies stellt insbesondere eine Herausforderung für
globale Markenartikler dar: Da die Marken aller Produkte
und Dienstleistungen sowohl den gängigen Kriterien (annehmbarer Klang, internationale Verwendbarkeit und wenn
möglich eine sinnvolle Assoziation mit dem Produkt) genügen als auch als Domain-Name in den relevanten Märkten verfügbar sein müssen, ist der Namensfindungsprozess
für neue Unternehmen oder neue Produkte oftmals ein
schwieriges Unterfangen.

3. ***Überlaufverluste aufgrund von Tippfehlern***: Durch Tipp-
oder Verständnisfehler werden oft andere Domain-Namen
angesteuert als von Unternehmen und Nutzern beabsichtigt. Ein extremes Beispiel für die Nutzung von Tippfehlern
bietet die Suchmaschine *hurra.de*, die neben ihrer eigenen
Domain zur weiteren Anziehung von Besuchern die Domains der Tippfehler-Varianten von bekannten Suchmaschinen nutzt, unter anderem *exite.de*. Nutzer, die zu *exci-
te.de* möchten, aber aus Versehen *exite.de* eingeben, werden somit zu *hurra.de* fehlgeleitet. Neben dem Ärgernis für
den Nutzer, der sich nicht auf dem eigentlich intendierten
Angebot wiederfindet, bedeutet dies verlorene Besucherströme und damit verlorene Werbeeinnahmen für die Firma
Excite. Verständnisprobleme sind vor allem relevant bei
der mündlichen Übermittlung kompliziert auszusprechen-

Überlaufverluste
aufgrund von
Tippfehlern

der Namen. Auch Abkürzungen und umgangssprachliche Variationen von Firmen- oder Produktnamen sind in diese Problemkategorie einzuordnen. Deutsche Internetnutzer steuern zum Beispiel in 15% der Fälle statt *chrysler.de* die Domain *crysler.de* und statt *daimler-chrysler.de* die Domain *daimler-crysler.de* an, wobei die Versionen ohne den Buchstaben *h* nicht von der *Daimler Chrysler AG* registriert sind.

Quantitativ lassen sich signifikante Unterschiede bei der Schwere der Überlaufverluste feststellen. So existieren die gravierendsten Überlaufverluste bei Domain-Namen, die mit einem deutschen Begriff oder von einem deutschen Unternehmen in der *.com*-Domain registriert worden sind, ohne dass das Pendant mit der *.de*-Domain auf dieselben Inhalte leitet. So betragen die Überlaufverluste der Domain *thalys.com* auf *thalys.de* zirka 10%. Deutlich geringer sind Überlaufverluste von *.de*-Domains auf *.com*-Domains, wie das Beispiel *wetter24.de* zeigt. Ebenfalls schwerwiegend sind die Überlaufverluste bei Domain-Namen ohne Bindestrich auf die Versionen mit Bindestrich (Beispiel *domain-agent.de*), während auch hier die umgekehrte Variante weniger schwerwiegend ist.

Die quantitativ am wenigsten gravierenden Überlaufverluste haben Tippfehlerdomains zu befürchten, die nur einen selten gemachten Tippfehler innehaben wie die Domains *affilli.net* bzw. *affilli-net.de*, die im Original mit nur einem *l* geschrieben werden. Einen Spezialfall stellen Domain-Namen dar, bei denen zwei aufeinanderfolgende Buchstaben vom Nutzer nur als ein Buchstabe wahrgenommen werden, so wie *internetworl.de*. Hierfür anfällig sind jedoch zusammengesetzte Wörter wie *anwaltssuche.de*, bei denen der erste Wortbestandteil im Genitiv steht. Bei solchen Domain-Namen sollte die Registrierung des Domain-Namens mit dem ersten Begriff im Nominativ nicht versäumt werden, im Beispiel also *anwaltsuche.de*.

ORIGINAL-DOMAIN	ÜBERLAUF-DOMAIN	ÜBERLAUF-ART	VISITS AUF ORIGINAL-DOMAIN P.M.	VISITS AUF TIPPFEHLER-DOMAIN P.M.	ÜBERLAUF-VERLUST IN %
thalys.com	thalys.de	Top-Level-Domain	20000	2000	10,0%
wetter24.de	wetter24.com	Top-Level-Domain	50000	113	0,26%
Internet-world.de	internetworl.de	Tippfehler	150000	80	0,05%
afilli.net	Affilli.net	Tippfehler	150000	590	0,4%
afillinet.de	affillinet.de	Tippfehler	500	2	0,4%
klettern-magazin.de	kletter-magazin.de	Tippfehler (Verbform)	22000	1000	4,5%
Domain-agent.de	domainagent.de	Bindestrich	12000	300	2,5%

2.4
Ansätze zur Komplettierung des Domain-Portfolios

Zusammenfassend ist festzustellen, dass Überlaufverluste insbesondere dann zu vermeiden sind, wenn die wichtigsten Domain-Namen eines Unternehmens in allen möglichen Variationen registriert worden sind: In Schreibweisen mit und ohne Bindestrich, in allen wichtigen Top-Level-Domains und bei tippfehleranfälligen Namen noch in den anders geschriebenen Variationen. Man kann in diesem Fall von einem kompletten Domainportfolio sprechen.

In der Praxis gibt es jedoch kaum Unternehmen, die ein komplettes Domain-Portfolio innehaben, da die Produkt- und Dienstleistungspalette jedes Unternehmens einem steten Wandel unterworfen ist und daher die Kreation neuer Produkte und damit neuer Produktnamen an der Tagesordnung ist. Die Sicherung relevanter Domain-Namen ist damit ein dynamischer strategischer Prozess, wobei bei der Fragestellung der Komplettierung eines Domain-Portfolios **drei strategische Lösungsansätze** unterschieden werden können:

Komplettierung des Domain-Portfolios

1. *Die Registrierung noch freier, also nicht bereits von anderen Unternehmen oder Privatleuten registrierten Namen,*
2. *das Einleiten rechtlicher Schritte, falls bestehende Markenrechte des Unternehmens verletzt werden, und*
3. *der Ankauf bereits registrierter Namen im Sekundärmarkt.*

Registrierung freier Domain-Namen

Zu 1.: Die grundsätzlich einfachste Lösung, fehlende Domain-Namen zu erhalten, ist deren Registrierung. Bei der Registrierung wird in einer zentralen Datenbank (für *.de*-Domains in der Datenbankt der Genossenschaft *DENIC*, *www.DENIC.de*) geprüft, ob der Domain-Name bereits vergeben ist. Sofern dies nicht der Fall ist, kann sie nach dem *first come, first served*-Prinzip registriert werden. Diese Dienstleistung wird für deutsche und für die meistverwendeten generischen Top-Level-Domains (*.com*, *.net* und *.org*) zum Beispiel von *PureTec.de* angeboten. Internationale Dienste wie zum Beispiel *Carambole.de* ermöglichen darüber hinaus die Registrierung von Domain-Namen in einer Vielzahl von Länderdomains.

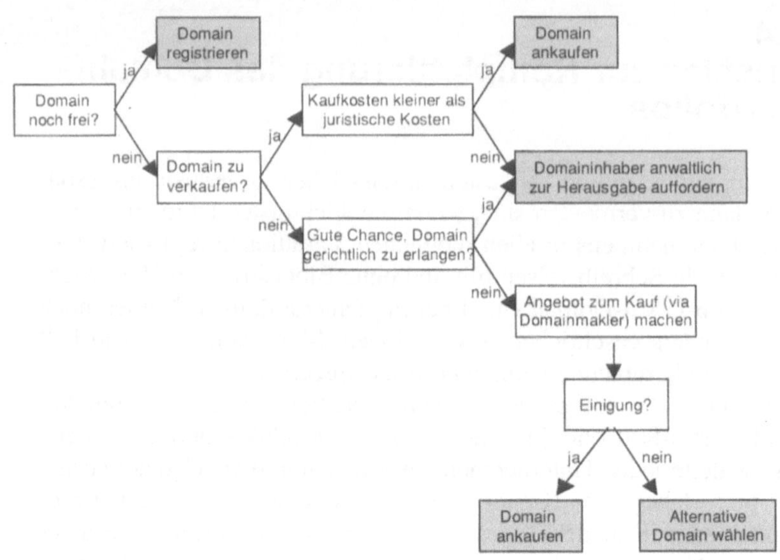

Das Vergaberecht bei der Erstregistrierung von Domain-Namen in Deutschland kann als liberal bezeichnet werden. Deutschland hat im internationalen Vergleich die günstigsten Preise für Domain-Namen und gehört zu den Ländern, die bei der Erstvergabe keinerlei Prüfung vornehmen und jedermann eine Registrierung auf *first come, first served* -Basis gestatten. Pro Registrierung fallen einmalige und jährliche Gebühren an, die bei den gängigen Top-Level-Domains jedoch vernachlässigbar gering sind. Wenn eine Registrierung möglich ist, sollte diese unverzüglich vorgenommen werden, da diese Vorgehensweise aus Kosten- und Zeitgründen jeder anderen Methode vorzuziehen ist, einen Domain-Namen zu erhalten, der später bereits vergeben sein könnte.

Zu 2.: Wenn der gewünschte Domain-Name bereits vergeben ist, kommen – abhängig von der Ausgangslage – rechtliche Schritte in Frage. Die hohe Anzahl an ungeprüften Domain-Registrierungen hat zur Konsequenz, dass der Streit um bessere Rechte an Domain-Namen schon seit Jahren die Gerichte beschäftigt. Die Rechtslage und die einschlägige Rechtsprechung der deutschen Gerichte wird in Kapitel 4 eingehend erläutert. An dieser Stelle kann jedoch schon festgehalten werden, dass ein Unternehmen grundsätzlich gute Erfolgsaussichten bei einem Rechtsstreit gegen einen Domaininhaber hat, der die fremde Unternehmensbezeichnung oder eine für das Unternehmen geschützte Marke als Bestandteil seiner Domain verwendet *(vgl. Fall 2a in Abb. 2.7)*. Unternehmen mit überragender bundesweiter Bekanntheit können sich dabei regelmäßig auch gegen gleichnamige kleinere Unternehmen oder Privatleute durchsetzen, wie die Gerichtsentscheidungen zu den Domains *krupp.de* und *shell.de* zeigen. Dies bedeutet umgekehrt, dass kleinere Unternehmen bei der Auswahl ihrer Domain ihrem Firmennamen unterscheidungskräftige Zusätze hinzufügen sollten, wenn ein namensgleiches Unternehmen mit überragender Bekanntheit existiert (etwa *erich-krupp.de* oder *krupp-kommunikation.de* anstatt *krupp.de*). Eindeutig ist die Rechtslage insbesondere auch in Fällen von Domain-Grabbing, in denen der Domaininhaber eine Domain gezielt zu dem Zweck registriert, einen Namens- oder Kennzeicheninhaber an der Nutzung seines Zeichens als Domain zu hindern und ihn zur Zahlung einer Geldsumme für die Überlassung der Domain zu veranlassen. Soweit dem Domaininhaber eine solche Absicht nachgewiesen wird, kann das geschädigte Unternehmen in aller Regel mit Erfolg gegen den Domain-Grabber vorgehen.

Aus praktischer Sicht ergibt sich daraus die Konsequenz, dass die Eintragung einer Marke beim Deutschen Patent- und Markenamt für die eigenen Produkte, Dienstleistungen und für den Unternehmensnamen eine gute Ausgangsposition im Domainrechtsstreit sichert. Bewegt sich das Unternehmen im europäischen Kontext, kann darüber hinaus die zusätzliche Eintragung einer Gemeinschaftsmarke beim *Europäischen Markenamt* (*HABM*) sinnvoll sein, im Fall eines globalen Wirkungskreises auch eine Anmeldung bei den nationalen Markenämtern aller relevanter Märkte.

Gegen die Verwendung von Branchenbezeichnungen und Gattungsbegriffen durch einen Konkurrenten kann ein Unternehmen allerdings grundsätzlich nicht mit Aussicht auf Erfolg vorgehen (z.B. *auto.de*, *ferien.com*, *baumarkt.de*). Dies wurde jüngst in einem Urteil des Bundesgerichtshofs zu der Domain *mitwohnzentrale.de* höchstrichterlich bestätigt. Umgekehrt bedeutet dies aber auch, dass Unternehmen, die sich mit einer Gattungsbezeichnung im Internet präsentieren und gegebenenfalls ihre komplette Strategie auf einen beschreibenden Domain-Namen stützen, einen guten Stand haben und im Regelfall nicht zur Aufgabe ihrer Domain gezwungen werden können *(vgl. Fall 2b in Abb. 2.7)*.

Bei der Entscheidung für oder gegen das Führen eines Rechtsstreits sind neben den Erfolgsaussichten auch die zeitlichen Opportunitätskosten zu berücksichtigen. Lässt sich der Domaininhaber weder von einer Aufforderung des Unternehmens noch von einer anwaltlichen Abmahnung dazu bewegen, die Rechtsverletzung einzustellen, können bis zum Abschluss des anschließenden Gerichtsverfahrens Monate, manchmal sogar Jahre vergehen. Dies kann unter Umständen den Kauf einer Domain auf dem Sekundärmarkt auch für ein Unternehmen sinnvoll machen, das sich eigentlich im Recht befindet. Im Einzelfall kann jedoch auch eine geschickte juristische Taktik helfen, die Domain vom Inhaber ohne die Zahlung eines hohen Kaufpreises und ohne langwierigen Rechtsstreit zu erlangen (hierzu mehr im Abschnitt *Verfahrensfragen im Domain-Rechtsstreit* in Kapitel 4).

Zu 3.: Als dritte Variante zur Komplettierung des Domain-Portfolios können bereits vergebene Domain-Namen auf dem Sekundärmarkt erworben werden. Hierbei bietet der Interessent in der Regel dem bisherigen Inhaber eine finanzielle Kompensation für die Übertragung des Domain-Namens.

Für den Ankauf auf dem Sekundärmarkt sind ***zwei Vorgehensweisen*** möglich:

3a. Ankauf über eine Domainbörse oder einen Domainmakler:

Es bietet sich an, zuerst in einer Domainbörse oder einer Suchmaschine für zum Verkauf stehende Domains (zum Beispiel *Sedo.de*) zu prüfen, ob der gewünschte Domain-Name zum Verkauf steht. Ist dies der Fall, entfällt oder vereinfacht sich der zeitraubende und komplizierte Verhandlungsvorgang, da integrierte Preisbestimmungs- und Verhandlungssysteme zum Funktionsumfang der größeren Domainbörsen gehören.[32] Scheinen die von den Verkäufern angegebenen oder geforderten Preise nicht angemessen, empfiehlt sich das Einholen eines neutralen Domain-Wertgutachtens, wie es von spezialisierten Domainbörsen und Domainmaklern angeboten wird. Domainmakler beraten Ankäufer hinsichtlich eines fairen Preises und führen, wenn gewünscht, auch Verhandlungen. Dieses Vorgehen empfiehlt sich vor allem für große Unternehmen, die im Kaufprozess anonym bleiben und damit oft überhöhte Preisforderungen aufgrund ihrer Größe und Bekanntheit vermeiden können.

3b. Direkte Kontaktierung des Domaininhabers:

Ist die Domain in keiner Domainbörse verzeichnet, ist ein direkter Kontakt zum Inhaber notwendig. Über die zentrale Registrierungsstelle (in Deutschland *DENIC*, für internationale Domains *INTERNIC*) lässt sich herausfinden, wer der Inhaber der gewünschten Domain ist. Dieser kann dann direkt zwecks Unterbreitung eines Kaufangebotes kontaktiert werden. Hierbei kann dann individuell zwischen dem Unternehmen und dem Domaininhaber über Ankaufsmodalitäten und -preise verhandelt werden.

---

[32] Vgl. Loebbecke, Schumacher (Towards a theory of valuing internet domain names), 2001.

	1. Registrierung	2. Rechtliche Schritte		3. Ankauf auf Sekundärmarkt	
		2a. Bei Kunstnamen	2b. Bei generischen Begriffen	3a. Via Börse/Makler	3b. Direktkontakt
Defi-nition	Ein noch freier Domain-Name wird durch eine Registrierung für das Unternehmen gesichert	Der Inhaber einer Marke oder eines bekannten Firmennamens versucht, den Inhaber eines Domain-Namens zur Herausgabe zu bewegen	Ein Unternehmen versucht, einem Konkurrenten die Nutzung eines beschreibenden Begriffs zu untersagen.	Ein Unternehmen beauftragt einen Makler, einen Domain-Namen anzukaufen	Ein Unternehmen kontaktiert den Inhaber direkt und unterbreitet ihm ein Kaufangebot
Bei-spiele	*havarianza.de* ist noch frei und kann registriert werden	*foris.de* wurde vom gleichnamigen Unternehmen auf dem Rechtswege erstritten	*mitwohnzentrale.de* ist nach der BGH-Entscheidung kein wettbewerbswidriger Domain-Name	*schwule.de* wurde auf der Domainbörse sedo.de für 20.000 € angekauft	*axa.de* ging nach Verhandlungen zwischen dem AXA-Konzern und einer gleichnamigen Firma für eine nicht publizierte Summe an den Konzern
Vorteile	Eine Registrierung ist schnell, kostengünstig und problemlos	Im Fall eines gewonnenen Rechtsstreites fallen keine Kosten an	Im Fall eines gewonnenen Rechtsstreites Besucherrückgang des Konkurrenten	Schnell und unbürokratisch; Nutzung der Expertise des Domainmaklers; Anonymität des Unternehmens gegenüber dem Inhaber vor allem für große Unternehmen positiv	Spielraum für individuelle Lösungen (z.B. Domainmiete, Umsatzbeteiligung)
Nach-teile	Die meisten guten, kurzen Domain-Namen sind nicht mehr frei registrierbar, dieser Weg scheidet damit i.d.R. aus	Prozesskostenrisiko; langer und umständlicher Weg; Opportunitätskosten der Nichtnutzung des Namens	Nach der BGH-Entscheidung i.d.R. chancenlose Vorgehensweise, damit hohes Prozesskostenrisiko	Bisweilen hohe Ankaufkosten für den Domain-Namen	Oft langwieriger Verhandlungsverlauf; große Unternehmen zahlen überhöhte Preise aufgrund der Kenntnis des Verkäufers über das Zahlungsvermögen

Abb. 2.7. Vor- und Nachteile der Portfolio-Komplettierungsstrategien

2.5 Fazit

Domain-Namen spielen eine zentrale Rolle bei der Lokalisation von Internet-Angeboten und bei der Kommunikation von Firmen- und Produktnamen im Rahmen der anvisierten *Corporate Identity-Strategie* eines jeden Unternehmens. Dem strategischen Management von Domain-Portfolios eines Unternehmens ist daher ein besonderer Stellenwert im Rahmen der Internet-Strategie einzuräumen.

Angesichts der positiven Auswirkungen eines durchdacht angelegten Domain-Portfolios soll an dieser Stelle im Rahmen einer *Fallstudie* an dem fiktiven Beispiel einer *Müller GmbH* die vorher theoretisch erläuterten Probleme dieses Kapitels illustriert werden.

Der Status der jeweiligen Domain-Namen, die zur Illustration verwendet werden, wurde real untersucht (Stand: 10.09.2001):

Die Müller GmbH sei ein mittelständisches Unternehmen, das Werkzeug herstellt; dieses wird über den Großhandel vertrieben, ein Direktvertrieb ist nicht vorgesehen. Die Müller GmbH steht vor dem Start einer Unternehmens-Webseite, die vor allem den beteiligten Firmenpartnern (Lieferanten, Großhandel) alle relevanten Informationen bereitstellen soll. Daneben soll aber auch den Endkunden – bei denen die Müller GmbH als Marke durchaus bekannt ist – Kundendienst und Informationen geboten werden.

Die IT-Verantwortlichen der Müller GmbH stehen vor dem Start der Webseite nun vor dem Problem der Namensfindung: Die Domain *müller.de* ist nicht reservierbar, da Umlaute in Domain-Namen zur Zeit aus technischen Gründen nicht gestattet sind. Die Domain *mueller.de* ist bereits vergeben, auch alle Variationen wie *mueller-online.de*, *mueller-werkzeuge.de*, *werkzeuge-mueller.de*, *werkzeug-mueller.de* oder *mueller-web.de* sind nicht mehr verfügbar. Eine Lösung des Problems nach Alternative 1 (Domain-Registrierung) ist demnach nicht mehr möglich.

In anderen Top-Level-Domains ist die Domain ebenfalls nicht mehr verfügbar, neben den üblichen Domains *mueller.com*, *mueller.net* sind auch exotische Top-Level-Domains wie *mueller.li*, *mueller.cc* oder *mueller.ws* vergeben. Außerdem würde eine Registrierung solcher Namen Imageprobleme aufgrund der unüblichen Top-Level-Domain und Überlaufverluste auf die *.de*-Domain verursachen.

Die Verantwortlichen überlegen folgende Varianten:

1. Eine Reservierung von *werkzeugmueller.de*.

2. Eine Reservierung von *werkzeuge-mueller.com* und *werkzeugemueller.com*.

3. Den Kauf einer der Namen *mueller.nu* oder *mueller.to*, die in der Domainbörse *sedo.de* angeboten werden.

4. Den Kauf des Namens *werkzeuge-mueller.de* vom Inhaber.

5. Den Kauf des Namens *mueller.de* vom Inhaber.

6. Den Kauf des Namens *mueller.com* vom Inhaber.

7. Eine Klage gegen den Inhaber von *mueller-gmbh.de* in der Hoffnung, den Namen auf dem gerichtlichen Weg zu erstreiten.

Nach einigen Überlegungen erwägen die Verantwortlichen nach der Beratung durch eine spezialisierte Domainhandelsplattform folgende *Vor- und Nachteile der jeweiligen Strategien*:

Eine Reservierung von *werkzeugmueller.de* wäre für einen geringen Preis (ab ca. 6 € pro Jahr bei *PureTec.de*) möglich, würde aber zu Überlaufverlusten auf *werkzeug-mueller.de* (also zur Konkurrenz) führen. Positiv wäre jedoch aus Imagegründen die Nutzung einer solchen deutschen *.de*-Domain, da die Müller GmbH fast nur deutsche Kunden hat und eine europäische oder weltweite Expansion nicht geplant ist.

Das Ausweichen auf eine *.com*-Domain und das Reservieren von *werkzeuge-mueller.com* und *werkzeugemueller.com* (Kosten: ab 10 € pro Domain und Jahr) hätte keine Überlaufverluste aufgrund Bindestrichen zur Folge, jedoch einen Überlauf auf die entsprechenden *.de*-Domains, da es sich um Kombinationen von deutschen Begriffen mit der internationalen *.com*-Domain handelt.

Den Kauf des Namens *mueller.nu* oder *mueller.to* wäre zu akzeptablen Preisen (ca. 500 € pro Domain) möglich, jedoch ist das Image der eher unbekannten *.to*-Domain schlecht. Auch *.nu*-Domains sind in Deutschland – im Gegensatz zum Beispiel zu skandinavischen Ländern – nicht verbreitet.

Der Kauf des Namens *werkzeuge-mueller.de* vom Inhaber wäre möglich (der Kaufpreis wird wahrscheinlich im Bereich einiger zehntausend € liegen), jedoch müsste dann zusätzlich *werkzeuge-mueller.de* erworben werden, um nicht wiederum Überlaufverluste in Kauf nehmen zu müssen.

Der Kauf des Namens *mueller.de* vom Inhaber scheidet aus, da sich auf dieser Seite die Drogeriekette *Müller* präsentiert und anzunehmen ist, dass die Domain nur gegen einen sehr hohen Preis (mehrere hunderttausend €) abgegeben würde.

Der Kauf des Namens *mueller.com* vom Inhaber wäre sinnvoll, da die Webseite noch nicht aktiv ist und dadurch die Wahrscheinlichkeit hoch ist, dass der Name zum Verkauf angeboten wird. Der Kauf könnte für einige zehntausend € abgewickelt werden.

Eine Klage gegen den Inhaber der Domain *mueller-gmbh.de* wäre sicherlich aussichtsreich, da der Inhaber weder als Namen noch als Namensbestandteil *Müller* im Firmen- oder Privatnamen führt. Jedoch ist zu erwarten, dass das Verfahren sich über mehrere Monate hinzieht. Außerdem ist der Name *mueller-gmbh.de* aus Imagegründen eher negativ zu beurteilen, da der Rechtsformzusatz nicht Bestandteil des Domain-Namen sein sollte.

In dieser Situation bietet sich folgende Vorgehensweise an: Alle noch freien Domains (*werkzeugmueller.de*, *werkzeugemueller.com*, *werkzeuge-mueller.com*) sollten unverzüglich reserviert werden, da ein zu langes Warten dazu führen kann, dass auch diese Alternativen nicht mehr verfügbar sind. Da jedoch keine der drei Namen ideal für die Unternehmens-Webseite ist, empfiehlt sich der Kauf eines gutes Namens als Hauptdomain-Namen. In diesem Fall sollte der Name *mueller.com* erworben werden, da er aufgrund seiner *.com*-Endung international verwendbar ist und den Firmennamen ohne jegliche Zusätze oder Rechtsformen enthält. Auch wenn sich die Investition von voraussichtlich mehreren zehntausend Euro langfristig aufgrund von Imagegewinnen und besserer Lokalisation des Internetangebots gegenüber Angeboten der Konkurrenten auszahlt, sollte sich die Müller GmbH doch ein Preislimit setzen und einem Ankauf des Domain-Namens nicht zu jedem Preis zustimmen. Ferner ist es sinnvoll, für die Bewertung des Domain-Namens und die Ankaufsverhandlungen einen spezialisieren Domain-Broker einzuschalten, um die Anonymität der Müller GmbH zu wahren und einen angemessenen Ankaufspreis zu erzielen.

3 Domain-Registrierung

In der Welt der Domain-Registrierung läuft es ganz nach dem Grundsatz *first come, first served*. Ganz einfach gesagt: Wer zuerst kommt, mahlt zuerst.

Dies gilt sogar unabhängig davon, ob durch die Registrierung einer Domain ein Namens- oder Kennzeichenrecht verletzt wird. Die Registrierung eines Domain-Namens, der Gefahr läuft, Rechte Dritter zu verletzen, ist mit Sicherheit nicht zu empfehlen. Theoretisch wäre dies aber möglich. Man würde von der Vergabestelle als Inhaber dieser Domain eingetragen. Eine ganz andere Sache ist dann aber, ob man auch langfristig etwas von seiner Domain hat. Da in diesen Fällen die Gefahr eines Verlustes der Domain sehr groß ist, sollten bereits vor der Registrierung Erkundigungen im Hinblick auf möglicherweise entgegenstehende Rechte Dritter eingeholt werden (mehr dazu in Kapitel 4).

Als erster Schritt wird prinzipiell in einer zentralen Datenbank (in Deutschland bei der DENIC) geprüft, ob der gewünschte Domain-Name bereits vergeben oder noch zu haben ist. Ist der Domain-Name noch frei, kann er registriert werden. Diese Dienstleistung wird für deutsche und für die meistverwendeten generischen Top-Level-Domains (*.com*, *.net*, *.org*) zum Beispiel von *PureTec.de* angeboten. Internationale Dienste wie zum Beispiel *Carambole.de* ermöglichen darüber hinaus die Registrierung von Domain-Namen in einer Vielzahl von Länderdomains.

In Deutschland werden bei der DENIC täglich bis zu 5.000 neue *.de*-Domains angemeldet. Weltweit spricht man mittlerweile von insgesamt 40 Millionen registrierten Domain-Namen. An der Spitze stehen die *.com*-Domains mit allein über 23 Millionen Registrierungen.

Generell ist die Registrierung eines Domain-Namens bei den entsprechenden *Vergabestellen* (zum Beispiel DENIC, NIC.AT) oder bei *Registraren/Providern* möglich. Oft ist es einfacher und preisgünstiger, die Registrierung einer Domain nicht bei einer Vergabestelle durchzuführen, sondern einen *Registrar* beziehungsweise *Provider* als Dienstleister zu wählen.

Am Domainmarkt wird zwischen reinen Registraren und Providern unterschieden. Provider (zum Beispiel *Schlund*, *Strato*, *PureTec*) bieten in der Regel Komplettpakete zusammengestellt aus Webspace, Softwarepaket und Domain-Registrierungen an. Registrare (zum Beispiel *carambole.de*, *speednames.com*) dagegen haben sich auf die Registrierung von Domain-Namen meist unter zahlreichen verschiedenen Top-Level-Domains spezialisiert. Zusätzlich erhält man meist nur eine Webseitenweiterleitung und E-Mail-Forwarding, aber keinen Webspace oder andere Dienste, wie zum Beispiel pop3-accounts.

Wegen der Palette an verschiedenen Dienstleistern empfiehlt es sich, die Angebote im einzelnen untereinander zu vergleichen. Die folgende Übersicht soll die größten deutschen Dienstleister kurz mit ihren Kernkompetenzen vorstellen.[33]

Dienstleister	Kernkompetenz	Webseite
1&1 Internet AG	Domainregistrierung und Webhosting inklusive Webseitengestaltung mittels eines integrierten Content-Management-Systems, günstige dezidierte Server	1und1.com
Active ISP GmbH	Diverse Webhosting-Pakete und individuell zusammengestellte dezidierte Server	activeISP.de
Http.Net GmbH	Domainregistrierung und Webhosting, großes Resellernetzwerk	http.net
Internetwire GmbH	Empfehlenswert für Massen-Domainhosting (Reseller), schneller, kostenloser Service	internetwire.de
Kontent GmbH	Domainregistrierung, Webhosting, Community	kontent.de
Schlund + Partner AG	Business-Webhosting mit kostenlosem Service, Ready-To-Run-Server, Kooperation mit vielen regionalen Partnern in einem Netzwerk	schlund.de
Sedo GmbH	Domain-Handelsplattform. Domain-Wertgutachten, Domain-Übertragungen/Transfers, Ankauf	sedo.de

---

[33] Die Liste erhebt keinen Anspruch auf Vollständigkeit. Die Bewertungen der Autoren stellen kein allgemein gültiges Testurteil dar, sondern basieren auf persönlichen Erfahrungen und Einschätzungen der Marktsituation.

	und Verkauf von bereits registrier-ten Domains	
Speednames GmbH	Exotische Top-Level-Domains	speednames.de
Strato AG	Domainregistrierung und Web-hosting	strato.de
United Do-mains AG	Registrierung und Domain-Portfolio-Verwaltung	united-domains.de

Nach erfolgreicher Registrierung eines Domain-Namens ist der Anmelder Inhaber der Domain. Man spricht von *Inhaber* und nicht von *Eigentümer*, da es sich bei einem Domain-Namen nicht um eine *Sache,* sondern um ein *Recht* handelt. Dem Domaininhaber steht nicht nur das Recht zu, die Domain zu nutzen, er kann sie auch verkaufen, verpachten, verschenken und sogar vererben.

Jedoch muss man den *Domaininhaber* vom *Admin-c* unterscheiden: Der Begriff Admin-c ist die Abkürzung für administrativer Kontakt. Der administrative Ansprechpartner ist berechtigt und verpflichtet, sämtliche Angelegenheiten rund um die betreffende Domain verbindlich zu entscheiden. Diese Person ist vom Domaininhaber benannt. Früher war es bei einigen Registraren und Providern üblich, sich selbst und nicht den Kunden als Admin-c einzutragen. Daher sollte auf jeden Fall darauf geachtet werden, dass man als Inhaber und Admin-c eingetragen ist. *Tech-c* ist die Abkürzung für technischer Kontakt. In der Regel wird der Registrar beziehungsweise Provider als Tech-c eingetragen. Der Tech-c betreut die Domain in technischer Hinsicht.

Eine *.de*-Domain darf laut den Vergaberichtlinien der DENIC grundsätzlich nur aus Zahlen (*0-9*) und Buchstaben (nur *A-Z*) und dem Bindestrichzeichen bestehen, wobei die Domain mit einer Zahl oder einem Buchstaben beginnen und enden muss. Die Second-Level-Domain muss mindestens drei und darf höchstens 63 Zeichen haben. Damit keine Verwechselung mit der IP-Adresse möglich ist, muss in der Domain mindestens ein Buchstabe vorkommen. Nicht erlaubt sind Umlaute und Sonderzeichen. Außerdem wird bei Domain-Namen nicht zwischen Groß- und Kleinschreibung unterschieden. Nicht zulässig sind deutsche Kfz-Kennzeichen und die Namen bestehender Top-Level-Domains.

Teilweise kann es bei manchen Top-Level-Domains (zum Beispiel *.com*, *.ws*) ein wenig liberaler aussehen. Hier sind im Gegensatz zur *.de*-Domain auch zweibuchstabige oder nur aus Ziffern bestehende Domains zulässig.

Dass es im Gegensatz zu den *.com*-Domains bei den *.de*-Domains keine zweibuchstabigen Domain-Namen gibt, hat laut DENIC vor allem technische Gründe:[34]

Aufgrund eines Softwarefehlers in einer weit verbreiteten DNS Resolver Software, der bei der Verwendung von Domains der Form topleveldomain.topleveldomain (also beispielsweise www.edu.net oder www.at.de) auftritt, wurde beschlossen, keinerlei zweibuchstabige Domain-Namen sowie Domain-Namen, die wie Top-Level-Domains lauten, unterhalb DE zulassen. Die auftretenden Fehler verursachen nicht nur Probleme bei der entsprechenden Domain, sondern auch Schwierigkeiten bei anderen Sites.

Außerdem gibt es noch verschiedene Typen von Domain-Namen, wie zum Beispiel @-, *Schmuck-*, *Punkt-* und *Telefonnummern-Domains*. Bei den Klammeraffen- bzw. @-Domains wird der Buchstabe *a* im Domain-Namen durch das @-Zeichen ersetzt. Heraus kommen dabei Domains wie zum Beispiel *@uto.de* oder *fin@nzen.com*. Der technische Trick ist, dass die meisten Webbrowser die Buchstaben vor dem @-Zeichen und auch das @-Zeichen selbst einfach abschneiden beziehungsweise ignorieren. Bei der Domain *fin@nzen.com* wäre es also nur erforderlich, sich die Zeichenfolge nach dem @ zu registrieren, also *nzen.com*. Oft sind diese Wortstummel noch unregistriert.

Unter der Bezeichnung *Schmuckdomains* versteht man die Domain-Namen, bei denen jeder einzelne Buchstabe durch einen Bindestrich getrennt ist, wie zum Beispiel *s-c-h-u-l-e.de*. Die Buchstaben bilden somit die Perlen, die an einer Kette aus Bindestrichen aufgereiht sind.

Punkt-Domains sind Domains, die erst im Zusammenhang mit der entsprechenden Top-Level-Domain, also dem Kürzel nach dem Punkt (*dot*) einen Sinn ergeben, zum Beispiel *freun.de* oder *tele.com*.

Nur für den regionalen Bezug eignen sich *Telefonnummern-Domains*. Hier wird dem jeweiligen Schlagwort die jeweilige Ortsvorwahl vorangestellt, wie zum Beispiel *0221jobs.de*.[35]

Domain-Namen durften bisher nur aus dem internationalen Standardzeichensatz zusammengesetzt sein. Deutsche Umlaute oder französische Accents konnten nicht in die Domains aufgenommen werden. Doch seit einiger Zeit beschäftigen sich verschiedene Registrare mit dem RACE-Verfahren, durch das auch Sonderzeichen und nationale Zeichensätze dargestellt werden können. Einen Test führt der Registrar *VeriSign* durch: Er bietet multilinguale Domain-Namen (MDNs) für ungefähr 60 verschiedene Zeichensätze an, darunter chinesisch, koreanisch oder japanisch. Ob demnächst die MDNs

---

[34] Vgl. Huber/Dingeldey, Ratgeber Domain-Namen (2001), S. 33.
[35] Vgl. Huber/Dingeldey, Ratgeber Domain-Namen (2001), S. 42.

nach dem RACE-Verfahren als Internetstandard durchgesetzt werden, ist noch unklar.

Die verschiedenen Top-Level-Domains lassen sich in zwei Gruppen einteilen – einmal in die Gruppe der restricted und einmal in die Gruppe der unrestricted TLDs. Die Domain-Endungen, die für jedermann zulässig sind (unabhängig vom Wohnort beziehungsweise Unternehmenssitz) nennen sich unrestricted TLDs, wie zum Beispiel *.com*, *.ch*, *.at*, *.ws*, *.tv* und *.info*.

Allerdings sind die meisten der Top-Level-Domains restricted. Dies bedeutet, dass der Domain-Interessent gewisse Voraussetzungen erfüllen muss. In den meisten Fällen ist ein entsprechender Wohn- oder Unternehmenssitz vor Ort erforderlich. Auch die *.de*-Domains sind restricted. Zwar kann der Domaininhaber grundsätzlich auch außerhalb Deutschlands ansässig sein, der Admin-c (eine natürliche Person) muss jedoch seinen Wohn- oder Geschäftssitz in Deutschland haben.

Für Registrierungsfirmen, bei denen die neuen generischen Top-Level-Domains registriert werden können, sei auf den Anhang verwiesen.

Restricted und unrestricted Domains

Top-Level-Domain	Zweck	Ein-führungs-zeitplan	Registrierungs-bedingungen	Preis (p.a.)	Erwarteter Erfolg (Verbreitung)
.eu	Domain für alle Mitgliedsstaaten der Europäischen Union	Einführung voraussichtlich Anfang 2003	Nur für Personen und Unternehmen in der Europäischen Union	Noch nicht bekannt	Große Verbreitung innerhalb der EU ist zu erwarten
.biz	Domain für Unternehmen	Wurde 2001 in drei Stufen eingeführt (IP Claim Service, Application Service, Real-time)	Freie Registrierung für alle Unternehmen	Ab 10\$[1]	Große Verbreitung bei Unternehmen ist zu erwarten, die Popularität der *.com*-Domains wird jedoch vorraussichtlich nicht erreicht
.info	Allgemeine generische Top-Level-Domain als *.com*-Konkurrent	Wurde 2001 in vier Stufen (Sunrise Period, Challenge Period, Landrush-Period, Real-Time) eingeführt	Freie Registrierung für alle	Ab 10\$[1]	Neue Top-Level-Domain mit den besten Chancen, ein *.com*-Konkurrent zu werden. Trotzdem ist als „late mover" im Vergleich zu *.com* und *.net* ein Popularitäts-Nachteil zu erwarten
.coop	Domain für genossenschaftlich organisierte Unternehmen	Einführung Januar 2002	Nur für Genossenschaften	Ab 25\$	Geringe Verbreitung erwartet
.pro	Für Berufszweige wie Ärzte, Rechtsanwälte	Einführung 2002	Nur für Angehörige bestimmter Berufsgruppen	Ab 45\$	Mittelmäßige Verbreitung erwartet

Abb. 3.2.
Die neuen Top-Level-Domains

.mu- seum	Für Museen	Wurde Ende 2001 einge- führt	Nur für Museen	Ab 45$	Geringe Verbrei- tung erwartet
.name	Für private Homepages. Nutzung über Subdomain- Adressen nach dem Muster *tim.meier.name*	Einführung Januar 2002	Freie Registrie- rung für Privat- leute	Ab 10$[1]	Relativ hohe, aber kommerziell unbe- deutende Verbrei- tung erwartet
.aero	Für Luftfahrt- Unternehmen	Einführung März 2002	Nur für Flug- gesellschaften und Flughäfen	50$	Geringe Verbrei- tung erwartet

[1] Die Großhandelspreise liegen i.d.R. bei 5$, so dass der erwartete Endkundenpreis aufgrund der Erfahrungen mit den *.com*-Domain-Namen bei etwa 10$ liegen sollte.

3.1
Registrierungs- und Kündigungsablauf von .com/.net/.org-Domains

Bei *.com*, *.net* und *.org*-Domains gibt es neben den beiden Stati *Domain ist aktiv* und *Domain ist frei* ein Übergangsprozedere. Dies ist insbesondere insofern interessant, als mehr und mehr Domain-Namen wieder frei werden und dann wieder registriert werden können. Dieses Übergangsprozedere besteht aus drei Stufen (Post-Expiration, On-Registrar-Hold und Purge), so dass bei diesen Domains insgesamt fünf Domain-Stati zu unterscheiden sind:

1. Phase (Domain ist aktiv): Nach der Registrierung einer Domain ist die Domain aktiv geschaltet und zeigt in der Regel auf die Inhalte der Webseite. Diese Phase der Registrierung ist zeitlich begrenzt durch das sogenannte *Expiration Date*. Dieses ergibt sich aus folgendem Umstand: In den angelsächsischen Ländern ist die Zahlung von Domaingebühren für eine fixe Periode (i.d.R. 1, 2, 5 oder 10 Jahre) im Voraus üblich. Wird nach Ablauf des bezahlten Zeitraumes (Expiration Date) durch eigene Initiative keine weitere Registrierung bezahlt, wird die Domain wieder freigegeben. In Deutschland hingegen ist es üblich, dass mit der Domainregistrierung ein Vertrag geschlossen wird, der jährliche Nutzungsgebühren zur Folge hat, welche meist per Bankeinzug jährlich vorab eingezogen werden. Wer also seine Domain nicht ausdrücklich kündigt, wird die Domain auch nicht verlieren können – Zahlungsweigerungen oder Versäumnisse ausgenommen. Wer nicht bei einem deutschen Provider registriert hat, wird vor Ablauf der Registrierungsperiode als Inhaber der Domain eine Erinnerung über das Auslaufen der Registrierung erhalten. Kommt er der Zahlungsaufforderung – gewollt oder ungewollt – nicht nach, läuft die Registrierung der Domain aus und sie wird als frei erhältlich angezeigt.

2. Phase (Post-Expiration): Nachdem der Inhaber sich nicht gemeldet hat, kann der Registrar ein *Delete*-Kommando senden und die Domain wird aus dem *Zone File* genommen. Dies passiert normalerweise sofort nach Erreichen des *Expiration Date*, in Einzelfällen kann es jedoch vorkommen, dass der Registrar die Domain weiter hält.

3. Phase (On Registrar Hold): Der Registrar nimmt die Domain aus dem *Root Name Server*. Sowohl Webseite als auch E-Mail funktionieren jetzt nicht mehr. Diese Phase kann zwischen 30 und 45 Tagen dauern. Bis in diese Phase hinein hat der Inhaber Zeit, noch eine Erneuerung bzw. Verlängerung der Registrierung durch eine Zahlung zu erwirken. Viele Registrare bieten dabei öffentliche Zahlungsmöglichkeiten an, so dass jeder jede beliebige Domain per Kreditkarte verlängern kann, auch wenn er selbst nicht der Domaininhaber ist.

4. Phase (Purge): Nachdem der Registrar das *Delete*-Kommando an die Registry geschickt hat, vergehen 120 Stunden (5 Tage). In dieser Zeit ist die Domain weiterhin nicht erreichbar, jedoch noch mit dem alten Inhaber in der Registry eingetragen. Eine Verlängerung des Registrierungszeitraumes ist in diesem Status nicht mehr möglich.

5. Phase (Domain ist frei): Nach Ablauf dieser 120 Stunden ist die Domain wieder frei registrierbar. Domain-Watchlist-Dienste melden Interessenten, dass die Domain wieder frei ist, so dass diese direkt wieder registriert werden kann.

3.2
Internationale Registrierung

Jedes Land hat seine eigenen Vergaberichtlinien. In den folgenden Unterkapiteln wollen wir auf prägnante Unterschiede und Besonderheiten einzelner Länder eingehen. Dies ist besonders interessant für Unternehmen, die international tätig sind und die ihre Präsenz auf internationaler Ebene unterstreichen möchten.

LAND	NATIO-NALE TLD	BEVORZUGTE TLD	REGISTRIERUNGS-BEDINGUNGEN[1]	KOSTEN (P.A.)[1]	REGISTRIER-TE DOMAINS IN NAT. TLD[2]
Brasilien	.br	.com.br, .com – Registrierung direkt unterhalb von .br nicht möglich, stattdessen .com.br oder andere Subdomains	Registrierung auch für ausländische Unternehmen, jedoch wird ein lokaler Vertreter benötigt	50 €	370.000
China	.cn	.cn, .com	Freie Registrierung; zwei gegenseitig inkompatible System (NSI gegenüber CNNIC) verfügbar	75 €	Unbekannt
Deutschland	.de	.de, .com	Freie Registrierung	10 €	4,6 Millionen
Frankreich	.fr	.fr, .com	Unternehmen vor Ort notwendig	250 €	Ca. 1,5 Millionen unter .com; 150.000 unter .fr
Großbritannien	.uk, .ie	.co.uk, .ie, .com – Registrierung direkt unterhalb von .uk nicht möglich, statt-dessen .co.uk oder org.uk; .ie für Irland	Freie Registrierung von .co.uk; Restriktion für .ie: Nachweis einer Handelsbeziehung mit Irland nötig	95 €	Ca. 4 Millionen
Italien	.it	.it, .com	Freie Registrierung, jedoch ausführliches Formular nötig	95 €	Ca. 600.000
Japan	.jp	Momentan noch .co.jp, Registrierung direkt unter .jp geplant	Freie Registrierung unter .co.jp	100 €	Ca. 400.000
Spanien	.es	.es, .com	Unternehmen vor Ort notwendig	200 €	Ca. 50.000
USA	.us	.com und .net; .us-Domains werden primär von öffentlichen Institutionen genutzt	Freie Registrierung	10 € (für .com)	Ca. 30 Millionen .com weltweit registriert, davon ca. 20 Millionen in den USA

[1] Quelle: Carambole.de bzw. günstigster lokaler Anbieter; Kosten pro Jahr bei kalkulierter Laufzeit von 5 Jahren; Preise sind in der Regel vom Dollarkurs abhängige Zirkapreise, Stand Juni 2001
[2] Stand: Juli 2001

3.2.1
Registrierung in Frankreich

Wie in Deutschland gilt auch in Frankreich bei der Domain-Vergabe der Grundsatz *first come, first served*. Es müssen jedoch zahlreiche Bedingungen erfüllt werden, um die nationale .fr-Domain registrieren zu können. So veranlasste die im Jahr 1997 gegründete französische Vergabestelle AFNIC, dass Domain-Namen nur an gleichnamige Firmen oder Privatpersonen oder an die Inhaber einer gleichnamigen Marke vergeben werden dürfen. Im folgenden werden einige der Hauptpunkte genannt, die bei der Registrierung einer .fr-Domain zu beachten sind.

- Interessenten müssen sich an einen Registrar wenden (zum Beispiel *Carambole.fr* oder *Amen.fr*), um einen Domain-Namen zu erhalten. Eine direkte Registrierung bei der AFNIC ist nicht vorgesehen.

- Ein Unternehmen, das eine .fr-Domain registrieren möchte, muss seinen Firmensitz in Frankreich haben und im französischen Handelsregister eingetragen sein. Es können nur Domains registriert werden, die aus dem Firmennamen oder aus einer beim französischen Markenamt INPI eingetragenen Marke bestehen. Wenn also eine Firma *xyz* heißt, wird der Domain-Name *xyz.fr* lauten.

- Privatpersonen müssen ihren Wohnsitz in Frankreich haben und können nur eine Subdomain im Format *xyz.nom.fr* erhalten. Bei der Anmeldung müssen sie dem Registrar ihren Personalausweis vorlegen.

- Vereine müssen belegen können, dass sie im *Journal Officiel* eingetragen sind.

- In Frankreich kostet eine *fr.*-Domain jährlich ungefähr 100 Euro. Eine *.org*- oder *.com*-Domain dagegen kostet nur zwischen 15 und 30 Euro pro Jahr.

Das Verfahren für die Domain-Registrierung in Frankreich konnte beschleunigt werden, weil die AFNIC inzwischen über eine Datenbank das Markenregister und das Handelsregister selbst überprüfen kann. Erfüllt der Interessent alle Bedingungen, dauert es nach der Zahlung der Registrierungsgebühr im Durchschnitt zwei Tage bis zum endgültigen Erhalt des Domain-Namens.

Angesichts der strengen Voraussetzungen für die Registrierung eines Domain-Namens ist es nicht erstaunlich, dass in Frankreich

bisher erst 148.613 *.fr*-Domains registriert worden sind.[36] Am häufigsten registrieren Firmen eine *.fr*-Domain, um dadurch die französische Identität zu verdeutlichen. Die Top-Level-Domain *.fr* spiegelt
ein gewisses nationales Image wieder. Unternehmen sollten sich jedoch auf jeden Fall zusätzlich eine entsprechende *.com*-Domain sichern.

3.2.2
Registrierung in den USA und Großbritannien

USA Die USA gelten als Trendsetter der Domainbranche. Hier liegt der
Ursprung der *Internet Corporation of Assigned Names and Numbers*
(ICANN) und der Ursprung der Top-Level-Domains *.com*, *.net* und
.org. Die USA spielen wohl die größte Rolle bei allen Entscheidungen rund um Domains.

Für die Registrierung einer *.com*-, *.net*- oder *.org*-Domain müssen
keine besonderen Voraussetzungen erfüllt werden. Im Gegensatz zu
Ländern wie Frankreich oder Spanien gibt es hier keine strengen
Bedingungen.

Die US-Regierung beabsichtigt im übrigen, das Interesse an der
nationalen Top-Level-Domain *.us* zu steigern. Die Firma *NetStar*
soll die entsprechenden Domain-Namen anbieten. Die Regierung hat
außerdem die Einführung einer *.kids.us*-Domain vorgeschlagen. Eltern könnten dann den Internetzugriff ihrer Kinder auf kontrollierte
Seiten mit der *.kids.us*-Domain beschränken, um sie vor uner-
wünschten Inhalten zu schützen.

Der Attraktivitätsgrad der *.com*-Domains ist jedoch in Amerika
wie im Rest der Welt ungebrochen. Die Registrierung einer *.com*-
Domain für einen internationalen und nationalen Internet-Auftritt ist
daher auf jeden Fall zu empfehlen.

Die zwei Hauptregistrare in den USA sind *Network Solutions* (eine *Verisign*-Tochter) und *Register.com*. Im August 2001 hatte *Network Solutions* in seiner Datenbank 14.178.671 Domain-Namen und
Register.com 3.538.005. Während *Network Solutions* immer noch
die meisten Domains hält, wachsen inzwischen die kleineren Registrare, die im allgemeinen billiger sind (etwa *GoDaddy.com*).

Aufgrund der zunehmenden Namensknappheit im Internet wurde
im Jahr 1999 die Firma *Greatdomains.com* gegründet und so eine
Plattform zum Handel mit bereits registrierten Domain-Namen geschaffen. Mittlerweile prägen immer mehr Unternehmen den Sekundärmarkt, zum Beispiel *Sedo.co.uk* und *Afternic.com*.

---

[36] Vgl. *www.nic.fr* – Stand Januar 2002.

Im übrigen sind auch die wieder frei gewordenen Domain-Namen von Bedeutung. Als die Dot-Com-Industrie zwischen 2000 und 2001 einen Tiefpunkt erlebte, gaben zahlreiche Firmen und Domainanleger eine Vielzahl spekulativ registrierter Domain-Namen auf, die dann wieder in in den Pool der frei registrierbaren Namen übergingen. Es ist jedoch nicht einfach, rechtzeitig an gute freigewordene Domains zu gelangen, da die Registrare verschiedene Warteperioden haben. Ohne technische Hilfsmittel ist es purer Zufall, genau zur richtigen Zeit die frei gewordene Domain zu erhalten. Dieses Problem versucht das im Jahr 2001 gegründete Unternehmen *SnapNames* zu lösen. *SnapNames* bietet neben anderen Dienstleistungen die Möglichkeit, bestimmte Domain-Namen zu überwachen. Sollten die Domains wieder frei werden, registriert *SnapNames* dann diese Domains direkt für den Interessenten. Die Erfolgsquote hierbei liegt bei etwa 70 Prozent.

In Großbritannien ist die Registrierung von Domains im Format *www.firmenname.uk* nicht möglich. Vielmehr existieren elf vorgegebene Second-Level-Domains, in denen der Anmelder die gewünschte Bezeichnung als Third-Level-Domain registrieren kann. Die zentrale Datenbank wird von *Nominet* (*www.nic.uk*) organisiert. Folgende Domain-Endungen sind möglich:

.co.uk: Kommerziell/Wirtschaft
.org.uk: Organisationen
.ltd.uk: GmbH
.plc.uk: Aktiengesellschaft
.ac.uk: Akademisch
.gov.uk: Regierung/Behörden
.sch.uk: Schulen
.mod.uk: Verteidigungsministerium (Ministry of Defence)
.nhs.uk: Staatlicher Gesundheitsdienst (National Health Service)
.net.uk: Internet-Netzwerke
.me.uk: Persönlich

Die vorstehenden Domain-Endungen kommen auf lokaler und nationaler Ebene sehr häufig vor. Fernab der Grenzen ist das Interesse an den *.uk*-Domains jedoch nicht sehr groß, obwohl die Registrierungsbedingungen für *co.uk*- und *org.uk*-Domains relativ problemlos sind. Am populärsten sind in Großbritannien die Top-Level-Domains *.co.uk* und *.org.uk*. Bei überregionalen Unternehmen sind jedoch *.com*-Domains am beliebtesten, da hierdurch eine internationale Präsenz verdeutlicht wird.

Die Domainüberwachung durch *SnapNames* ist bislang nur bei *.com*-, *.org*- und *.net*-Domains möglich. Wenn ein Interessent eine bereits vergebene Domain mit einer *.uk*-Endung nach deren Freigabe registrieren möchte, kann er aber einen der vielen *Domain-Watchlist Services* nutzen (zum Beispiel bei *Sedo.de*), um periodisch die Whois-Datenbank überprüfen zu lassen. So erfährt er, ob die gewünschte Domain wieder freigeworden ist.

3.2.3
Registrierung in China

Das Domainsystem in China bietet ein interessantes Paradebeispiel für die Auswirkungen eines gespaltenen Domain-Namen-Systems. Bereits seit ungefähr zwei Jahren herrscht ein erbitterter Kampf zwischen rivalisierenden chinesischen und amerikanischen Domain-Registraren, Regierungsorganisationen und der ICANN.

Die Kontrahenten können in zwei Lager eingeteilt werden. Auf der einen Seite stehen das *China Internet Network Information Center* (CNNIC) und verschiedene Registrare, die in dieser Organisation Mitglied sind und damit chinesischsprachige Domain-Namen registrieren können. Das CNNIC wiederum ist eine Organisation der Volksrepublik China unter der Aufsicht des Informationsministeriums (Ministry for Information Industry), das mit der Administration des chinesischen Domain-Namen-Systems unter der Top-Level-Domain *.cn* beauftragt wurde. Auf der anderen Seite stehen verschiedene von der ICANN akkreditierte Registrare, die vor allem die generischen Top-Level-Domains *.com*, *.net* und *.org* registrieren.

Bis vor wenigen Jahren existierten CNNIC und ICANN-Registrare friedlich nebeneinander, auch wenn in China eine zunehmende Frustration der CNNIC darüber festzustellen war, dass die Nutzer die englischsprachigen Domains mit der Endung *.com* chinesischsprachigen Domain-Namen mit der Endung *.com.cn* vorzogen. Die Entscheidung der ICANN-Registrare, Domain-Namen mit chinesischen Schriftzeichen anzubieten, verärgerte die CNNIC. Folgende Gründe können für diese Reaktion angeführt werden.

Wirtschaftliche Gründe: Die CNNIC verlor ihren einzigen kompetitiven Vorteil gegenüber den ICANN-Registraren, nämlich die alleinige Möglichkeit, auch chinesische Schriftzeichen zu registrieren.

Nationale Gründe: Die Registrierung von Domain-Namen bei ausländischen Registraren wird von chinesischen Behörden als Sicherheitsrisiko eingestuft, da hierdurch im Falle eines internationalen Konfliktes die Erreichbarkeit von Internet-Adressen in der Hand von amerikanischen Unternehmen liegt. Folglich wird argumentiert, dass chinesischsprachige Domain-Namen nur durch von der Regierung autorisierte chinesische Unternehmen vergeben werden sollten.

Als Reaktion begann die CNNIC damit, ein eigenes chinesischsprachiges Domain-Namen-System aufzubauen, das dem Endkunden durch momentan neun von der CNNIC autorisierte Registrare angeboten wird. Somit existieren momentan *zwei rivalisierende Systeme*.

1. Das CNNIC-System:
Die von der CNNIC akkreditierten chinesischen Domain-Registrare sind bevollmächtigt, chinesischsprachige Domain-Namen in einer der folgenden Top-Level-Domains zu reservieren, wobei der Platzhalter „□□" jeweils für zwei chinesische Schriftzeichen steht, die der nachfolgenden Übersetzung entsprechen:

(a) .cn,
(b) .□□ (wörtlich: *.china*),
(c) .□□ (wörtlich: *.firma*),
(d) .□□ (wörtlich: *.netzwerk*).
Unter dem CNNIC-System sollten Inhaber von Marken oder sonstigen Rechten auf den Domain-Namen zum Schutz ihrer Bezeichnungen mindestens drei dieser Top-Level-Domains beantragen, also *[chinesische Marke]* + .□□ *(.china)*, *[chinesische Marke]* + .□□ *(.firma)* und *[chinesische Marke]* + .□□ *(.netzwerk)*. Da die Top-Level-Domain *.cn* und die Top-Level-Domain .□□ *(.china)* als konzeptionell identisch angesehen werden, verhindert eine *.cn*-Registrierung eine .□□ *(.china)*-Registrierung und umgekehrt.
Das CNNIC-System macht keine Unterscheidung zwischen den einfachen und den traditionellen chinesischen Schriftzeichen desselben Domain-Namens (einfache chinesische Schriftzeichen werden im Hauptteil der Volksrepublik China verwendet, traditionelle chinesische Schriftzeichen in Taiwan, Macau und Hong Kong). Dies verhindert die Situation, dass ein Unternehmen einen Begriff in einfachen chinesischen Schriftzeichen registriert und ein anderes Unternehmen denselben Begriff in traditioneller Schreibweise.

2. Das internationale System:
Alle ICANN-akkreditierten Registrare, die zur Zeit die Registrierung von Domain-Namen mit chinesischen Schriftzeichen erlauben, bieten die Top-Level-Domains *.com*, *.net* und *.org* an. Innerhalb dieses Systems besteht ein Domain-Name somit aus einem Element der chinesischen Sprache (zum Beispiel dem Unternehmensnamen oder

einem generischen Begriff) zusammen mit einem Element der englischen Sprache, nämlich einem der Suffixe *.com, .net* oder *.org*.

Des weiteren ist interessant, dass in dem ICANN-System unterschiedliche Register für einfache und traditionelle chinesische Schriftzeichen unterhalten werden. In den Fällen, in denen einfache und traditionelle chinesische Schriftzeichen gleich aussehen (was häufig der Fall ist), verhindert eine Registrierung einer Domain in einfacher Schreibweise die Registrierung einer Domain in traditioneller Schreibweise und umgekehrt.

Komplizierter sind jedoch die Fälle, in denen einfache und traditionelle chinesische Schriftzeichen eines Domain-Namens nicht gleich aussehen. Dies trifft bereits dann zu, wenn sich mindestens ein Schriftzeichen in einem Domain-Namen unterscheidet. In diesen Fällen ist es möglich, dass zwei unterschiedliche Unternehmen zwei unterschiedliche Varianten eines prinzipiell gleichen Domain-Namens registrieren. Dies birgt natürlich ein großes Konfliktpotential, das insbesondere von der CNNIC auch angeführt wird, um die Vorteile des eigenen Systems herauszustreichen.

Es wird jedoch nicht nur auf die technischen Probleme des ICANN-Systems verwiesen. Darüber hinaus sprechen Regierungsbehörden der Volksrepublik China den Nicht-CNNIC-Systemen die Legitimität ab – zum einen aus Widerstand gegenüber US-dominierten Systemen wie dem ICANN-Domain-Namen-System, zum anderen aus der Absicht heraus, dass nur von der Regierung legitimierte Unternehmen die Domainregistrierung organisieren sollen.

Momentan ist noch unsicher, welches der beiden Systeme sich als Standard für chinesischsprachige Domain-Namen durchsetzen wird. Jedes Unternehmen, das eine chinesische Domainregistrierung plant, sollte sich jedoch bewusst machen, dass es die beiden konkurrierende Systeme gibt und dass eine Registrierung eines Domain-Namens in einem der beiden Systeme dem Inhaber keinerlei bessere Rechte auf einen Domain-Namen in einem anderen System verschafft.

Unternehmen sollten daher proaktiv vorgehen und alle Varianten ihres Unternehmensnamens, ihrer Produktnamen und möglichst auch ihrer Produktbegriffe in beiden Systemen registrieren. Auch wenn dadurch – unter Berücksichtigung aller Top-Level-Domains in dem CNNIC-System – eine Vielzahl von Domainregistrierungen durchgeführt werden muss, sollte darauf nicht verzichtet werden, da die Rechtslage sehr unklar ist und nachträgliche Streitigkeiten teuer und kompliziert sind.[37]

3.2.4
Registrierung in Russland

Früher wurde die Vergabe der *.ru*-Domains vom *Russischen Forschungsinstitut zur Entwicklung allgemeiner Netzwerke* – RosNII-ROS *(http://www.ripn.net)* organisiert. RosNIIROS transferierte jedoch vor kurzem die Vergaberechte der *.ru*-Domain an die autonome nichtkommerzielle Organisation *Regionales Informationscenter für Netzwerke* (RU-CENTER), das im Internet in russischer Sprache unter *http://www.nic.ru* und in englischer Sprache unter *https://www.nic.ru/en* erreichbar ist.

RU-CENTER wurde im Jahr 2000 von der RosNIIROS gegründet, um Dienstleistungen rund um die Vergabe des Adressenraums bereitzustellen. Dabei soll RU-CENTER bei der Registrierung einer Domain eine sichere Abwicklung, juristische Korrektheit sowie Unabhängigkeit von den Internet-Service-Providern garantieren. Mit den Einnahmen durch die Vergabe der *.ru*-Domains sollen Internet-Forschungsprojekte finanziert werden.

Die minimale Länge einer *.ru*-Domain beträgt zwei Zeichen. Mit Spannung wird die Einführung multilingualer Domain-Namen erwartet. Aufgrund kyrillischer Buchstaben war es bisher unmöglich, einige im Russischen korrekt ausgeschriebene Wörter als Domain-Namen zu nutzen.

Nach siebenjähriger Unterbrechung werden im übrigen seit September 2001 wieder Anträge auf die Vergabe von Domain-Namen mit *.su*-Endung angenommen. Die anfängliche Registrierungsgebühr beträgt 15.000 US-Dollar sowie 100 US-Dollar im Folgejahr. Im Laufe der Zeit soll die hohe Gebühr schrittweise gesenkt werden.[38] Ursprünglich war sie zur Abschreckung von Spekulanten gedacht. Die Wiedereinführung von *.su*-Domains war bereits für 2001 geplant, bislang ist es jedoch nur bei einer Absichtserklärung geblieben.

Die mangelhafte Internetverbreitung in Russland zeigt sich in der regionalen Verteilung der vergebenen Domains. Der Großteil der *.ru*-Domains (etwa siebzig Prozent) ist in Moskau beziehungsweise in der Region rund um Moskau vergeben.

---

[37] Die englische Version der CNNIC findet sich unter *http://www.cnnic.cn/e-index.shtml*. Ein ICANN-Registrar, der *.cn*-Domains registriert, findet sich u.a. unter *http://www.speednames.com*

[38] Vgl. *http://www.fid.su/projects/SU_Registry/PRICE.html*

3.2.5
Registrierung in Skandinavien

In unseren Nachbarländern in Nordeuropa werden Domain-Namen nach sehr strengen Kriterien vergeben. Mit dem in Deutschland praktizierten System der freien Vergabemöglichkeit konnten sich die Skandinavier nicht anfreunden. So können in Schweden nur solche Unternehmen einen Domain-Namen unter der TLD *.se* beantragen, die beim schwedischen Patent- und Registrierungsamt PRV eingetragen sind. Auch dann haben sie aber nicht etwa die freie Wahl, für welchen Domain-Namen sie sich entscheiden. Die Firma kann lediglich drei Vorschläge machen, von denen dann hoffentlich einer von der zuständigen Domainregistrierungsbehörde NIC-SE akzeptiert wird. Der Grund dafür, warum die Schweden solche strengen Regeln haben, findet sich auf der Seite von NIC-SE wieder: *Ein wichtiges Prinzip ist, dass Domain-Namen keinesfalls zu einer Ware werden dürfen, sondern auf einer seriösen Adressierung basieren, die eine Erweiterung des Firmennamensschutzes darstellt.*

Aufgrund dieser restriktiven Regelungen sind *.se*-Domains nicht sehr verbreitet. Bisher sind nur etwa 117.000 Domain-Namen registriert. Es gibt bisher lediglich einen einzigen Anbieter, der durch das Ausnutzen einer Grauzone die Registrierung beliebiger *.se*-Domains anbietet. Dieser Anbieter gründet eigens eine Firma, die so heißt wie der gewünschte Domain-Name, so dass die Registrierung einer beliebigen *.se*-Domain möglich wird. Dieser Aufwand hat allerdings seinen Preis: Ein Jahr kostet ungefähr 200 Euro.

Sehr beliebt sind im übrigen die eigentlich zum afrikanischen Staat *Niue* gehörenden *.nu*-Domains. Sie dienen nicht bloß als Ersatz für die schwer zu erlangenden *.se*-Domains. Vielmehr ist *nu* ein schwedisches Wort und bedeutet *jetzt* – für Marketingzwecke eine ideale Top-Level-Domain. So hatte zum Beispiel die Handelskette *Spar* niemals eine *.se*-Domain, sondern ist unter *www.spar.nu* zu erreichen. Allerdings kann *.nu* nicht an die Verbreitung von *.com* heranreichen, da das Kürzel *.com* gerade auch im internetfreundlichen Schweden (Netzwerkzugänge mit 10 MBit sind in vielen Privathaushalten die Regel) zum Symbol für das Internet geworden ist.

In Norwegen ist die Situation ähnlich wie in Schweden. Auch hier können nur registrierte Firmen und seit neuestem auch die Botschaften fremder Länder Domain-Namen unter der TLD *.no* beantragen. Es gibt daher auch in Norwegen nur knapp 120.000 registrierte Domain-Namen. In Dänemark sind die Registrierungsbedingungen für die nationalen *.dk*-Domains hingegen ähnlich liberal wie in Deutschland für die *.de*-Domains. In Finnland muss der Antragsteller ein in Finnland behördlich registriertes Unternehmen sein, um die *.fi*-Domain zu erhalten. Außerdem gibt es gewisse Einschränkungen bei Personennamen, Allgemeinbegriffen und geographischen Begriffen.

3.2.6
Registrierung in Spanien, Süd- und Mittelamerika

Nach einer Studie der *Asociacion para la Investigacion de Medios de Communicacion* gab es im April 2001 ungefähr 7,1 Millionen spanische Internetnutzer. Das sind 300.000 Nutzer mehr, als noch im Februar des selben Jahres. Die Internetverbreitung in den Haushalten liegt bei etwa zwanzig Prozent.

Die zentrale Vergabestelle für die spanischen *.es*-Domains ist die ES-NIC. Die zur Zeit geltenden Registrierungsbedingungen in Spanien sind tendenziell noch strenger als diejenigen, die für die französischen *.fr*-Domains gelten. Voraussetzung für die Registrierung einer *.es*-Domain ist zunächst, dass der Antragsteller seinen Sitz in Spanien hat. Im übrigen werden bei der Vergabe von *.es*-Domains grundsätzlich nur Marken und Unternehmensbezeichnungen als Second-Level-Domains akzeptiert. Das hat zur Folge, dass Privatpersonen regelmäßig keine Möglichkeit haben, eine Domain mit ihrem eigenen Namen zu registrieren. Auch allgemein beschreibende Begriffe, Gattungsbezeichnungen und geographische Bezeichnungen werden grundsätzlich nicht akzeptiert. Nur ausnahmsweise kann ein beschreibender Begriff in einem speziellen Verfahren registriert werden, wenn der Antragsteller ein berechtigtes Interesse an dem Domain-Namen nachweisen kann.

Nach Angaben von *NetValue Mexico* gab es im Juni 2001 zwischen vier und fünf Millionen Internetnutzer in Mexiko. Das ist ungefähr fünf Prozent der Gesamtbevölkerung. Die offizielle Vergabestelle Mexikos ist im Internet unter *www.nic.mx* erreichbar. Die Registrierung der Top-Level-Domain *.com.mx* ist grundsätzlich für jedermann möglich.

In Argentinien gab es nach Angaben von *D'Alessio IROL* im Juni 2001 etwa zwei Millionen Internetnutzer. Die offizielle Vergabestelle in Argentinien ist unter *www.nic.ar* zu finden. Die argentinische *.com.ar*-Domain können Firmen und Privatleute in Argentinien und auch Interessenten anderer Länder registrieren. Ausländische Unternehmen müssen jedoch einen Firmensitz in Argentinien haben. Die *.org.ar*-Domains sind für Non-Profit-Organisationen registrierbar.

In Brasilien ist die Vergabestelle unter *www.nic.br* zu erreichen. Die wichtigsten Top-Level-Domains in Brasilien sind *.com.br*, *.org.br* und *.nom.br*. Jede Firma oder Privatperson kann maximal zehn brasilianische Domain-Namen registrieren. Hierbei darf die gleiche Bezeichnung jedoch nicht mit verschiedenen Top-Level-Domains kombiniert werden, so dass beispielsweise die parallele Registrierung der Domains *www.xyz.com.br* und *www.xyz.net.br* nicht möglich ist. Auch ausländische Unternehmen können eine brasilianische Domain registrieren.

3.2.7
Registrierung in Österreich

In Österreich ist die unter *www.nic.at* erreichbare *nic.at Internet Verwaltungs- und Betriebsgesellschaft* die offizielle Registrierungsstelle für alle Domain-Namen mit der Endung *.at*. Hierzu gehören auch die Subdomains *co.at* und *or.at*. Die Abkürzung *nic* steht für Network Information Center. Mitte des Jahres 1998 wurde *nic.at* von der ISPA (Verein der österreichischen Internetprovider) gegründet. Bis Ende 2000 war die ISPA auch Eigentümerin der *nic.at*. Vor der Firmengründung wurden *.at*-Domains von der Universität Wien verwaltet.[39]

Die Nachfrage nach *.at*-Domains ist groß: Ende 2000 waren bereits um die 160.000 Namen registriert. Die Registrierungsbedingungen sind mit denen in Deutschland vergleichbar. Für eine internationale Präsenz von überregional tätigen Unternehmen ist ebenfalls die *.com*-Domain beliebt.

3.2.8
Registrierung in der Schweiz

Die Registrierungsstelle für die country code Top-Level-Domains *.ch* und *.li* wird vom SWITCH (Swiss Academic and Research Network) betrieben. Die Verantwortung für die Registrierung und Verwaltung von Domain-Namen innerhalb der ccTLD *.ch* wurde im Jahr 1987 von der IANA (Internet Assigned Numbers Authority) an SWITCH delegiert. Die Delegation der Verantwortung für die ccTLD *.li* folgte im Jahr 1993.

Das SWITCH bietet seine Dienste direkt nur für Schweizer Universitäten und Fachhochschulen an. Für alle anderen Interessenten gibt eine Linkliste auf der SWITCH-Webseite *www.switch.ch* Auskunft über Adressen von Internet Service Providern.

---

[39] Vgl. *http://www.univie.ac.at/comment/arch/00-2/002_2.html*

Die Registrierung von *.ch*-Domains ist frei und unrestriktiert. Trotzdem liegen die Preise für eine Domain oberhalb des deutschen Durchschnitts für *.de*-Domains.

4 Domain-Recht

Mit der zunehmenden wirtschaftlichen Bedeutung von Domain-Namen als Aushängeschild von Internetpräsenzen ist auch die Zahl der juristischen Auseinandersetzungen um Domain-Namen stark gestiegen. Die zum Teil sehr liberale Vergabepraxis hat hierbei vor allem zu namens- und kennzeichenrechtlichen Konflikten geführt. Die Vergabe von Domain-Namen erfolgt weitgehend nach dem Prinzip *first come, first served*. So verlangt die für die Vergabe von *.de*-Domains zuständige DENIC eG vom Antragsteller lediglich die Versicherung, dass durch die beantragte Registrierung keine Rechte Dritter wissentlich verletzt werden. Die Registrierung wird dann jedoch grundsätzlich ohne inhaltliche Prüfung hinsichtlich der Berechtigung des Anmelders vorgenommen, so dass die Registrierung dem Anmelder keine unangreifbare Rechtsposition einräumt. Es besteht vielmehr die Möglichkeit, dass Dritte nachträglich gegen die Vergabe einer Domain vorgehen und unter Hinweis auf bestehende Namens- und Kennzeichenrechte oder auf das Wettbewerbsrecht versuchen, die weitere Nutzung der Domain zu untersagen oder eine Freigabe der Domain zu erreichen. Die Gefahr von Kollisionen ist dabei gerade im weltumspannenden Datennetz des Internet besonders groß. Einerseits ist die mehrfache Verwendung desselben Domain-Namens weltweit aus technischen Gründen ausgeschlossen. Andererseits verschwimmen im Internet trotz der verschiedenen Länder-Top-Level-Domains die Grenzen zwischen lokalen, nationalen und internationalen Märkten, so dass sich bei der Wahl des Domain-Namens Personen oder Unternehmen miteinander auseinandersetzen müssen, die außerhalb des Internet mangels regionaler oder branchenspezifischer Nähe keinerlei Berührungspunkte haben.

Im folgenden werden daher die rechtlichen Rahmenbedingungen dargestellt, die bei der Wahl der eigenen Domain und bei der Komplettierung des Domain-Portfolios zu beachten sind. Dies soll dabei helfen, die Gefahr des Verlustes eigener Domains zu minimieren und die Möglichkeiten abzuschätzen, gegen rechtsverletzende Domains anderer Domaininhaber vorzugehen. In einigen Bereichen des

Rechts der Domain-Namen zeigen sich inzwischen Ansätze einer gefestigten Rechtsprechung, zum Teil ist die Entscheidungspraxis der Gerichte jedoch noch recht uneinheitlich. Im Einzelfall sollte die Rechtslage daher von einem spezialisierten Rechtsanwalt geprüft werden. Die hierdurch entstehenden Kosten betragen regelmäßig nur einen Bruchteil der Verluste, die durch die erzwungene Umbenennung einer Internetpräsenz oder durch Lücken im Domain-Portfolio entstehen können.

4.1
Ansprüche gegen die Domain-Nutzung

Die nachfolgende Darstellung behandelt zunächst die möglichen Ansprüche *gegen* die Nutzung einer Domain, die sich im Falle der Verletzung von Rechtsnormen und Schutzrechten Dritter durch einen Domain-Namen ergeben können. Die Darstellung orientiert sich dabei an der aktuellen Rechtsprechung und bemüht sich trotz der praktischen Ausrichtung dieses Buches um juristische Detailgenauigkeit bei der Erläuterung von Anspruchsgrundlagen und Gerichtsentscheidungen, da sich angesichts der Komplexität des Themas eine Reduzierung auf schlagwortartige Tips und allgemeine Vorschläge verbietet. Für den schnellen Zugriff empfiehlt sich die Lektüre der Zusammenfassungen und der Abschnitte mit den Folgerungen für die Domainstrategie, die sich an die einzelnen Themengebiete anschließen und entweder mit einer eigenen Überschrift oder mit einer Randbemerkung gekennzeichnet sind.

Die Ansprüche gegen die Nutzung einer Domain sind nicht nur für potentielle Anspruchsteller von Bedeutung, die einem Domaininhaber den Gebrauch seiner Domain untersagen wollen oder die Freigabe der Domain erzwingen wollen. Wichtig sind diese Ansprüche auch und gerade für den Domaininhaber selbst. Dieser sollte bereits bei der Auswahl seiner Domain-Namen sicherstellen, dass er nicht gegen Namens- und Kennzeichenrechte Dritter oder gegen das Wettbewerbsrecht verstößt. Zum einen kann die Verwendung bestimmter Domain-Namen eine sittenwidrige oder irreführende Wettbewerbshandlung im Sinne der §§ 1, 3 UWG (Gesetz gegen den unlauteren Wettbewerb) darstellen. Zum anderen ist zu beachten, dass einem Domain-Namen neben der technischen Funktion als Rechneradresse auch Namens-, Marken- und allgemein Kennzeichenfunktion zukommen kann, da dem Nutzer durch die Domain eine Zuordnung des hinter der Internetpräsenz stehenden Anbieters ermöglicht wird.[40] Die Verwendung von Namen, geschäftlichen Bezeichnungen, Marken oder entsprechenden Abkürzungen in einer Second-Level-Domain stellt also grundsätzlich einen namens-, marken- oder sonstigen kennzeichenmäßigen Gebrauch dar, durch den das Recht eines Dritten gemäß § 12 BGB (Bürgerliches Gesetzbuch) und §§ 14, 15 MarkenG (Markengesetz) verletzt werden kann.

4.1.1
Namensrechtliche Ansprüche

Eine wichtige Rolle bei Domainkonflikten spielen zunächst die namensrechtlichen Ansprüche gemäß § 12 BGB.

4.1.1.1
Allgemeine Grundsätze

Nach § 12 BGB kann der Namensberechtigte von dem, der seine Interessen an der ungestörten Namensführung durch unbefugte Nutzung des gleichen Namens verletzt, die Beseitigung der Beeinträchtigung und die Unterlassung der Namensführung für die Zukunft verlangen. Dies gilt grundsätzlich auch für die Verwendung eines Namens als Domain im Internet, da in einer solchen Verwendung regelmäßig eine namensmäßige Benutzungshandlung im Sinne des § 12 BGB zu sehen ist. Schutzfähig sind nach dem weiten Namensbegriff der Rechtsprechung neben den Namen natürlicher und juristischer Personen vor allem Unternehmensbezeichnungen jeder Art einschließlich der Abkürzungen und Schlagworte, soweit ihnen Namensfunktion zukommt und sie unterscheidungskräftig sind oder als Hinweis auf ein bestimmtes Unternehmen Verkehrsgeltung erlangt haben.[41] Der Schutz des bürgerlichen Namens der natürlichen

---

[40] Nahezu einhellige Ansicht in der Rechtsprechung, vgl. nur OLG Hamm CR 1998, 241 (242) – *krupp.de*; OLG Dresden CR 1999, 589 (590) – *cyberspace.de*; OLG München K&R 1999, 569 (570) – *rolls-royce.de*; OLG München CR 1998, 556 (557) – *freundin.de*. Die abweichenden Entscheidungen des LG Köln CR 1997, 291 – *pulheim.de* sowie GRUR 1997, 377 – *huerth.de* und BB 1997, 1121 – *kerpen.de* dürften nach der Entscheidung OLG Köln CR 1999, 385 – *herzogenrath.de* obsolet sein. Auch der BGH hat in dem bei Drucklegung noch unveröffentlichten Urteil vom 22.11.01 – I ZR 138/99 – *shell.de* die Namensfunktion der Domain zumindest stillschweigend vorausgesetzt. Vgl. auch Ingerl/Rohnke, MarkenG, § 14 Rn. 65.

[41] Palandt, BGB, § 12 Rn. 4, 10 ff.; Ingerl/Rohnke, MarkenG, nach § 15 Rn. 10 f. mit weiteren Nachweisen. In der Rechtsprechung wurde der Namensschutz etwa bejaht bei den Firmenbestandteilen *D.A.S.*, *Steiff*, *JURIS* und *UFA*, vgl. LG Frankfurt/M. CR 1997, 287 – *das.de*; OLG Stuttgart MMR 1998, 543 – *steiff.com*; LG München I CR 1997, 479 (480) – *juris.de*; OLG Düsseldorf WRP 1999, 343 (345) – *ufa.de*. Zur Kurzbezeichnung eines Vereinsnamens vgl. LG Düsseldorf CR 1998, 688 (689) – *jpnw.de*.

Person gilt dabei für Durchschnittsbürger ebenso wie für Prominente.[42] Auch Pseudonyme wie Berufs- und Künstlernamen fallen in den Anwendungsbereich des § 12 BGB, wenn sie hinreichend unterscheidungskräftig sind.[43] Vereine, Gesellschaften bürgerlichen Rechts und andere Personenvereinigungen können sich ebenfalls auf den Schutz des § 12 BGB berufen, sofern sie im Rechtsverkehr unter einem Gesamtnamen auftreten.[44]

Bedeutung erlangte der Namensschutz nach § 12 BGB im Zusammenhang mit Domainkonflikten zunächst für Städte und Gemeinden. Darüber hinaus wurde er aber auch immer wieder ergänzend zum Schutz von Unternehmenskennzeichen nach §§ 5, 15 MarkenG herangezogen. Der Vorteil bei der Anwendung des § 12 BGB liegt darin, dass die von einem Dritten begangene Verletzungshandlung nicht notwendigerweise im geschäftlichen Verkehr erfolgt sein muss, wie dies für einen Schutz nach dem Markengesetz erforderlich ist. Somit können grundsätzlich auch Fälle erfasst werden, in denen Privatleute fremde Unternehmensbezeichnungen als Domain-Namen für rein private Homepages einsetzen.[45]

Voraussetzung für einen interessenverletzenden Namensgebrauch im Sinne des § 12 BGB ist nach ständiger Rechtsprechung des Bundesgerichtshofs (BGH), dass die Verwendung des fremden Namens geeignet ist, eine namensmäßige Identitäts- oder Zuordnungsverwirrung hervorzurufen.[46] Diese liegt vor, wenn ein Name dazu benutzt wird, eine andere Person als den Namensträger oder deren Einrichtungen oder Produkte namensmäßig zu bezeichnen. Ausreichend ist aber auch, dass der Namensträger mit Einrichtungen, Gütern oder Erzeugnissen in Verbindung gebracht wird, mit denen er nichts zu tun hat. Dies ist vor allem für die Fälle bedeutsam, in denen Städte und Gemeinden mit Unternehmen oder Privatpersonen um die Verwendung ihres Namens als Internet-Domain streiten.

---

[42] Vgl. etwa LG Düsseldorf MMR 2001, 560 – *friedrich.de*; LG München I, Beschl. v. 24.10.2000 – 26 O 20103 – *boris.de (Boris Becker)*; OLG Dresden MMR 2001, 459 – *kurt-biedenkopf.de*; LG Köln CR 2001, 622 – *guenterjauch.de*.

[43] LG Köln MMR 2000, 437 (438) – *maxem.de*; LG München I K&R 2001, 224 (225) – *nominator.de*; Palandt, BGB, § 12 Rn. 8.

[44] Palandt, BGB, § 12 Rn. 9; Ingerl/Rohnke, nach § 15 Rn. 11.

[45] So geschehen im Fall *shell.de*, BGH Urt. v. 22.11.01 – I ZR 138/99 (bei Drucklegung noch nicht veröffentlicht).

[46] BGH GRUR 1996, 422 (423) – *J.C. Winter*; BGHZ 119, 237 (245) – *Universitätsemblem*; BGHZ 91, 117 (120) – *Mordoro*; BGH GRUR 1983, 262 (263 f.) – *Uwe*.

4.1.1.2
Städtenamen

Schon seit Beginn der Rechtsstreitigkeiten um Domain-Namen gab es immer wieder Auseinandersetzungen um Domains, die einen Städtenamen als Bestandteil enthielten. Nicht selten hatten sich Unternehmen diese Domains gesichert, um auf einfache Weise die Besucherzahlen auf ihrer Homepage zu steigern oder um unter der Domain Informationen über die betreffende Stadt anzubieten. Grundsätzlich können sich jedoch auch Städte und Gemeinden als öffentlich-rechtliche Körperschaften auf den Schutz des § 12 BGB berufen.

So sah das LG Mannheim in der Verwendung der Domain *heidelberg.de* durch ein IT-Unternehmen, das unter der Domain eine Website mit Informationen über die Rhein-Neckar-Region betrieb, eine Verletzung des Namensrechts der Stadt Heidelberg.[47] Die namensmäßige Zuordnungsverwirrung ergab sich für das Gericht daraus, dass ein nicht unerheblicher Teil der Internet-Nutzer die Domain mit der Stadt Heidelberg in Verbindung bringe. Gerade weil die Verwendung des Städtenamens ohne jeden Zusatz erfolge, liege die Erwartung nahe, dass unter der Internet-Adresse nicht nur Informationen *über* die Stadt Heidelberg, sondern offizielle Informationen *von* der Stadt Heidelberg abgerufen werden könnten. Diese grundlegende Argumentation wurde in der Folgezeit von anderen Gerichten übernommen.[48] Sie kann nach Ansicht des LG Duisburg auch auf Städtenamen in einer Third-Level-Domain Anwendung finden.[49]

Städtenamen ohne Zusätze

Nach Auffassung des OLG Karlsruhe ist die Geltung dieser Grundsätze auch nicht auf die Top-Level-Domain *.de* beschränkt. Das Gericht entschied im Fall *badwildbad.com*, dass eine Zuordnungsverwirrung nicht deshalb ausscheide, weil die Domain neben dem Namen der Stadt die Top-Level-Domain *.com* enthalte.[50] Dieser Bestandteil verfüge nicht über namensmäßige Kennzeichnungskraft

Städtenamen mit der Top-Level-Domain .com

---

[47] LG Mannheim CR 1996, 353 (354) – *heidelberg.de*.

[48] OLG Brandenburg K&R 2000, 406 (407) – *luckau.de*; OLG Karlsruhe CR 1999, 783 (784) – *badwildbad.com*; OLG Köln CR 1999, 385 (386) – *herzogenrath.de*; LG Braunschweig CR 1997, 414 (415) – *braunschweig.de*; LG Ansbach NJW 1997, 2688 – *ansbach.de*. Vgl. auch LG Berlin CR 2000, 700 (701) – *deutschland.de*: Der Begriff *Deutschland* als prägender Namensbestandteil der Bundesrepublik Deutschland werde mangels ergänzender Angaben namensmäßig und nicht lediglich geographisch-beschreibend genutzt, so dass eine Zuordnungsverwirrung vorliege.

[49] LG Duisburg MMR 2000, 168 (169 f.) – *kamp-lintfort.cty.de*.

[50] OLG Karlsruhe CR 1999, 783 (785) – *badwildbad.com*. Im Ergebnis ebenso, doch ohne nähere Begründung LG Lüneburg CR 1997, 288 – *celle.de/celle.com*. Zweifelnd OLG Celle, Beschl. v. 21.3.1997 – 13 U 202/96 – *celle.com*.

und trete gegenüber dem Bestandteil *badwildbad* in seiner Bedeutung für den Gesamteindruck völlig zurück. Die Argumentation des Gerichts entspricht dabei der ganz herrschenden Ansicht, dass für die kennzeichenrechtliche Beurteilung von Domain-Namen grundsätzlich auf die Second-Level-Domain abzustellen ist und die Top-Level-Domain mangels unterscheidender Wirkung generell außer Betracht zu bleiben hat. Im Fall von Domains mit deutschen Städtenamen scheint es allerdings durchaus zweifelhaft, ob es auch bei der Top-Level-Domain *.com* zu einer Zuordnungsverwirrung kommen kann, da die Internet-Nutzer eine kommunale Internetpräsenz wohl hauptsächlich unter der Top-Level-Domain *.de* erwarten dürften. Das OLG Karlsruhe hielt jedoch ausdrücklich fest, dass der kommerzielle Hintergrund der Top-Level-Domain *.com* nichts an dem gefundenen Ergebnis ändere. Denn zum einen sei es nicht jedem Internet-Nutzer bekannt, dass unter der Top-Level-Domain *.com* überwiegend kommerziell handelnde Unternehmen auftreten. Zum anderen seien auch nicht kommerziell handelnde juristische Personen keineswegs daran gehindert, Informationen unter der Top-Level-Domain *.com* im Internet anzubieten.

Die zusatzlose Verwendung von Städtenamen in Domains durch Dritte wird also grundsätzlich als Verletzung des städtischen Namensrechts gewertet. Anders sieht es nach einer Entscheidung des LG Düsseldorf jedoch dann aus, wenn einem Städtenamen in der Second-Level-Domain Zusätze hinzugefügt werden, wie etwa *-info*, *-online*, *-service*, oder *-events*.[51] Im konkreten Fall stritten die Stadt Duisburg und ein Stadtplanverlag um die Domain *duisburg-info.de*, die vom Verlag für die Verbreitung von Informationen über die Stadt genutzt wurde. Das Gericht sah in der Verwendung der Domain durch den Verlag keine Verletzung des Namensrechts der Stadt Duisburg, da der Zusatz *-info* dazu führe, dass bei den angesprochenen Verkehrskreisen keine Zuordnungsverwirrung entstehe. Aufgrund der weltweit nur einmal möglichen Vergabe von Domain-Namen und der im Internet üblichen Praxis, durch die benannten Zusätze verschiedene Anbieter zu unterscheiden, müsse selbst ein wenig geübter Nutzer unter den Domains jeweils unterschiedliche Anbieter erwarten. Diese Argumentation erscheint zunächst einleuchtend, widerspricht aber dem markenrechtlichen Grundsatz, dass im Zusammenhang mit dem Internet einem Zusatz wie *-online* keine Unterscheidungskraft zukommen kann.[52] Es bleibt daher abzuwarten, ob die genannte Entscheidung in der Berufung Bestand hat und wie die Gerichte in Zukunft über derartige Fälle entscheiden.

---

[51] LG Düsseldorf MMR 2001, 626 (628) – *duisburg-info.de*.
[52] Vgl. hierzu auch OLG Köln MMR 2001, 392.

Eine weitere Einschränkung der Grundsätze zur Verletzung des Namensrechts von Städten und Gemeinden ergibt sich in Fällen, in denen eine Person oder ein Unternehmen den gleichen Namen führt wie eine Stadt oder Gemeinde ohne überragenden Bekanntheitsgrad. Diese Konstellation lag der Entscheidung des OLG München zu der Domain *boos.de* zugrunde.[53] In diesem Fall klagte die Gemeinde *Boos* im Unterallgäu erfolglos gegen die *Boos Werkstatt- und Industrieausrüstung GmbH* auf Freigabe der Domain, da sich die GmbH auf ihr eigenes Namensrecht an der Firmenabkürzung berufen konnte. Grundsätzlich kann niemandem die Führung des eigenen Namens untersagt werden, weil sich der Gebrauch des Namens aufgrund des eigenen Benutzungsrechts nicht als unbefugt im Sinne des § 12 BGB darstellt. Diese Regel unterliegt jedoch Einschränkungen. Wie später noch zu sehen sein wird, sieht die Rechtsprechung im Gebrauch einer Unternehmensbezeichnung auch bei Gleichnamigkeit des Verwenders eine Verletzung des Namensrechts des Unternehmens, wenn die Unternehmensbezeichnung mit überragender Verkehrsgeltung und Bekanntheit ausgestattet ist.[54] Im Fall *boos.de* ließ das OLG München offen, ob diese Entscheidungspraxis zu Wirtschaftsunternehmen auch auf Städtenamen übertragen werden kann, da ohnehin keine überragende Bedeutung der klagenden Gemeinde festgestellt werden konnte. Im übrigen war das Gericht der Ansicht, dass ein Internetnutzer unter der Domain *boos.de* nicht zwangsläufig die Website der relativ unbekannten Gemeinde *Boos* im Unterallgäu erwarte, zumal es neben Privatpersonen auch noch zwei weitere Gemeinden mit diesem Namen gebe. Es bleibe daher angesichts der Gleichnamigkeit des Domaininhabers und der fehlenden überragenden Bekanntheit der Gemeinde bei der Anwendung des Prioritätsprinzips *first come, first served*. Zu dem gleichen Ergebnis kam im Fall *vallendar.de* auch das OLG Koblenz, das die Klage der Stadt *Vallendar* gegen die *Vallendar Brennereitechnik GmbH* abwies.[55]

4.1.1.3
Unternehmen

Neben den Städtenamen stellen Unternehmensbezeichnungen die zweite wichtige Fallgruppe von Domainkonflikten dar, auf die § 12 BGB Anwendung findet. Hier ist zwischen normalen und berühmten Unternehmenskennzeichen zu unterscheiden.

---

[53] OLG München MMR 2001, 692 – *boos.de*. Vgl. auch LG Coburg, Urt. v. 13.6.2001 – 12 O 284/01 – *tschirn.de*; OLG Koblenz, Urt. v. 25.1.2002 – 8 U 1842/00 – *vallendar.de*.
[54] Hierzu sogleich in Abschnitt 4.1.1.3 – Unternehmen.
[55] OLG Koblenz, Urt. v. 25.1.2002 – 8 U 1842/00 – *vallendar.de*.

Für die erstgenannten gilt der allgemeine Grundsatz, dass eine Interessenverletzung im Sinne des § 12 BGB vorliegt, wenn die Gefahr einer Verwechslung des Unternehmens mit dem Verwender des Kennzeichens besteht.[56] Dies ist dann der Fall, wenn die beteiligten Verkehrskreise das Unternehmen und den Verwender des Domain-Namens irrtümlich für identisch halten oder zwischen ihnen wirtschaftliche oder organisatorische Verbindungen vermuten. Die Beurteilung, ob eine Verwechslungsgefahr vorliegt, ist dabei abhängig von der Ähnlichkeit der Bezeichnungen, der Stärke ihrer Verkehrsgeltung und von der Branchennähe der Verwender.[57] Nach allgemeinen namensrechtlichen Grundsätzen kann daher die Verwechslungsgefahr im Einzelfall auch bei Gebrauch einer in weiten Teilen übereinstimmenden Bezeichnung entfallen, wenn es sich bei dem Verwender um ein branchenfremdes Unternehmen handelt, so dass eine Interessenverletzung des Namensträgers ausscheidet.[58] Nach einer Entscheidung des LG Düsseldorf ist jedoch bei Domainkonflikten an dieser Stelle zu berücksichtigen, dass ein bestimmter Domain-Name ungeachtet der Branche immer nur einmal vergeben werden kann.[59] Eine Interessenbeeinträchtigung des Namensträgers liege somit schon dann vor, wenn sein Name überhaupt von einem anderen in identischer Form in einer Domain verwendet werde und er selbst an einem Internetauftritt unter diesem Namen gehindert sei. Damit setze sich das Namensrecht branchenunabhängig jedenfalls gegenüber demjenigen durch, der kein eigenes Recht an der betreffenden Bezeichnung geltend machen könne.

Die vorgenannten Kriterien zur Verwechslungsgefahr gelten hingegen nicht für die sogenannten berühmten Unternehmenskennzeichen, die durch langfristige Benutzung und intensive Werbemaßnahmen eine überragende Verkehrsgeltung erreicht haben. Hier soll nach der Rechtsprechung des BGH eine Interessenverletzung im Sinne des § 12 BGB auch ohne Branchennähe und Verwechslungsgefahr bereits dann vorliegen, wenn die kennzeichenmäßige Verwendung einer Unternehmensbezeichnung zu einer Beeinträchtigung ihrer Alleinstellung und Werbekraft führen kann und somit eine Verwässerungsgefahr besteht.[60] Unternehmenskennzeichen mit überragender Verkehrsgeltung sind also gegen jede Beeinträchtigung ihrer Werbekraft geschützt.

---

[56] Vgl. Palandt, BGB, § 12 Rn. 30.

[57] Palandt, BGB, § 12 Rn. 30. Vgl. auch OLG Hamm CR 1998, 241 (242) – *krupp.de*.

[58] Palandt, BGB, § 12 Rn. 30.

[59] LG Düsseldorf NJW-RR 1999, 623 (624) – *nazar.de*.

[60] Vgl. etwa BGH NJW-RR 1992, 940 (942) – *Mercedes*; BGH GRUR 1990, 37 (39) – *Quelle*; BGH NJW 1966, 343 (344) – *Kupferberg*.

Diese Konstellation lag den Fällen *krupp.de* und *shell.de* zugrunde, in denen die jeweiligen Second-Level-Domains mit den gleichlautenden Firmenschlagworten kollidierten. Im ersten Fall begehrte der Krupp-Konzern, weltweit tätig in den Geschäftsfeldern Stahl, Maschinen- und Anlagenbau, von dem Betreiber einer Online-Agentur mit der Firmenbezeichnung *W.E. Krupp Kommunikation* die Überlassung der Domain *krupp.de*.[61] Das gleiche verlangte im zweiten Fall das Mineralölunternehmen *Deutsche Shell* von dem Inhaber der Domain *shell.de*.[62] Der Domaininhaber hatte den Familiennamen *Shell* und betrieb unter der Domain zunächst die Homepage seines nebenberuflich betriebenen Übersetzungs- und Pressebüros, verpflichtete sich jedoch im Laufe des Prozesses unter entsprechender Änderung der Homepage dazu, den Domain-Namen nicht mehr für geschäftliche Zwecke zu verwenden. In beiden Fällen wurde dem klagenden Unternehmen aufgrund überragender Verkehrsgeltung des Firmenschlagwortes ein namensrechtlicher Unterlassungsanspruch gegen den Domaininhaber zuerkannt.[63]

Gleichnamigkeit

Die Tatsache, dass sich auch die Beklagten auf eigene Namensrechte berufen konnten, führte in den genannten Fällen zur Anwendung der von der Rechtsprechung entwickelten Grundsätze des Rechts der Gleichnamigen. Diese beruhen auf der Annahme, dass die Ansprüche des Inhabers eines prioritätsälteren Rechts ihre Grenzen an dem Recht eines Namensgleichen finden, seinen eigenen Namen in redlicher Weise im Geschäftsverkehr zu führen. Zwar obliegt es regelmäßig dem Prioritätsjüngeren, sich durch Aufnahme unterscheidungskräftiger Zusätze vom älteren Namensträger abzugrenzen. Letztlich entscheidet jedoch eine umfassende Interessenabwägung darüber, wer welche Maßnahmen zu ergreifen hat, um beiden Seiten ein kennzeichnungskräftiges Auftreten im Geschäftsverkehr zu ermöglichen.[64]

Interessen-
abwägung

Diese Interessenabwägung ging bereits im Fall *krupp.de* zu Gunsten des berühmten Unternehmens aus.[65] Angesichts der Verkehrsgeltung des Firmenschlagwortes des Stahlkonzerns und der grundsätzlichen Pflicht des beklagten Domaininhabers zur Abstandswahrung als Prioritätsjüngerem entschied das OLG Hamm, dass das Interesse des Beklagten zur Führung seines Namens als Do-

---

[61] OLG Hamm CR 1998, 241 – *krupp.de*.

[62] BGH, Urt. v. 22.11.01 – I ZR 138/99 – *shell.de*, bei Drucklegung noch nicht veröffentlicht. Vgl. auch Vorinstanz OLG München CR 1999, 382.

[63] In diesem Zusammenhang wurde auch entschieden, dass es grundsätzlich keinen Anspruch auf Übertragung des Domain-Namens gibt, sondern nur auf Freigabe bzw. Verzicht gegenüber der Vergabestelle. Vgl. hierzu Abschnitt 4.2 – Folgen von Rechtsverletzungen.

[64] BGH GRUR 1993, 579 (580) – *Römer GmbH*; BGH GRUR 1987, 182 (183) – *Stoll*; Ingerl/Rohnke, MarkenG, § 23 Rn. 16.

[65] OLG Hamm CR 1998, 241 – *krupp.de*.

main nicht die Verwendung in identischer Form mit dem klägerischen Firmenschlagwort rechtfertige. Vielmehr müsse er im Internet von seinem Namensrecht unter Verwendung geringfügiger Zusätze Gebrauch machen. Auch das LG Hamburg ging im Fall *joop.de* davon aus, dass es dem gleichnamigen Domaininhaber zuzumuten sei, sich bei seinem Internetauftritt von dem bekannten Mode-Unternehmen durch das Hinzufügen unterscheidungskräftiger Zusätze abzugrenzen.[66] Im Fall *shell.de* entschied der BGH ebenfalls zu Gunsten des berühmten Unternehmens und stellte klar, dass auch die private Verwendung einer Domain zu einer Verletzung des Namensrechts eines gleichnamigen Unternehmens führen könne.[67] Der BGH ging zwar im Rahmen der Interessenabwägung in erster Linie vom Prioritätsgrundsatz bei der Domainvergabe aus, dem sich bei einem Streit von zwei Gleichnamigen grundsätzlich auch der bekanntere Namensträger unterwerfen müsse. Einen prinzipiellen Vorrang von geschäftlichen Interessen vor privaten Interessen wollte der BGH ebenfalls nicht anerkennen. Im vorliegenden Fall seien die Interessen der Parteien jedoch von derart unterschiedlichem Gewicht, dass es ausnahmsweise nicht bei der Anwendung des Prioritätsgrundsatzes bleiben könne. Der BGH ging davon aus, dass ein erheblicher Teil des Publikums Informationen im Internet durch Direkteingabe einer Unternehmensbezeichnung sucht. Trotz der überragenden Bekanntheit sei es der Deutschen Shell jedoch nicht möglich, interessierte Internet-Nutzer auf einfache Weise über ihr Unternehmen zu informieren. Ein Nutzer, der in die Adresszeile seines Browsers *www.shell.de* eingebe, erwarte den Internet-Auftritt des bekannten Unternehmens. Freunde und Bekannte des Beklagten und seiner Familie würden hingegen kaum von sich aus erwarten, die private Homepage der Familie Shell unter *shell.de* zu finden. Zudem könnten sie als homogener Benutzerkreis leicht über eine Änderung des Domain-Namens in Kenntnis gesetzt werden, wohingegen der heterogene Interessentenkreis des Mineralölunternehmens nicht auf einfache Weise darüber informiert werden könne, dass dessen Internetpräsenz unter einer anderen Domain als *shell.de* zu finden sei. Die zwischen Gleichnamigen geschuldete Rücksichtnahme gebiete es daher, dass der Beklagte für seinen privaten Internetauftritt einen Domain-Namen mit einem Zusatz wähle, um zu vermeiden, dass die Vielzahl von Kunden und Interessenten des Unternehmens seine Homepage aufriefen.

---

[66] LG Hamburg MMR 2000, 620 (622) – *joop.de*.
[67] BGH, Urt. v. 22.11.01 – I ZR 138/99 – *shell.de*. Die Darstellung des bei Drucklegung noch unveröffentlichten Urteils beruht auf der Mitteilung der Pressestelle des BGH Nr. 87/2001 vom 23.11.01.

In den genannten Fällen gab letztlich die überragende Verkehrsgeltung der Unternehmenskennzeichen den Ausschlag für die Entscheidung zugunsten der Unternehmen. Fehlt eine solche jedoch, so steht das Namensrecht eines Unternehmens dem Namensrecht einer gleichnamigen natürlichen Person oder Familie gleichrangig gegenüber, so dass der Grundsatz *first come, first served* bei der Domainvergabe bestehen bleibt.[68] Dasselbe dürfte im übrigen für zwei gleichnamige Unternehmen gelten, die beide keine überragende Verkehrsgeltung nachweisen können, so dass sich auch hier regelmäßig das Unternehmen durchsetzen wird, das sich die entsprechende Domain als erstes sichert.[69]

Für die Feststellung einer überragenden Verkehrsgeltung hat die Rechtsprechung noch vor einiger Zeit strenge Maßstäbe angesetzt. Zum Teil wurde verlangt, dass über 80% des Publikums das Kennzeichen kennen.[70] In den neueren Entscheidungen zu Domainkonflikten wurden derart hohe Grenzwerte nicht mehr ausdrücklich gefordert. So stellte das OLG Hamm im Fall *krupp.de* darauf ab, dass das Firmenschlagwort *Krupp* zum allgemeinen Wissensschatz gehöre und für eine ganze Epoche deutscher Industriegeschichte stehe, so dass es fast zum Synonym für die Stahlindustrie schlechthin geworden sei.[71] Das LG Hamburg ließ in der Entscheidung *joop.de* für den Unterlassungsanspruch des Modeunternehmens gegen einen Namensgleichen einen Bekanntheitsgrad von 30-40% in der Gesamtbevölkerung ausreichen, ohne jedoch hinreichend deutlich zu machen, ob es diesen Wert auch für den Schutz nach § 12 BGB herangezogen hat oder nur für den im Streitfall ebenfalls gewährten Schutz gemäß § 15 III MarkenG.[72]

4.1.1.4
Gleichlautende Gattungsbegriffe

Besteht ein Name aus einer Zeichenfolge, die zugleich einen Begriff mit allgemein beschreibendem Charakter darstellt, kann der Namensträger in der Regel nicht mit Erfolg gegen den Inhaber einer aus diesem Begriff gebildeten Domain vorgehen, so dass es zumeist beim *first come, first served*-Prinzip bleibt. So klagte etwa die nie-

---

[68] Vgl. etwa LG Paderborn MMR 2000, 49 (50) – *Domain-Name einer Familie*.
[69] Dies lässt sich auch aus dem oben genannten Urteil des BGH zur Domain *shell.de* ableiten: Der BGH stellte klar, dass bei der Abwägung der Interessen mehrerer berechtigter Namensträger an der Verwendung des Namens in einer Domain in erster Linie das Gerechtigkeitsprinzip der Priorität gelte, also der Grundsatz *wer zuerst kommt, mahlt zuerst*. Allein die überragende Bekanntheit des Mineralölunternehmens gebiete im Streitfall ein anderes Ergebnis.
[70] BGHZ 114, 105 (111) – *Avon*.
[71] OLG Hamm CR 1998, 241 (242) – *krupp.de*.
[72] LG Hamburg MMR 2000, 620 (621 f.) – *joop.de*.

derbayrische Gemeinde *Winzer* vergeblich gegen den Inhaber der Domain *winzer.de*.[73] Das LG Deggendorf stellte für die Einschätzung der drohenden Zuordnungsverwirrung auf die Erwartungshaltung des überwiegenden Teils der Internetnutzer aus dem gesamten Sprachraum der Top-Level-Domain *.de* ab. Die Erwartung der Nutzer werde überwiegend nicht dahin gehen, durch die Eingabe der Domain *winzer.de* auf die Homepage der kleinen und ihnen im Zweifel völlig unbekannten Gemeinde zu gelangen, so dass eine Identitäts- und Zuordnungsverwirrung ausscheide.[74] Das LG Düsseldorf sah in dem Rechtsstreit um die Domain *glass.de* ebenfalls keine Zuordnungsverwirrung im Hinblick auf ein Bauunternehmen mit dem Firmenbestandteil *Glass*.[75] Nach einer Entscheidung des LG München I zu der Domain *saeugling.de* verletzt der Inhaber einer Domain mit einem allgemein beschreibenden Begriff auch nicht die Namensrechte des Trägers eines identischen Familiennamens, wenn er unter der Domain eine Homepage mit Informationen zu dem verwendeten Begriff bereithält.[76]

4.1.1.5
Folgerungen für die Domainstrategie

Die Registrierung von Domains mit fremden Personennamen, Städte- und Gemeindenamen sowie Unternehmensbezeichnungen sollte grundsätzlich unterbleiben, da sie in der Regel zu namensrechtlichen Abwehransprüchen der jeweiligen Namensträger führt. Dies gilt nach dem bisherigen Stand der Rechtsprechung für sämtliche zur Verfügung stehenden Top-Level-Domains. Eine Ausnahme besteht bislang noch für Städtenamen, die in der Second-Level-Domain mit einem ergänzenden Zusatz wie etwa *-info* versehen sind. Domains mit dem eigenen Namen und der eigenen Firmenbezeichnung können im übrigen regelmäßig unbedenklich registriert werden, da sich der Domaininhaber in Fällen von Namensgleichheit grundsätzlich auf das eigene Namensrecht berufen kann. Dies gilt jedenfalls gegenüber kleinen Gemeinden und Unternehmen ohne besondere Verkehrsgeltung. Unternehmen mit überragender Verkehrsgeltung können sich hingegen auch bei Gleichnamigkeit regelmäßig auf den namensrechtlichen Schutz vor Beeinträchtigungen der Werbekraft ihrer Unternehmensbezeichnung berufen, so dass die Registrierung

---

[73] LG Deggendorf CR 2001, 266 (268) – *winzer.de.*

[74] Anders dürfte wohl bei bekannteren Großstädten zu entscheiden sein, etwa bei einer fiktiven Klage der Stadt Essen gegen den Betreiber einer Feinschmecker-Website unter der Domain *essen.de.*

[75] LG Düsseldorf, Urt. v. 13.5.1998 – 34 O 27/98 – *glass.de*. Vgl. auch LG Düsseldorf, Urt. v. 9.11.2001 – 38 O 81/01 – *alte.de* – hier unterlag ein Unternehmen mit dem Firmenbestandteil *Alte.*

[76] LG München I CR 2001, 555 – *saeugling.de.*

bekannter Unternehmensnamen auch dann unterbleiben sollte, wenn der Domaininhaber den gleichen Namen wie das bekannte Unternehmen trägt. In diesen Fällen empfiehlt es sich, dem eigenen Familien- oder Firmennamen einen Vornamen, eine Berufs- oder Branchenbezeichnung oder andere unterscheidungskräftige Zusätze hinzuzufügen, um sich von dem Unternehmen abzugrenzen und einem Rechtsstreit schon im Vorfeld aus dem Weg zu gehen. Im Fall der Domain *krupp.de* kommen beispielsweise Domain-Namen wie *erich-krupp.de*, *erichkrupp.de* oder *krupp-kommunikation.de* in Betracht. Dies macht die Domain allerdings angesichts ihrer Länge und der verwendeten Bindestriche weniger leicht merkbar und auffindbar, so dass versucht werden sollte, diese Einbuße durch eine höhere Platzierung der Domain in bekannten Suchmaschinen sowie durch eine Erweiterung des Domain-Portfolios mit branchenspezifischen Domain-Namen zu kompensieren.

4.1.2
Kennzeichenrechtliche Ansprüche aus dem Markengesetz

Neben den namensrechtlichen Ansprüchen spielen Ansprüche aus Kennzeichenrechten gemäß §§ 14, 15 MarkenG (Markengesetz) eine wichtige Rolle bei Domainstreitigkeiten. Dem Inhaber einer Marke steht unter bestimmten Voraussetzungen das Recht zu, einem Dritten die Benutzung einer identischen oder ähnlichen Domain im geschäftlichen Verkehr zu verbieten. Ein vergleichbares Recht hat der Inhaber einer geschäftlichen Bezeichnung. Vor der Erläuterung der Voraussetzungen für die Anwendung der §§ 14, 15 MarkenG wird im folgenden ein kurzer Überblick über die wichtigsten Schutzrechte des Markengesetzes gegeben, die mit einem Domain-Namen kollidieren und zu Ansprüchen gegen den Domaininhaber führen können.

4.1.2.1
Marken und geschäftliche Bezeichnungen

Für Domainkonflikte sind im wesentlichen die Marken (§ 4 MarkenG) und die geschäftlichen Bezeichnungen (§ 5 MarkenG) von Bedeutung.

Als Marke können grundsätzlich alle Zeichen geschützt werden, die geeignet sind, Waren oder Dienstleistungen eines Unternehmens von denjenigen anderer Unternehmen zu unterscheiden (§ 3 I MarkenG). Das Gesetz lässt hierbei grundsätzlich jede Zeichenform zu,

Markenschutz

so dass nicht nur Wörter, sondern auch Abbildungen, dreidimensionale Gestaltungen und auch akustische Zeichen wie etwa Erkennungsmelodien grundsätzlich markenfähig sind. Im Rahmen von Domainkonflikten kommt jedoch nur Wortmarken und vereinzelt auch Wort-Bild-Marken mit prägendem Wortbestandteil entscheidende Bedeutung zu.

Bei eingetragenen Marken entsteht der Markenschutz durch die Eintragung eines Zeichens für bestimmte Waren oder Dienstleistungen in das Markenregister des Deutschen Patent- und Markenamtes in München (§ 4 Nr. 1 MarkenG). Auch international registrierte Marken sowie Gemeinschaftsmarken, die aufgrund einer einheitlichen Anmeldung Wirkung für alle EU-Mitgliedsstaaten entfalten, können in Deutschland Schutz genießen und mit einem Domain-Namen kollidieren. Ausgeschlossen von der Eintragung in das Markenregister sind jedoch Marken, denen im Hinblick auf die zu kennzeichnenden Waren oder Dienstleistungen jegliche Unterscheidungskraft fehlt oder die ausschließlich aus freihaltebedürftigen Zeichen bestehen, deren ungehinderter Gebrauch der Allgemeinheit zur Beschreibung bestimmter Eigenschaften von Waren oder Dienstleistungen offenstehen soll (§ 8 II Nr. 1, 2 MarkenG). Ausgeschlossen ist ferner die Eintragung von Bezeichnungen, die zur Kennzeichnung von Waren oder Dienstleistungen im Verkehr üblich geworden sind (§ 8 II Nr. 3 MarkenG), wie dies etwa bei Gattungsbezeichnungen wie *Autos*, *Laptop*, *Browser* oder *Webhosting* der Fall ist. Eine Eintragung von allgemein beschreibenden Begriffen oder Gattungsbezeichnungen ist allerdings möglich, wenn diesen Begriffen unterscheidungskräftige Zusätze (z.B. *Auto-Schmitz*) hinzugefügt werden.

Bei der Prüfung der genannten Eintragungshindernisse sind immer die konkreten Waren oder Dienstleistungen zu beachten, für die ein Zeichen angemeldet werden soll. So kann zum Beispiel die Eintragung der Bezeichnung *Diesel* für Motoren oder Treibstoff ausgeschlossen sein, während eine Eintragung für Jeans-Bekleidung mangels Freihaltebedürfnisses der Mitbewerber möglich ist.[77] Die Bezeichnung *TURBO* ist hingegen mangels Unterscheidungskraft weder für Motoren noch für Schädlingsbekämpfungsmittel eintragungsfähig, da auch Schädlingsbekämpfungsmittel die mit dem Begriff *TURBO* sinnverwandten Eigenschaften *leistungsfähig*, *schnell* und *wirksam* aufweisen können.[78]

Die Eintragungshindernisse sind im übrigen überwindbar, wenn sich die Marke bereits vor ihrer Eintragung bundesweit in den beteiligten Verkehrskreisen durchgesetzt hat (§ 8 III MarkenG). Das

---

[77] Beispiel nach Hubmann/Götting, Gewerblicher Rechtsschutz, § 38 I 4.
[78] Vgl. BGH GRUR 1995, 410 – *TURBO*.

notwendige Ausmaß der Verkehrsdurchsetzung hängt dabei von den Umständen des konkreten Einzelfalls ab. Die untere Grenze dürfte bei einem Bekanntheitsgrad von 50% in den beteiligten Verkehrskreisen liegen.[79]

Des weiteren können Bezeichnungen auch ohne förmliche Anmeldung und Eintragung als Marke geschützt sein. Bei den nicht eingetragenen Marken entsteht der Markenschutz allerdings erst dann, wenn das Zeichen im geschäftlichen Verkehr benutzt wird und es als Marke Verkehrsgeltung erlangt hat, wenn also ein nicht unerheblicher Teil des Verkehrs in der Bezeichnung einen Herkunftsnachweis sieht (§ 4 Nr. 2 MarkenG). Diese Verkehrsgeltung ist von der oben genannten Verkehrsdurchsetzung zu unterscheiden. Die Verkehrsgeltung kann auf einen Teil des Inlands beschränkt sein. Zudem sind die Anforderungen an die Verkehrsgeltung regelmäßig deutlich niedriger als an die Verkehrsdurchsetzung.[80] Sie hängen jedoch von den Umständen des konkreten Einzelfalls ab, insbesondere von der Kennzeichnungskraft des Zeichens und vom Freihaltebedürfnis der Mitbewerber. Bei kennzeichnungskräftigen Bezeichnungen ohne besonderes Freihaltebedürfnis kann eine Verkehrsgeltung von 20-25% genügen.[81] In Fällen starken Freihaltebedürfnisses für Beschaffenheitsangaben, Artbezeichnungen und geographische Herkunftsangaben ist jedoch eine besonders starke Verkehrsgeltung oder sogar nahezu einhellige Bekanntheit erforderlich, so dass dem BGH ein Bekanntheitsgrad von 52,1% bei dem Feinschnitt-Tabak *Schwarzer Krauser* ebenso wenig genügte wie eine Verkehrsgeltung von 74% bei dem Kräuterlikör *Stonsdorfer*.[82] Dies macht deutlich, dass es im Einzelfall nur schwer abzuschätzen ist, ob die erforderliche Verkehrsgeltung bereits erreicht ist, so dass die Eintragung einer Marke in das Markenregister häufig als der sicherere Weg zur Erlangung von Markenschutz angesehen wird.

Unter dem Oberbegriff der geschäftlichen Bezeichnungen werden im Markengesetz ferner Unternehmenskennzeichen und Werktitel geschützt (§ 5 I MarkenG). Werktitel sind die Namen oder besonderen Bezeichnungen von Druckschriften, Film-, Ton- und Bühnenwerken sowie von sonstigen vergleichbaren Werken (§ 5 III MarkenG). Neben Büchern, Zeitungen, Zeitschriften, Filmen, Hörfunk- und Fernsehsendungen können auch Computerprogramme und Gesellschaftsspiele unter bestimmten Voraussetzungen Titelschutz er-

---

[79] BGH GRUR 1990, 360 (361) – *apropos Film II*; Hubmann/Götting, Gewerblicher Rechtsschutz, § 38 I 5.

[80] Ingerl/Rohnke, MarkenG, § 4 Rn. 10.

[81] Vgl. Althammer/Ströbele/Klaka, MarkenG, § 4 Rn. 34 mit weiteren Nachweisen.

[82] BGH GRUR 1990, 681 (683) – *Schwarzer Krauser*; BGH GRUR 1974, 337 (339) – *Stonsdorfer*.

langen. Unternehmenskennzeichen sind Zeichen, die im geschäftlichen Verkehr als Name, als Firma oder als besondere Bezeichnung eines Geschäftsbetriebs oder Unternehmens benutzt werden (§ 5 II S. 1 MarkenG). Der Schutz erstreckt sich dabei auch auf Namens- und Firmenbestandteile, sofern sie selbst kennzeichnungskräftig sind und geeignet erscheinen, im Verkehr als Name des Unternehmens zu wirken.[83] Auch Abkürzungen und Buchstabenfolgen, die nicht als Wort aussprechbar sind (z.B. *DB* oder *JPNW*), können nach neuester Rechtsprechung als Unternehmenskennzeichen geschützt sein.[84] Unternehmenskennzeichen werden grundsätzlich im gesamten Bundesgebiet geschützt, solange der Tätigkeitsbereich eines Unternehmens nicht lediglich ortsgebunden ist.[85]

Der Schutz einer geschäftlichen Bezeichnung entsteht mit der Aufnahme der Benutzung, wenn die Bezeichnung ihrer Natur nach geeignet ist, ein Unternehmen oder ein Werk von einem anderen zu unterscheiden.[86] Fehlt diese Unterscheidungskraft, entsteht der Schutz erst mit dem Erwerb von Verkehrsgeltung.[87] Bei Werktiteln kommt eine Vorverlegung des Schutzes durch eine Titelschutzanzeige in Betracht, wenn das Werk innerhalb einer angemessenen Frist nach der öffentlichen Ankündigung unter dem genannten Titel erscheint.[88]

Eingetragene und nicht eingetragene Marken, Unternehmenskennzeichen und Werktitel sind ihrer Art nach grundsätzlich gleichwertig. Treffen mehrere dieser Zeichen aufeinander oder kollidieren sie mit einem Namensrecht im Sinne des § 12 BGB, bestimmt sich der Vorrang der Rechte regelmäßig nach deren Zeitrang, so dass sich das ältere Recht gegenüber dem jüngeren durchsetzt. Der Zeitrang bestimmt sich bei den eingetragenen Marken nach dem Anmeldetag oder Prioritätstag, bei den nicht eingetragenen Kennzeichen nach dem Zeitpunkt des Rechtserwerbs durch Benutzungsaufnahme oder durch Erreichen der Verkehrsgeltung (§ 6 II, III MarkenG). So kann sich beispielsweise der Name eines Unternehmens gegenüber einer identischen oder ähnlichen eingetragenen Marke durchsetzen, wenn das Unternehmen bereits vor der Anmeldung der Marke unter diesem Namen im Geschäftsverkehr aufgetreten ist.[89]

Gleichwertigkeit und Priorität

---

[83] BGH GRUR 1997, 468 (469) – *NetCom*; BGH GRUR 1996, 68 (69) – *Cotton Line*; Ingerl/Rohnke, MarkenG, § 5 Rn. 18.

[84] BGH GRUR 2001, 344 – *DB Immobilienfonds*. Vgl. auch LG Düsseldorf CR 1998, 688 (690) – *jpnw.de*.

[85] OLG Düsseldorf MMR 2001, 706 – *T-Box*; Ingerl/Rohnke, MarkenG, § 5 Rn. 13.

[86] Hubmann/Götting, Gewerblicher Rechtsschutz, § 45 II, III.

[87] Hubmann/Götting, a.a.O.

[88] Ingerl/Rohnke, MarkenG, § 5 Rn. 50.

[89] Vgl. etwa OLG Düsseldorf MMR 2001, 706 – *T-Box*.

Im Rahmen von Domainkonflikten ist streng zu unterscheiden zwischen der vorgenannten Priorität im Sinne des Kennzeichenrechts und dem *first come, first served*-Grundsatz bei der Domainvergabe. Entscheidend für die Beurteilung des besseren Zeitrangs ist grundsätzlich nicht die Priorität bei der Wahl des Domain-Namens, sondern die Priorität im Erwerb des Kennzeichenrechts durch Markenanmeldung oder Benutzungsaufnahme.[90] Daher müssen Domaininhaber mit jüngeren Kennzeichenrechten ebenso wie Domaininhaber, denen überhaupt keine Kennzeichenrechte für ihre Domain zur Seite stehen, einem prioritätsälteren Kennzeicheninhaber weichen, selbst wenn sie sich die entsprechende Domain als erste gesichert haben. Nur ausnahmsweise ist es möglich, dass durch die Registrierung und anschließende Nutzung einer Domain ein eigenes Kennzeichenrecht entsteht, das einer späteren Markenanmeldung entgegengehalten werden kann.[91]

4.1.2.2
Erste Folgerungen für die Domainstrategie

Als Faustregel lässt sich an dieser Stelle bereits festhalten, dass die Registrierung und Nutzung von Domains mit allgemein beschreibenden Begriffen oder Branchen- und Gattungsbezeichnungen (z.B. *ferien.com*, *baumarkt.de*, *auto.de*) aus kennzeichenrechtlicher Sicht selten Probleme bereitet.[92] Diesen Begriffen fehlt regelmäßig die für einen Kennzeichenschutz nach dem Markengesetz erforderliche Unterscheidungskraft. Einer Eintragung als Marke steht zudem grundsätzlich die Freihaltebedürftigkeit und Allgemeinüblichkeit dieser Begriffe entgegen. Wie oben gesehen können diese Hindernisse jedoch ausnahmsweise überwunden werden, wenn der fragliche Begriff in den beteiligten Verkehrskreisen als Bezeichnung für ein Produkt, ein Werk oder ein Unternehmen besonders hohe Bekanntheit erreicht hat. Nicht selten werden beispielsweise beschreibende Angaben von Verlagen als Titel für Zeitschriften oder Zeitungsbeilagen verwendet, wie die allesamt zugunsten des jeweiligen Verlages entschiedenen Fälle *eltern.de*, *freundin.de* und *karriere.de* belegen.[93] Erst eine Recherche kann hier endgültige Klarheit darüber bringen, ob ein beschreibender Begriff oder eine Gattungsbezeichnung ausnahmsweise kennzeichenrechtlichen Schutz genießt.

---

[90] OLG Hamm CR 1998, 241 (242) – *krupp.de*. Vgl. aber auch OLG Koblenz, Urt. v. 25.1.2002 – 8 U 1842/00 – *vallendar.de*.

[91] Vgl. hierzu Abschnitt 4.3 – Schutz der eigenen Domain.

[92] Zu den wenigen Einschränkungen im Wettbewerbs- und Standesrecht vgl. Abschnitt 4.1.3.2 – Gattungsbegriffe.

[93] LG Hamburg CR 1999, 47 – *eltern.de*; OLG München CR 1998, 556 – *freundin.de*; LG Köln, Beschl. v. 10.5.1996 – 31 O 315/96 – *karriere.de*. Vgl. auch LG Köln AfP 1997, 655 – *uni-online.de/karriere*.

Für Kunst- und Phantasiewörter (z.B. *Weißer Riese, Sedo, ebay*) ist ein Kennzeichenschutz nach dem Markengesetz hingegen sehr viel einfacher zu erlangen, da ihnen regelmäßig die notwendige Unterscheidungskraft zukommt und damit ein wesentliches Schutzhindernis überwunden ist. In diese Kategorie fallen sprachliche Neubildungen im weitesten Sinne. Es reicht aus, dass einem Wort für die konkreten Waren- und Dienstleistungen kein im Vordergrund stehender beschreibender Begriffsinhalt zugeordnet werden kann und dass es sich nicht um ein Wort handelt, das nur als solches und nicht als Kennzeichnungsmittel verstanden wird.[94] Gerade die Registrierung und Nutzung solcher Kunst- und Phantasiewörter als Domain-Namen birgt ein erhebliches Konfliktpotential in Bezug auf Markenrechte Dritter.

Kollidiert eine Marke oder geschäftliche Bezeichnung mit einem gleichlautenden oder ähnlichen Domain-Namen, bestimmen die §§ 14, 15 MarkenG die Voraussetzungen, unter denen der Kennzeicheninhaber gegen den Domaininhaber vorgehen kann. Nach § 14 II Nr. 1, 2 MarkenG ist es Dritten untersagt, mit Marken identische oder ähnliche Domains im geschäftlichen Verkehr für die geschützten oder für ähnliche Waren und Dienstleistungen zu benutzen, wenn dies beim Publikum zu Verwechslungen führen kann. Das gleiche gilt gemäß § 15 II MarkenG für geschäftliche Bezeichnungen, die in identischer oder ähnlicher Form im geschäftlichen Verkehr als Domain-Namen benutzt werden.

4.1.2.3
Benutzung im geschäftlichen Verkehr

Voraussetzung für den Schutz von Marken oder geschäftlichen Bezeichnungen gegen eine Domain ist also zunächst die Verwendung der streitgegenständlichen Domain durch den Domaininhaber im geschäftlichen Verkehr. Wird eine Domain zu rein privaten Zwecken genutzt, muss auf andere Anspruchsgrundlagen zurückgegriffen werden. Für Unternehmenskennzeichen bietet sich hier der oben dargestellte Namensschutz nach § 12 BGB an. Bei Produktbezeichnungen, auf die § 12 BGB keine Anwendung findet, hilft regelmäßig nur der Rückgriff auf § 826 BGB, der eine im Einzelfall nachzuweisende vorsätzliche sittenwidrige Schädigung durch den Domaininhaber voraussetzt.[95] Nicht jede Verwendung einer Domain durch eine Privatperson stellt aber auch tatsächlich eine rein private Nutzung dar, wie die nachfolgenden Ausführungen zeigen.

---

[94] Ingerl/Rohnke, MarkenG, § 8 Rn. 30; BGH GRUR 1995, 408 (409) – *PROTECH.*

[95] Vgl. hierzu Abschnitt 4.1.3.1 – Domain-Grabbing.

Unter einem Handeln im geschäftlichen Verkehr ist im weitesten
Sinne jede wirtschaftliche Betätigung zu verstehen, die der Förder-
ung eines eigenen oder fremden Geschäftszwecks beliebiger Art
dient, wobei Gewinnabsicht, Entgeltlichkeit oder ein Wettbewerbsverhältnis nicht begriffsnotwendig sind.[96] Für Gewerbetreibende und
Unternehmen besteht eine tatsächliche Vermutung dahingehend,
dass sie im geschäftlichen Verkehr handeln.[97] Die Verwendung einer
Domain durch ein Unternehmen wird daher regelmäßig als geschäftliches Handeln anzusehen sein. Bei Privatpersonen müssen hingegen
grundsätzlich konkrete Anhaltspunkte für eine geschäftliche Nutzung vorliegen.[98]

Dies ist selbstverständlich dann der Fall, wenn eine Privatperson
auf ihrer Website eigene Waren oder Dienstleistungen anbietet.
Stellt sie einem Unternehmen Platz für Werbebanner und andere
Werbemaßnahmen zur Verfügung, reicht dies ebenfalls für ein Handeln im geschäftlichen Verkehr aus, da durch die Vermietung ein eigener und durch die Werbung ein fremder Geschäftszweck gefördert
wird. Dies soll nach Ansicht des LG Hamburg auch dann gelten,
wenn der Betreiber der privaten Website aus Kostengründen Werbebanner seines Providers schaltet, um von diesem kostenlosen Speicherplatz für seine Internetpräsenz zu erhalten.[99] Das LG München I
ist hingegen der Auffassung, dass die Gestattung von Providerwerbung bei ansonsten privater Nutzung kein Handeln im geschäftlichen Verkehr darstellt, sofern hierdurch ausschließlich höhere Pro-
viderkosten gespart werden.[100] Dieses Verhalten stelle keine aktive
Schaltung von Werbung zur Erzielung von Einnahmen dar, sondern
eine Duldung zur Verminderung der notwendigerweise anfallenden
Kosten. Nach Ansicht des OLG Schleswig reicht auch das Setzen
eines Links auf gewerbliche Angebote Dritter grundsätzlich nicht für
die Annahme eines Handelns im geschäftlichen Verkehr aus.[101] Etwas anderes könne nur gelten, wenn sich der Betreiber der privaten
Homepage die Inhalte der gewerblichen Websites zu eigen mache
und somit fremde wirtschaftliche Zwecke fördere. Dies sei aber
nicht der Fall, wenn keine inhaltliche Einbettung der Aussage der
fremden Seiten erfolge, der Betreiber sich in einer Kommentierung

---

[96] LG München I CR 2001, 555 – *saeugling.de*; OLG Schleswig MMR 2001, 399
– *Swabedoo;* Hubmann/Götting, Gewerblicher Rechtsschutz, § 40 II 1 a.

[97] LG München I CR 2001, 555 – *saeugling.de*; Ingerl/Rohnke, MarkenG, § 14
Rn. 35.

[98] Anders jedoch LG München I, Urt. v. 17.9.1997 – 1 HKO 12216/97 – *deut-
sches-theater.de*: Auch ohne gesonderte Begründung sei die Verwendung einer geschützten Bezeichnung als Domain-Name in jedem Fall eine geschäftliche Benutzung.

[99] LG Hamburg MMR 2000, 436 (437) – *luckystrike.de*.

[100] LG München I CR 2001, 555 – *saeugling.de*.

[101] OLG Schleswig MMR 2001, 399 (400) – *Swabedoo*.

zu den Links von den Inhalten der verlinkten Seiten distanziere und dem Nutzer durch Anzeige der neuen Adresse im Browser bewusst sei, dass er durch die Verwendung des Links eine andere Homepage aufsuche.

Ein Handeln im geschäftlichen Verkehr kann weiterhin dann vorliegen, wenn die Registrierung einer Domain ausschließlich zu dem Zweck erfolgt, einen Dritten zur Zahlung einer Geldsumme für die Überlassung der Domain zu veranlassen. Besteht der Domain-Name aus einer fremden Marke oder einem fremden Kennzeichen, wird dieses Verhalten Domain-Grabbing genannt. Auch Privatpersonen handeln grundsätzlich im geschäftlichen Verkehr, wenn sie dem Inhaber des Kennzeichenrechts oder Dritten eine solche Domain zum Kauf anbieten.[102]

An die Frage des geschäftlichen Handelns schließt sich die Frage der Benutzung eines Kennzeichens an. Soweit ein geschütztes Zeichen als Domain verwendet wird und unter der Domain geschäftliche Inhalte abrufbar sind, liegt ohne weiteres eine Benutzung des Zeichens im geschäftlichen Verkehr vor.[103] Dies dürfte ebenso für die Weiterleitung des Nutzers auf eine andere Domain mit geschäftlichen Inhalten gelten. Problematisch ist jedoch die rechtliche Beurteilung von Fällen, in denen eine Domain nur registriert ist, ohne dass der Inhaber unter der Domain eine Website verfügbar gemacht hat.

Die bloße Reservierung von Domains bei der DENIC ist zwar seit Februar 1997 nicht mehr möglich, da nach einer Modifizierung der Vergaberichtlinien die vergebenen Domains innerhalb einer kurzen Frist in Benutzung genommen werden müssen. Discount-Provider bieten jedoch inzwischen die Möglichkeit, Domains für sehr geringe Gebühren zu registrieren und ohne Bereitstellung von Speicherplatz lediglich zu belegen. Dies führt dazu, dass sich an der Praxis massenhafter Registrierungen von Domains ohne dazugehörige Website kaum etwas geändert hat. Das Problem der reservierten Domains hat sich lediglich verlagert auf Domains, bei deren Eingabe ein Hinweis auf die Nichterreichbarkeit oder den zukünftigen Aufbau einer Internetpräsenz erfolgt. Diese Fälle dürften den gleichen Grundsätzen folgen wie die Reservierungsfälle.[104]

Die Rechtsprechung sah bislang in der Reservierung einer Domain mit einer geschützten Bezeichnung und in der bloßen Regis-

---

[102] LG München I CR 2001, 555 – *saeugling.de*; LG Hamburg CR 1999, 47 (48) – *eltern.de*; LG Hamburg K&R 2000, 613 – *audi-lamborghini.net*; Köhler/Arndt, Recht des Internet, Rn. 36; Ingerl/Rohnke, MarkenG, § 14 Rn. 37 mit weiteren Nachweisen.

[103] Zur Frage des kennzeichenmäßigen Gebrauchs vgl. Einleitung zu Abschnitt 4.1 – Ansprüche gegen die Domain-Nutzung.

[104] So auch Bücking, MMR 2000, 656 (657).

trierung ohne abrufbare Inhalte regelmäßig eine Kennzeichenbenutzung oder zumindest die Begründung einer hinreichend konkreten Erstbegehungsgefahr.[105] So vertrat etwa das OLG Dresden im Fall *cyberspace.de* die Auffassung, dass bereits die Registrierung der Domain eine Benutzung der geschützten Bezeichnung darstelle.[106] Auch das LG Braunschweig ging im Fall *deta.com* von einer Benutzung im Sinne des Markengesetzes aus, obwohl unter der streitgegenständlichen Domain keine Homepage abgerufen werden konnte.[107] Die Reservierung einer Domain sei jedoch allein wegen der damit verbundenen Kosten nur sinnvoll, wenn die Domain auch benutzt werden solle. Eine Reservierung indiziere somit die Benutzungsabsicht und rechtfertige somit jedenfalls eine vorbeugende Unterlassungsklage. Im übrigen liege die Benutzung des Zeichens im Streitfall bereits darin, dass der Inhaber die Domain zum Verkauf angeboten habe. Das LG Düsseldorf sah im Fall *epson.de* in der spekulativen Registrierung einer Domain zwar noch keine Benutzung eines Zeichens im geschäftlichen Verkehr, da ein Homepage-Angebot dem Publikum nicht zugänglich sei.[108] Der Unterlassungsanspruch erstrecke sich aber nicht nur auf bereits aktualisierte Verletzungshandlungen, sondern auch auf eine hinreichend konkret drohende Verletzungsgefahr. Für die Annahme der Begehungsgefahr stellte das Gericht daraufhin nicht auf die Registrierung als solche ab, sondern auf das erklärte Ziel des beklagten Inhabers zur Platzierung der Domain im Internet durch entgeltliche Überlassung an Dritte.

Die Ausführungen der Gerichte sind insoweit überzeugend, als es nach allgemeinen markenrechtlichen Grundsätzen für einen vorbeugenden Unterlassungsanspruch gegen den Verletzer ausreicht, dass die Begehung einer Kennzeichenverletzung ernstlich und unmittelbar zu besorgen ist.[109] In Bezug auf die Benutzung im Sinne der §§ 14, 15 MarkenG genügen damit bereits hinreichende Anhaltspunkte,

---

[105] Vgl. etwa OLG Hamm, Urt. v. 19.6.2001 – 4 U 32/01 – *veltins.com*; OLG Rostock K&R 2000, 303 – *mueritz-online.de*; OLG Dresden CR 1999, 589 (591) – *cyberspace.de*; LG Braunschweig CR 1998, 364 (365) – *deta.com*; LG Düsseldorf CR 1998, 165 (166 f.) – *epson.de*; LG München I, Urt. v. 17.9.1997 – 1 HKO 12216/97 – *deutsches-theater.de*; LG München I, Urt. v. 7.5.1997 – 7 HKO 2682/97 – *paulaner.de*. Zur parallelen Problematik des Namensgebrauchs im Sinne des § 12 BGB vgl. OLG Stuttgart MMR 1998, 543 – *steiff.com*; LG Lüneburg CR 1997, 288 (289) – *celle.de/celle.com*. Für Begehungsgefahr bei Domainreservierung auch Ingerl/Rohnke, MarkenG, vor §§ 14-19 Rn. 28.

[106] OLG Dresden CR 1999, 589 (591) – *cyberspace.de*. Ebenso LG Hamburg K&R 2000, 613 – *audi-lamborghini.net*; LG München I, Urt. v. 17.9.1997 – 1 HKO 12216/97 – *deutsches-theater.de*.

[107] LG Braunschweig CR 1998, 364 (365) – *deta.com*.

[108] LG Düsseldorf CR 1998, 165 (166 f.) – *epson.de*.

[109] Vgl. Ingerl/Rohnke, MarkenG, vor §§ 14-19 Rn. 25.

dass eine Nutzung geplant ist. Fraglich erscheint es jedoch, ob durch die Registrierung immer auch die Gefahr einer Nutzung gerade im geschäftlichen Verkehr gesehen werden kann. Bei einer bloßen Reservierung oder Registrierung ohne Schaltung einer Website ist regelmäßig gar nicht absehbar, wofür eine Domain letzlich genutzt werden soll, so dass ein möglicher geschäftlicher Inhalt noch gar nicht erkennbar ist.[110] Die Gerichte scheinen jedoch in dieser Hinsicht keine hohen Anforderungen zu stellen, wenn es sich bei dem Domaininhaber um ein Unternehmen handelt. Das LG Frankfurt/M. begnügte sich etwa im Fall *lit.de* mit der Feststellung, dass eine andere Nutzung der geplanten Website als zu Werbezwecken nicht naheliege und auch vom Domaininhaber nicht behauptet worden sei, so dass die konkrete Gefahr einer Benutzung im geschäftlichen Verkehr gegeben sei.[111] Darüber hinaus waren die beklagten Domaininhaber in zahlreichen Fällen Agenturen und Internetdienstleister, die sich mit der kommerziellen Vermarktung von Domain-Namen beschäftigten, so dass die Gerichte in Bezug auf das Handeln im geschäftlichen Verkehr schon aus diesem Grunde keine Bedenken sahen.[112]

Zusammen-
fassung
    Die Gerichte gehen also regelmäßig schon bei der bloßen Registrierung eines geschützten Zeichens als Domain von einer Kennzeichenbenutzung im geschäftlichen Verkehr oder von einer entsprechenden Begehungsgefahr aus, sofern es sich bei dem Domaininhaber um ein Unternehmen handelt. Ist bereits ein Internetangebot abrufbar, liegt eine Kennzeichenbenutzung im geschäftlichen Verkehr vor, wenn die Domain von dem Unternehmen zur Präsentation im Internet genutzt wird. Dies gilt grundsätzlich auch für Privatpersonen, die einem Unternehmen auf ihrer privaten Homepage Platz für Werbebanner zur Verfügung stellen oder eine aus fremden Kennzeichen bestehende Domain zum Verkauf anbieten. Lediglich die Domainnutzung zu rein privaten Zwecken schließt das Vorliegen einer Benutzung im geschäftlichen Verkehr aus. Der Zeicheninhaber ist

---

[110] Anderer Ansicht in der Rechtsprechung soweit ersichtlich nur LG München I, Urt. v. 17.9.1997 – 1 HKO 12216/97 – *deutsches-theater.de*, wonach grundsätzlich jede Verwendung einer markenrechtlich geschützten Bezeichnung als Domain-Name eine geschäftliche Benutzung darstellen soll.

[111] LG Frankfurt/M. NJW-RR 1998, 974 (975) – *lit.de*.

[112] Vgl. LG Braunschweig CR 1998, 364 (365 f.) – *deta.com*; LG Düsseldorf CR 1998, 165 (167) – *epson.de*; LG München I, Urt. v. 7.5.1997 – 7 HKO 2682/97 – *paulaner.de*. Vgl. auch LG Hamburg K&R 2000, 613 – *audi-lamborghini.net*. Anderer Ansicht aber OLG Karlsruhe, Urt. v. 12.9.2001 – 6 U 13/01 – *dino.de*, wonach in der bloßen Registrierung der streitgegenständlichen Domain noch keine kennzeichenmäßige Benutzung im geschäftlichen Verkehr zu sehen sei, wenn diese ohne Bezug zu einem Produkt oder Gewerbe erfolgt sei und dem alleinigen Zweck diene, die Domain für den Internetauftritt eines potentiellen Kunden freizuhalten.

jedoch auch in diesen Fällen nicht vollkommen schutzlos. Zum Schutz von Unternehmenskennzeichen kann § 12 BGB herangezogen werden, der einen Namensgebrauch im geschäftlichen Verkehr nicht voraussetzt.[113] Darüber hinaus bietet § 826 BGB die Möglichkeit, in Fällen offensichtlicher Markenpiraterie wegen schikanöser, sittenwidriger Behinderung gegen einen Domaininhaber vorzugehen, der ohne nachvollziehbares Eigeninteresse eine Marke als Domain-Namen registrieren lässt.[114]

4.1.2.4
Verwechslungsgefahr

Ebenfalls von zentaler Bedeutung für markenrechtliche Ansprüche bei Domainstreitigkeiten ist die Verwechslungsgefahr zwischen einem Kennzeichen und dem streitgegenständlichen Domain-Namen. Soweit das geschützte Kennzeichen im Inland keine besondere Bekanntheit erlangt hat, setzen die Ansprüche aus § 14, 15 MarkenG grundsätzlich voraus, dass es durch Benutzung einer Domain im Internet beim Publikum zu Verwechslungen mit dem geschützten Kennzeichen kommen kann. Die Verwechslungsgefahr ist nur in Fällen doppelter Identität entbehrlich, in denen eine mit einer Marke identische Second-Level-Domain für Waren oder Dienstleistungen benutzt wird, die mit den vom Markenschutz umfassten Waren oder Dienstleistungen identisch sind (§ 14 II Nr. 1 MarkenG).[115] In der Praxis kommen jedoch weit häufiger Konstellationen vor, in denen der Domain-Name und die geschützte Marke lediglich Ähnlichkeit aufweisen oder in denen die jeweils erfassten Waren und Dienstleistungen nur ähnlich sind. In beiden Fällen ist die Verwechslungsgefahr Anspruchsvoraussetzung (§ 14 II Nr. 2 MarkenG). Auch für den Schutz von geschäftlichen Bezeichnungen ist die Gefahr einer Verwechslung zwischen dem geschützten Zeichen und einem identischen oder ähnlichen Domain-Namen erforderlich (§ 15 II MarkenG).

Unter den Begriff der Verwechslungsgefahr fällt zum einen die Gefahr der unmittelbaren Verwechslung eines geschützten Kennzeichens mit einem anderen Kennzeichen. Hiermit sind Fälle gemeint, in denen das Publikum das eine Zeichen irrtümlich für das andere halten kann.[116] So besteht beispielsweise die Gefahr, dass Verbraucher bei dem Internetauftritt eines Waschmittelherstellers unter der Domain *persiel.de* fälschlicherweise davon ausgehen, die Präsenta-

Begriff der Verwechslungsgefahr

---

[113] Vgl. Abschnitt 4.1.1.1 – Allgemeine Grundsätze.

[114] Vgl. OLG Frankfurt CR 2000, 615 (616) – *weideglueck.de*. Vgl. im übrigen Abschnitt 4.1.3.1 – Domain-Grabbing.

[115] OLG Dresden CR 1999, 589 (591) – *cyberspace.de*.

[116] Vgl. Ingerl/Rohnke, MarkenG, § 14 Rn. 150, § 15 Rn. 35.

tion des Waschmittels *Persil* durch den Markeninhaber Henkel vor Augen zu haben. Zum anderen wird aber auch die Gefahr mittelbarer Verwechslungen erfasst, bei denen das Publikum die Zeichen zwar auseinanderhalten kann, aber aufgrund gemeinsamer Merkmale davon ausgeht, dass beide Zeichen dasselbe Unternehmen bezeichnen oder von demselben Unternehmen zur Bezeichnung verschiedener Produkte verwendet werden.[117] Dies kann etwa der Fall sein, wenn ein Unternehmen Abwandlungen eines Stammzeichens für verschiedene Produktarten benutzt (etwa *Aspirin, Novaspirin, Diaspirin*) und ein Konkurrent ebenfalls eines seiner Produkte oder die Domain seiner Internetpräsenz mit einer entsprechenden Abwandlung bezeichnet.[118] Schließlich reicht auch eine Verwechslungsgefahr im weiteren Sinne aus. Diese bezeichnet Fälle, in denen das Publikum ähnliche Zeichen zwar auseinanderhalten und verschiedenen Unternehmen zuordnen kann, aufgrund übereinstimmender Merkmale aber glaubt, zwischen den Unternehmen bestünden wirtschaftliche oder organisatorische Beziehungen.[119] So besteht beispielsweise die Gefahr, dass die Verbraucher die Bezeichnung *McChinese* für ein Schnellrestaurant oder für dessen Internetpräsenz mit der Restaurant-Kette *McDonald's* gedanklich in Verbindung bringen.[120]

Bei der Beurteilung der Verwechslungsgefahr spielen drei Faktoren eine Rolle.[121] Zum einen der Grad der Ähnlichkeit der verwendeten *Zeichen*, also im Rahmen von Domainkonflikten die Nähe der Domain zur geschützten Marke oder geschäftlichen Bezeichnung. Zum anderen der Grad der Ähnlichkeit der *Waren, Dienstleistungen oder Branchen*, für die der Domain-Name einerseits und das geschützte Kennzeichen andererseits verwendet wird. Schließlich kommt auch der *Kennzeichnungskraft* der geschützten Bezeichnung Bedeutung zu, da der Umfang des Zeichenschutzes davon abhängt, wie unterscheidungskräftig und bekannt ein Zeichen ist. Zur Feststellung der Verwechslungsgefahr sind die genannten Kriterien zueinander in Beziehung zu setzen. Es besteht eine Wechselwirkung der drei Faktoren, so dass beispielsweise eine Warenidentität oder hochgradige Warenähnlichkeit auch dann zu einer Verwechs-

---

[117] Vgl. Ingerl/Rohnke, MarkenG, § 14 Rn. 150, § 15 Rn. 35.

[118] Beispiel nach Hubmann/Götting, Gewerblicher Rechtsschutz, § 40 II 2 d und DPA GRUR 1953, 223 (224).

[119] Vgl. Ingerl/Rohnke, MarkenG, § 14 Rn. 150, § 15 Rn. 35.

[120] Beispiel nach Hubmann/Götting, Gewerblicher Rechtsschutz, § 40 II 2 d und OLG Karlsruhe WRP 1992, 497 (500).

[121] Vgl. hierzu Ingerl/Rohnke, MarkenG, § 14 Rn. 180, § 15 Rn. 43; Hubmann/Götting, Gewerblicher Rechtsschutz, § 40 II 2 a, b, c.

lungsgefahr führen kann, wenn der Ähnlichkeitsgrad von Domain-Name und Marke gering ist.[122]

4.1.2.5
Zeichenähnlichkeit

Zur Bestimmung der Zeichenähnlichkeit muss die Domain mit dem geschützten Kennzeichen verglichen werden. Die Top-Level-Domain des Domain-Namens ist hierbei nach bislang einheiliger Ansicht der Gerichte außer acht zu lassen, da den Internetnutzern bekannt sei, dass die Top-Level-Domain durch die Domainstruktur vorgegeben sei und keine individuelle Kennzeichnung darstelle.[123] Bei der Domain *koka-kola.de* wäre also nur der Bestandteil *koka-kola* mit der geschützten Bezeichnung *Coca-Cola* zu vergleichen. Eine Top-Level-Domain ist nur ausnahmsweise zu berücksichtigen, wenn sie in kennzeichnender Form mitbenutzt wird, wie dies etwa bei der Domain *xtra.net* in Bezug auf die Marke *xtranet* der Fall ist.[124] Im übrigen bleibt abzuwarten, ob der Grundsatz der Unbeachtlichkeit von Top-Level-Domains für die Beurteilung der Verwechslungsgefahr auch nach der Einführung der neuen generischen Top-Level-Domains Bestand haben wird.[125]

Bei dem Vergleich von zwei Wortzeichen sind nach allgemeinen markenrechtlichen Grundsätzen die Wirkung des *Schriftbildes*, die Wirkung des *Klanges* und der begriffliche *Sinngehalt* der Zeichen zu berücksichtigen.[126] Stimmt die Second-Level-Domain wörtlich mit dem geschützen Zeichen überein, liegt bereits Zeichenidentität vor, so dass sich ein weiterer Vergleich erübrigt. Ansonsten sind hin-

Allgemeine Grundsätze

---

[122] BGH GRUR 1995, 216 (219) – *Oxygenol II*; BGH GRUR 1991, 609 (611) – *SL*; LG Hamburg CR 1999, 47 (48) – *eltern.de*; Ingerl/Rohnke, MarkenG, § 14 Rn. 180.

[123] LG Köln MMR 2000, 625 (626) – *wdr.org*; OLG München MMR 2000, 100 (101) – *buecherde.com*; LG Braunschweig K&R 1999, 573 – *stadtinfo.com*; LG Hamburg CR 1999, 47 (48) – *eltern.de*; LG Braunschweig CR 1998, 364 (366) – *deta.com*; LG Düsseldorf CR 1998, 165 (166) – *epson.de*. Zweifelnd für Namensrechte von Städten und Gemeinden OLG Celle, Beschl. v. 21.3.1997 – 13 U 202/96 – *celle.com*

[124] LG Hamburg, Urt. v. 30.9.1998 – 315 O 278/98 – *xtra.net*.

[125] Da die neuen Top-Level-Domains *.aero* und *.museum* Hinweise auf die Branche des Anbieters enthalten, wäre es durchaus vertretbar, diesen Top-Level-Domains zumindest eine geringe Kennzeichnungsfunktion zuzuerkennen. Auch die Top-Level-Domain *.name* könnte eine Indizwirkung dahingehend entfalten, dass es sich bei dem Domaininhaber nicht um ein Unternehmen, sondern um eine Privatperson handelt. Sollte die Rechtsprechung jedoch auch in Zukunft an der bisherigen Linie festhalten, dürfte dies dazu führen, dass viele Namens- und Kennzeicheninhaber ihr Zeichen nach wie vor unter sämtlichen gängigen Top-Level-Domains beanspruchen werden und die Namensknappheit im Internet trotz der Einführung neuer Top-Level-Domains kaum entschärft werden kann.

[126] Hubmann/Götting, Gewerblicher Rechtsschutz, § 40 II 2 c.

sichtlich des Schriftbildes etwa die Wortlänge, die Anzahl und Stellung identischer Buchstaben sowie die Ober- und Unterlänge der Buchstaben zu beachten, hinsichtlich des Wortklanges vor allem die Silbenzahl, der Sprachrhythmus und die Vokalfolge.[127] Eine Verwechslungsgefahr ist zum Beispiel aufgrund schriftbildlicher Ähnlichkeit bei den Zeichen *Gabor* und *Caber* gegeben, aufgrund klanglicher Ähnlichkeit bei den Zeichen *Zentis* und *Säntis* sowie aufgrund begrifflicher Ähnlichkeit bei den Zeichen *Lange Kerls* und *Pfundskerle*.[128]

Noch nicht hinreichend geklärt ist allerdings die Frage, ob angesichts der Besonderheiten des Internet eine stärkere Annäherung eines Domain-Namens an das geschützte Zeichen zugelassen werden kann als nach den traditionellen Grundsätzen des Markenrechts.[129] Hierfür spricht zum einen die Namensknappheit im Internet angesichts der Tatsache, dass eine bestimmte Second-Level-Domain unter derselben Top-Level-Domain weltweit nur ein einziges Mal vergeben werden kann. Zum anderen dürfte sich inzwischen selbst bei ungeübten Internetnutzern die Erkenntnis durchgesetzt haben, dass die gestalterischen Möglichkeiten bei der Auswahl eines Domain-Namens durch die Vorgaben des Domain-Namen-Systems und der Vergabestellen begrenzt sind und dass bereits kleinste Abweichungen in einer Domain zu völlig unterschiedlichen Anbietern führen können. Für die Beibehaltung der allgemeinen Grundsätze spricht hingegen die Gefahr der Aufweichung des Markenschutzes im immer wichtiger werdenden Namensraum des Internet. Im übrigen ist die Tatsache zu beachten, dass bei der Transformation von Produkt- und Firmennamen in Domain-Namen gewisse Abweichungen systembedingt vorgegeben sind, wie etwa die Umwandlung von Umlauten, das Weglassen von Leerzeichen oder deren Auffüllung mit Bindestrichen.

Die Rechtsprechung hat zu dieser Frage bislang noch nicht eindeutig Stellung bezogen. Nachdem zunächst hauptsächlich Entscheidungen zu Fallgestaltungen ergingen, in denen die geschützten Zeichen in identischer Form als Domain-Namen verwendet wurden, mehren sich in letzter Zeit die Streitfälle um ähnliche Domains. Hierbei lässt sich eine Tendenz dahingehend feststellen, dass die Gerichte grundsätzlich auch bei Domainstreitigkeiten an den traditionellen Regeln festhalten und allenfalls in Einzelfällen bei der Beur-

---

[127] Ingerl/Rohnke, MarkenG, § 14 Rn. 339, 346.

[128] Vgl. BGH GRUR 1984, 471 (472) – *Gabor*; BGH GRUR 1986, 253 (254) – *Zentis*; OLG Düsseldorf GRUR 1983, 772 (773) – *Lange Kerls*.

[129] Bejahend etwa Ingerl/Rohnke, MarkenG, § 15 Rn. 48 mit weiteren Nachweisen. Vgl. auch Bücking, MMR 2000, 656 (658) mit weiteren Nachweisen.

teilung der Zeichenähnlichkeit strengere Maßstäbe anlegen und eine stärkere Annäherung der Domain an das Kennzeichen zulassen.

Das LG Düsseldorf etwa erteilte einer besonderen Behandlung von Domain-Namen eine klare Absage, als es bei bestehender Branchengleichheit eine zur Verwechslungsgefahr führende Zeichenähnlichkeit zwischen der Marke *Intershop* und der als Domain verwendeten Bezeichnung *Interplusshop* annahm.[130] Das Gericht war der Ansicht, dass auch bei Domains das Einschieben von unbetonten Zwischensilben oder wenig auffälligen Abweichungen im Wortinnern nicht geeignet sei, eine Verwechslungsgefahr zu verhindern. Die Gewohnheit der Internetnutzer, auf Unterschiede zu achten, könne an diesem Ergebnis nichts ändern, da der Gesetzgeber es bisher abgelehnt habe, ein Sonderrecht für Domains zu schaffen. In die gleiche Richtung geht auch die Entscheidung des OLG München zur Domain *intershopping.com*.[131] Nach Ansicht des Gerichts genügten die geringfügigen Unterschiede zu der Marke *Intershop* bei bestehender Waren- und Dienstleistungsidentität nicht, um die Gefahr von Verwechslungen auszuschließen. Insbesondere müsse angesichts der engen begrifflichen Verwandschaft der Kennzeichnungen zumindest mit der Gefahr gerechnet werden, dass die Domain mit der Marke gedanklich in Verbindung gebracht werde. Nach Auffassung des OLG Hamburg ist auch ein Domain-Name mit der Bezeichnung *Intershopportal* mit der Marke *Intershop* verwechselbar.[132] Dies gilt nach Ansicht des LG München I im Ergebnis auch für die Domain *myintershop.de*.[133]

Keine Verwechslungsgefahr sah das LG Düsseldorf hingegen zwischen der Marke *T-Online* und dem Domain-Namen *donline.de*.[134] Das Gericht wies den Antrag der Deutschen Telekom AG auf Erlass einer einstweiligen Verfügung gegen ein Telekommunikations- und Datenverarbeitungsunternehmen trotz Branchennähe mangels hinreichender Zeichenähnlichkeit zurück. Denn zum einen verfüge das Zeichen *T-Online* als Kombination eines einzelnen Buchstabens und einer Bezeichnung des allgemeinen Sprachschatzes nur über eine geringe Kennzeichnungskraft, so dass sich der Schutzumfang der Marke nicht auf jede Kombination eines Buchstabens mit dem Begriff *Online* erstrecke. Zum anderen habe der Bindestrich in der Marke zur Folge, dass bei der Aussprache des Wortes *T-Online* nach dem vorangestellten Buchstaben *T* eine kurze Pause eingelegt werde, wohingegen bei der Aussprache der Domain *don-*

---

[130] LG Düsseldorf MMR 2001, 560 – *Intershop/Interplusshop*.
[131] OLG München MMR 2000, 277 – *intershopping.com*.
[132] OLG Hamburg MMR 2001, 196 – *Intershopportal*.
[133] LG München I, Urt. v. 6.3.2000 – 7 HKO 2775/00 – *myintershop.de*.
[134] LG Düsseldorf, Urt. v. 21.7.1999 – 34 O 56/99 – *donline.de*.

line die Silbe *don* ohne Pause ausgesprochen werde. An dieser Begründung lässt sich erkennen, dass das Gericht bei der Ablehnung der Verwechslungsgefahr nicht etwa von einem strengeren Maßstab bei der Beurteilung der Zeichenähnlichkeit ausgegangen ist, sondern vielmehr die oben beschriebenen traditionellen Grundsätze des Markenrechts angewendet hat.

Das gleiche dürfte entgegen dem ersten Anschein auch für die Entscheidung des OLG Hamm gelten, in der das Gericht eine Verwechslungsgefahr zwischen dem Domain-Namen *pizza-direkt.de* und der Marke *Pizza Direct* verneinte.[135] Das Gericht war zwar der Auffassung, dass die abweichende Schreibweise des Domain-Namens mit *k* statt mit *c* gerade im Bereich des Internet einen gewissen Abstand zur Marke herstelle, da der Zugang zu einer Seite im Internet nur bei exakter Wiedergabe eines Domain-Namens möglich sei. In dieser Bemerkung kann jedoch noch keine Neudefinition der erforderlichen Zeichenähnlichkeit gesehen werden. Vielmehr war bereits die Kennzeichnungskraft der Wortkombination *Pizza Direct* aufgrund des beschreibenden Charakters der einzelnen Begriffe denkbar schwach, so dass die Marke an der untersten Grenze der Schutzfähigkeit lag und für den Ausschluss der Verwechslungsgefahr auch nach herkömmlicher Betrachtungsweise bereits geringe Abweichungen ausreichten.[136] Bei Kennzeichen mit durchschnittlicher und überdurchschnittlicher Kennzeichnungskraft genügt es hingegen regelmäßig nicht, einzelne Buchstaben hinzuzufügen, wegzulassen, zu verändern oder zu vertauschen. Eine Zeichenähnlichkeit dürfte daher beispielsweise in Bezug auf die Marke *Persil* auch bei den Second-Level-Domains *persiel*, *pesil*, *bersil* oder *presil* vorliegen.

Das OLG Rostock gehört jedoch zu den wenigen Gerichten, die bei der Beurteilung der Zeichenähnlichkeit in Domainstreitigkeiten ausdrücklich neue Maßstäbe anlegen wollen. In dem Verfahren um die Marke *Müritz-Online* und die Domain *mueritz-online.de* stellte das Gericht fest, dass angesichts der Knappheit von Domain-Namen und der Relevanz kleinster Abweichungen für Zuordnungen im Internet das Abstandsgebot bei der Beurteilung der Zeichenähnlichkeit weniger streng sein müsse.[137] Trotz dieses Vorstoßes musste das Gericht sodann jedoch von einer Verwechslungsgefahr bei den streitgegenständlichen Zeichen ausgehen, da diese sich lediglich in der Groß- und Kleinschreibung sowie in der Verwendung eines Umlau-

---

[135] OLG Hamm NJW-RR 1999, 631 – *pizza-direkt.de*.

[136] Im übrigen war für das Gericht für die Ablehnung der Verwechslungsgefahr ohnehin nicht die fehlende Zeichenähnlichkeit maßgeblich, sondern die fehlende Waren- bzw. Dienstleistungsähnlichkeit.

[137] OLG Rostock K&R 2000, 303 – *mueritz-online.de*.

tes unterschieden. Dieser geringe Unterschied genügte auch dem OLG Rostock nicht für eine Ablehnung der Zeichenähnlichkeit, was schon angesichts der technischen Vorgaben des Domain-Namen-Systems, das keine Umlaute zulässt und Groß- und Kleinschreibung ignoriert, selbstverständlich sein sollte.

Bindestriche in
der Domain

Das LG Koblenz argumentierte in dem Streit um die Domain *alles-ueber-wein.de* in der Tendenz ähnlich großzügig wie das OLG Rostock.[138] Dem Domaininhaber war zunächst mit einstweiliger Verfügung die Unterlassung der Nutzung und die Löschung dieser Domain aufgegeben worden. Nach erfolgter Löschung verwendete er allerdings stattdessen die Domain *allesueberwein.de*. Das Gericht lehnte daraufhin den Antrag auf Verhängung eines Ordnungsgeldes unter Hinweis auf die Besonderheiten des Internet ab. Dem Internetbenutzer sei klar, dass im Rahmen der Vergabe von Domain-Namen Punkte, Bindestriche und Schrägstriche von entscheidender Bedeutung seien. Durch das Weglassen oder Hinzufügen von Bindestrichen in einen Domain-Namen werde daher hinreichend klargestellt, dass hinter den jeweiligen Domain-Namen unterschiedliche Personen oder Unternehmen stünden.

Diese Auffassung hat in der Rechtsprechung jedoch zu Recht keine weiteren Anhänger gefunden. Das LG Köln legte vielmehr in seiner Entscheidung zu der Domain *ts-computer.de* die herkömmlichen markenrechtlichen Grundsätze zugrunde.[139] Das Gericht ging davon aus, dass die branchenindentische Verwendung eines Domain-Namens, der sich nur durch einen Bindestrich von einem geschützten Kennzeichen unterscheidet, eine Verwechslungsgefahr begründe. Ein in die Domain eingefügter Bindestrich könne bei ansonsten gleicher Zeichenfolge nicht zur Unterscheidung beitragen, zumal Domain-Namen aus technischen Gründen keine Leerzeichen aufweisen dürfen und es sich somit anbiete, Leerzeichen innerhalb einer Firmenbezeichnung durch einen Bindestrich zu ersetzen. Auch das LG Bremen maß in einem derartigen Fall der Verwendung eines Bindestrichs keine Bedeutung bei.[140]

Ergänzende
Zusätze

Das Einfügen von ergänzenden Zusätzen ist ebenfalls selten geeignet, eine Verwechslungsgefahr auszuschließen, wenn der Domain-Name ansonsten mit einer geschützten Bezeichnung übereinstimmt. Auch hier besteht häufig die Gefahr, dass das Publikum den Domain-Namen irrtümlich dem Kennzeicheninhaber zuordnet oder zumindest von organisatorischen oder wirtschaftlichen Verbindun-

---

[138] LG Koblenz MMR 2000, 571 – *alles-ueber-wein.de*.
[139] LG Köln, Urt. v. 10.6.1999 – 31 O 55/99 – *ts-computer.de*.
[140] LG Bremen CR 2000, 543 – *photo-dose.de*. Vgl. auch LG Düsseldorf, Beschl. v. 5.1.1999 – 34 O 2/99 – *klug-suchen.de*.

gen zwischen Kennzeichen- und Domaininhaber ausgeht.[141] Dies gilt insbesondere für das Hinzufügen von Wortbestandteilen, die rein beschreibender Natur sind, wie dies etwa bei den Begriffen *-boerse*, *-portal* oder *-online* der Fall ist.[142] Es macht auch grundsätzlich keinen Unterschied, ob der Zusatz an das Ende der Second-Level-Domain angehängt wird oder zwischen zwei mit dem Kennzeichen identischen Wortbestandteilen eingefügt wird, wie der Fall *Intershop/Interplusshop* zeigt.[143]

In diesem Zusammenhang ist weiterhin auf die sogenannten D-Fälle hinzuweisen, in denen sich ein Softwareunternehmen für seine Reihe von CD-ROM-Produkten mit Titeln wie *D-Info*, *D-Jure* und *D-Atlas* hinsichtlich des Zeichens *D-* auf eine Serienmarke berief und gezielt gegen die Inhaber von Domains mit dieser Vorsilbe vorging. Nach einigen Entscheidungen zugunsten des Unternehmens stellten die Gerichte schließlich fest, dass eine Verwechslungsgefahr allein aufgrund der Verwendung der gleichen Vorsilbe nicht gegeben sei.[144] Das Präfix *D-* sei vielmehr freihaltebedürftig und besitze gerade wegen der Assoziation zum deutschen Nationalitätenkennzeichen keine besondere Kennzeichnungskraft.

Die branchennahe Verwendung sogenannter Tippfehlerdomains ist hingegen grundsätzlich nach §§ 14 II Nr. 2, 15 II MarkenG unzulässig. Dies wird relevant in Fällen, in denen Domaininhaber fremde Kennzeichen und beliebte Internetadressen in leicht veränderter Schreibweise und mit gängigen Eingabefehlern übernehmen, um so Besucher – oft mittels einer Weiterleitung – auf ihr eigenes Internetangebot zu locken (etwa durch die Registrierung von *goggle.de* oder *googel.de* statt *google.de*). Derartige Domain-Namen sind gerade darauf angelegt, dem geschützten Zeichen verwechselbar zu ähneln, so dass die Zeichenähnlichkeit regelmäßig zu bejahen ist. Wird eine Tippfehlerdomain allerdings in einer Branche eingesetzt, die mit der des berechtigten Zeicheninhabers nichts zu tun hat, scheidet mangels Branchennähe eine Verwechslungsgefahr aus. Bei hinreichender Bekanntheit kommt in diesen Fällen jedoch ein Anspruch aus §§ 14 II Nr. 3, 15 III MarkenG in Betracht. Wie im nächsten Abschnitt noch zu sehen sein wird, ergibt sich aus diesen Vorschriften, dass

---

[141] Vgl. etwa LG München I MMR 1999, 234 (236) – *juris-solvendi.de*; LG Köln AfP 1997, 655 (656) – *uni-online.de/karriere*.

[142] Vgl. OLG Hamburg MMR 2001, 196 – *Intershopportal*; OLG München K&R 1999, 569 – *rolls-royce-boerse.de*. Vgl. auch OLG Köln MMR 2001, 392, wonach dem häufig in Domain-Namen verwendeten Begriff *online* keine Unterscheidungskraft zukommt. Anders jedoch im Rahmen des § 12 BGB für Zusätze bei Städtenamen LG Düsseldorf MMR 2001, 626 (628) – *duisburg-info.de*, vgl. Abschnitt 4.1.1.2 – Städtenamen.

[143] LG Düsseldorf MMR 2001, 560 – *Intershop/Interplusshop*.

[144] LG Berlin MMR 1998, 614 (615) – *d-tel.de, d-com.de*; LG Köln MMR 1999, 414 – *d-net.de*. Anders jedoch noch LG Köln CR 1998, 362 (363) – *d-radio.de*.

bekannte Kennzeichen auch ohne Vorliegen von Verwechslungsgefahr gegen die Beeinträchtigung ihrer Unterscheidungskraft oder Wertschätzung geschützt werden.

Unproblematisch ist natürlich grundsätzlich die Registrierung von Tippfehlerdomains, die Abwandlungen von *eigenen* Marken oder Unternehmensbezeichnungen enthalten. Diese Vorgehensweise ist strategisch günstig, um Kunden die Auffindbarkeit des eigenen Angebots zu erleichtern und gleichzeitig Trittbrettfahrern ohne langwieriges Gerichtsverfahren bereits im Vorfeld den Weg zu versperren. Das Internetangebot von *Coca-Cola* ist beispielsweise derzeit nicht nur unter *coca-cola.de*, sondern auch unter *koka-kola.de* auffindbar. Es ist jedoch bei der Auswahl der Tippfehlerdomains darauf zu achten, dass die vermeintlich rechtmäßigen Abwandlungen des eigenen Kennzeichens nicht versehentlich in Rechte Dritter eingreifen. Dies wird gerade im Bereich von Unternehmensbezeichnungen relevant, die Personennamen enthalten. Sichert sich etwa die Firma *Stahlbau Schmitt* zur besseren Auffindbarkeit nicht nur die Domain *stahlbau-schmitt.de*, sondern auch die Domain *stahlbau-schmidt.de*, kann dies zu Problemen mit einer ebenfalls im Stahlbereich tätigen Firma *Schmidt* führen. Vergleichbares würde für den Fall gelten, dass das Unternehmen *Amazon* auf die Idee kommen sollte, wegen des ähnlichen Klangs in der englischen Aussprache neben der Second-Level-Domain *amazon* auch die Second-Level-Domain *emerson* zu verwenden. Als Beispiel aus der Rechtsprechung sei hier ein Fall zum Namensrecht genannt, in dem eine Person mit dem Namen *Fridrich* die Domain *friedrich.de* registriert hatte.[145] Das LG Düsseldorf führte dazu aus, dass der Anmelder einer nationalen Domain das Namensrecht von Personen mit gleichlautendem Familiennamen auch dann verletze, wenn er selbst einen klanglich identischen, aber abweichend geschriebenen Namen führe. Die Begrenztheit der zur Verfügung stehenden Domain-Namen erlaube im Konfliktfall nur dem tatsächlichen Namensträger eine Präsentation im Internet.

Es bleibt festzuhalten, dass bei der Auswahl von Domain-Namen auf einen ausreichenden Zeichenabstand zu geschützten Marken und geschäftlichen Bezeichnungen zu achten ist. Für Kennzeichen ohne besondere Bekanntheit gilt dies zumindest in Fällen, in denen der Domain-Name für eine ähnliche Branche, Ware oder Dienstleistung verwendet werden soll, für die das Kennzeichen Schutz genießt.[146] Hier kann nicht nur die vollkommen identische Verwendung eines fremden Kennzeichens als Second-Level-Domain zu Ansprüchen des Kennzeicheninhabers führen, sondern auch die Verwendung von verwechselbar ähnlichen Domains. Die Rechtsprechung tendiert da-

Zusammen-fassung

---

[145] LG Düsseldorf MMR 2001, 560 – *friedrich.de*.
[146] Zu bekannten Kennzeichen vgl. Abschnitt 4.1.2.7.

zu, auch im Namensraum des Internet keine wesentlich stärkeren Annäherungen von Domains an geschützte Zeichen zuzulassen, als dies nach allgemeinen markenrechtlichen Grundsätzen der Fall wäre. Dies bedeutet, dass der Zeichenabstand bei der Auswahl von Domain-Namen zur Sicherheit möglichst groß gewählt werden sollte. Der Zeichenabstand darf umso geringer sein, je schwächer die Kennzeichnungskraft des geschützten Zeichens ist. Minimale Abweichungen der Domain von einem geschützten Zeichen durch eingefügte Bindestriche oder ergänzende Zusätze dürften jedoch regelmäßig nicht für den Ausschluss einer Verwechslungsgefahr ausreichen.

4.1.2.6
Waren-/Dienstleistungsähnlichkeit und Branchennähe

Wie oben dargestellt setzt die Verletzung von Kennzeichen ohne besondere Bekanntheit neben der Zeichenähnlichkeit auch die Ähnlichkeit der Waren, Dienstleistungen oder Branchen voraus, für die der Domain-Name einerseits und das geschützte Kennzeichen andererseits verwendet wird. Liegt eine solche Ähnlichkeit nicht vor, etwa weil Kennzeicheninhaber und Domaininhaber in völlig unterschiedlichen Branchen tätig sind, kann der Kennzeicheninhaber selbst bei einer gleichlautenden Domain grundsätzlich nicht nach §§ 14 II Nr. 2, 15 II MarkenG gegen den Domaininhaber vorgehen.[147] So klagte etwa die Deutsche Telekom AG als Inhaberin der Marke *T-Box* für Geräte und Dienstleistungen der Telekommunikation erfolglos gegen den Inhaber der Domain *t-box.de*, der ein Einzelhandelsunternehmen für Tee betrieb.[148]

Sachliche Berührungspunkte

Bei der Prüfung der Waren- und Dienstleistungsähnlichkeit und Branchennähe ist zu untersuchen, inwieweit zwischen den Produkten und der Branche des Kennzeicheninhabers einerseits und den Produkten und der Branche des Domaininhabers andererseits ausreichende sachliche Berührungspunkte bestehen. Dies kann etwa bei den Produkten Konfitüre und Fruchtjoghurt der Fall sein, nicht jedoch bei den Branchen Hoch-/Tiefbau und Glasindustrie.[149] Auch zwischen dem Vertrieb von Pharmazeutika und Vermögensverwaltung besteht absolute Branchenferne.[150] Auf der Seite des Domaininhabers kommt es dabei auf diejenigen Waren und Dienstleistungen

---

[147] OLG Frankfurt/M. CR 2000, 698 – *alcon.de*; LG Düsseldorf, Urt. v. 3.8.2001 – 38 O 38/01 – *exes.de*. Vgl. auch BGH GRUR 1993, 404 (405) – *Columbus*. Bei bekannten Kennzeichen kommt allerdings ein Anspruch nach §§ 14 II Nr. 3, 15 III MarkenG in Betracht, vgl. Abschnitt 4.1.2.7 – Bekannte Kennzeichen.

[148] OLG Düsseldorf MMR 2001, 706 – *T-Box*.

[149] BGH WRP 1986, 82 (84) – *Zentis/Säntis*; LG Düsseldorf, Urt. v. 13.5.1998 – 34 O 27/98 – *glass.de*.

[150] OLG Frankfurt/M. CR 2000, 698 – *alcon.de*.

und auf diejenige Branche an, für die die Domain kennzeichenrechtlich benutzt wird oder für die im Falle einer Begehungsgefahr die Benutzung droht.[151]

Bei dieser Beurteilung berücksichtigt die Rechtsprechung überwiegend den bestehenden oder konkret geplanten Inhalt der unter der Domain abrufbaren Website.[152] Zum Teil werden hierbei auch Inhalte einbezogen, die über Hyperlinks zugänglich gemacht werden.[153] In Fällen, in denen ein Domain-Name nur reserviert oder ohne verfügbare Homepage lediglich registriert war, stellten die Gerichte zur Beurteilung der Waren-, Dienstleistungs- oder Branchenähnlichkeit häufig auch allgemein auf die Geschäftsfelder ab, in denen die am Rechtsstreit beteiligten Unternehmen tätig waren.[154] Dieser Ansatz ist unter dem Aspekt der Erstbegehungsgefahr folgerichtig, sofern im konkreten Fall zu befürchten steht, dass der Domaininhaber unter der streitgegenständlichen Domain auch tatsächlich sein Unternehmen präsentieren will. Ist dies nicht der Fall, dürfte eine bloß registrierte Domain so zu behandeln sein, als würde sie weder in einer bestimmten Branche noch für bestimmte Waren oder Dienstleistungen benutzt, so dass eine Verwechslungsgefahr und damit eine Kennzeichenverletzung grundsätzlich ausscheiden müsste.[155]

In der bisherigen Rechtsprechung sind allerdings auch zahlreiche Entscheidungen ergangen, in denen hiervon abweichend die Beurteilung der Verwechslungsgefahr ohne Rücksicht auf den Inhalt einer verfügbaren oder geplanten Website oder auf die Tätigkeitsfelder der Beteiligten vorgenommen wurde.[156]

---

[151] Allgemein Ingerl/Rohnke, MarkenG, § 14 Rn. 242 für Waren und Dienstleistungen im Rahmen des § 14 MarkenG.

[152] Vgl. etwa OLG Hamburg NJW-RR 1999, 625 – *emergency.de*; OLG Hamm NJW-RR 1999, 631 – *pizza-direkt.de*; LG Hamburg CR 1999, 47 (48) – *eltern.de*; LG Braunschweig K&R 1999, 573 – *stadtinfo.com*; LG München I MMR 1999, 234 (236); LG München I, Urt. v. 23.9.1998 – 1 HKO 11678/98 – *explora.de*; LG Stuttgart, Beschl. v. 9.6.1997 – 11 KfH O 82/97 – *hepp.de*.

[153] Vgl. etwa LG München I MMR 1999, 234 (236) – *juris-solvendi.de*. Für eine Zurechnung bei Links und Framing auch Viefhues, MMR Beilage 8/2001, 25 (26), sofern der Eindruck entstehen kann, die fremden Inhalte seien Bestandteil der unter der Domain erreichbaren Website oder es bestünden rechtliche Beziehungen zwischen den Anbietern.

[154] OLG Frankfurt CR 2000, 698 – *alcon.de*; LG Braunschweig CR 1998, 364 (366) – *deta.com*; OLG Dresden CR 1999, 589 (591) – *cyberspace.de*; LG Düsseldorf, Urt. v. 13.5.1998 – 34 O 27/98 – *glass.de*. Vgl. auch LG Frankfurt/M. NJW-RR 1998, 974 (976) – *lit.de*.

[155] So auch Viefhues, MMR Beilage 8/2001, 25 (26) generell für den Fall bloßer Registrierung.

[156] OLG Rostock K&R 2000, 303 – *mueritz-online.de*; LG Düsseldorf CR 1998, 165 (168) – *epson.de*; LG München I, Urt. v. 21.10.1998 – 1 HKO 16716/98 – *muenchner-rueck.de*; LG München I, Urt. v. 17.9.1997 – 1 HKO 12216/97 – *deutsches-theater.de*; LG München I, Urt. v. 7.5.1997 – 7 HKO 2682/97 – *paulaner.de*; LG Bochum, Urt. v. 27.11.1997 – 14 O 152/97 – *hellweg.de*; LG

Hier begnügten sich die Gerichte zum Teil mit der Feststellung, dass wesentliche Teile des Publikums unter der streitgegenständlichen Domain nicht den Domaininhaber, sondern den klagenden Inhaber der entsprechenden Marke oder Unternehmensbezeichnung erwarteten.[157] Auf eine Prüfung der Waren- und Dienstleistungsähnlichkeit oder Branchennähe wurde in diesen Fällen weitestgehend verzichtet. Einen anderen Weg beschritt das LG Düsseldorf im Fall *epson.de*. Das Gericht ging in einer umfassenden Prüfung davon aus, dass es für die Frage der Ähnlichkeit von Waren oder Dienstleistungen auf den Inhalt einer möglichen Website und auf die hierüber angebotenen Waren oder Dienstleistungen nicht ankomme, weil die verwechslungsfähige Ware oder Dienstleistung bereits die unter der Domain aufzurufende Homepage als solche sei.[158] Dabei zog das Gericht eine Parallele zu zwei unter identischem Titel angebotenen Zeitschriften, für deren markenrechtliche Beurteilung es ebenfalls nicht auf den Zeitschrifteninhalt ankomme, sondern auf das Produkt Zeitschrift als solches. Mit dieser Argumentation kam das Gericht ohne Schwierigkeiten zu zwei identischen Waren bzw. Dienstleistungen, nämlich der gegenwärtig oder künftig abrufbaren Homepage des Inhabers der Domain *epson.de* und der Homepage des wirklich berechtigten Unternehmens *Epson*.

Das OLG Düsseldorf ist jedoch dieser wiederholt in der Rechtsprechung vorgebrachten Argumentation in einer aktuellen Entscheidung entgegengetreten.[159] Das Gericht stellte klar, dass das Internet nicht die Botschaft sei, sondern lediglich das Medium, so dass die Homepage selbst nicht als maßgebliche Dienstleistung betrachtet werden könne. Für die Beurteilung der Verwechslungsgefahr komme es vielmehr allein auf den Inhalt der unter der Domain abrufbaren Internetseite an.

Lediglich registrierte Domains

Gegen die Betrachtung der Homepage als maßgebliche Dienstleistung wandte sich auch das OLG Karlsruhe in einem Fall, in dem ein Internetdienstleister eine Domain lediglich zu dem Zweck registriert hatte, die Domain für Interessenten freizuhalten und potentiellen Kunden eine Internetpräsenz unter der Domain anzubieten.[160] Das Gericht vertrat die Ansicht, dass die bloße Registrierung einer

---

Berlin, Beschl. v. 5.12.1996 – 16 O 602/96 – *bally-wulff.de*; LG Bremen CR 2000, 543 (544) – *photo-dose.de*.

[157] LG München I, Urt. v. 17.9.1997 – 1 HKO 12216/97 – *deutsches-theater.de*; LG München I, Urt. v. 7.5.1997 – 7 HKO 2682/97 – *paulaner.de*; LG Bochum, Urt. v. 27.11.1997 – 14 O 152/97 – *hellweg.de*; LG Berlin, Beschl. v. 5.12.1996 – 16 O 602/96 – *bally-wulff.de*.

[158] LG Düsseldorf CR 1998, 165 (168) – *epson.de*. Ebenso LG München I, Urt. v. 21.10.1998 – 1 HKO 16716/98 – *muenchner-rueck.de*.

[159] OLG Düsseldorf MMR 2001, 706 (707) – *T-Box*.

[160] OLG Karlsruhe, Urt. v. 12.9.2001 – 6 U 13/01 – *dino.de*. Ähnlich bereits OLG München, Urt. v. 12.10.2000 – 29 U 3947/00 – *teambus.de*.

Domain ohne Bezug zu einem bestimmten Produkt oder Gewerbe mangels konkret drohender Zeichenverletzung noch keine Erstbegehungsgefahr begründe.[161] Die Verwechslungsgefahr könne nicht abstrakt und ohne Rücksicht auf den Inhalt einer unter der Domain eingerichteten Homepage angenommen werden. Allein der zu erwartende gleichzeitige Auftritt eines Kunden des Domaininhabers und des klagenden Markeninhabers im Internet stelle noch keine relevante Produktverbindung dar.[162] Die Annahme einer Verwechslungsgefahr zwischen einem Domain-Namen und einer Marke setze vielmehr voraus, dass die Domain zumindest für eine Ware oder Dienstleistung verwendet werde, für die das Kennzeichen Schutz biete. Für reservierte, aber nicht verwendete Domains bestünden daher keine Abwehransprüche nach dem Markengesetz, solange keine konkreten Anhaltspunkte für eine geplante Benutzung vorlägen und damit ungewiss sei, für welche Waren oder Dienstleistungen die Domain verwendet werden solle. Mit der gleichen Argumentation wies auch das OLG München in einem ähnlich gelagerten Fall den Antrag eines Markeninhabers auf Erlass einer einstweiligen Verfügung ab.[163]

Angesichts dieser Rechtsprechung bedarf die Rechtslage stets einer sorgfältigen Prüfung, wenn der Domaininhaber einen Domain-Namen mit einer geschützten Bezeichnung lediglich registriert hat, ohne unter der Domain eine Homepage verfügbar zu halten oder dies nachweislich zu planen. Es bleibt abzuwarten, wie die Gerichte in Zukunft über derartige Fälle entscheiden. Fest steht nur, dass es Internetdienstleistern künftig leichter fallen dürfte, Klagen von Kennzeicheninhabern abzuwehren, solange keine eigene Verwendung der Domain beabsichtigt ist und eine branchenfremde Nutzung durch Dritte möglich bleibt. Letzteres könnte allerdings problematisch werden in Fällen, in denen der Domain-Name Rückschlüsse auf bestimmte Waren und Dienstleistungen zulässt und daher eine branchenfremde Verwendung unwahrscheinlich erscheint (so etwa im Fall *photo-dose.de*).[164] Außerdem ist zu beachten, dass die bloße Registrierung einer Domain in der Absicht, einen Kennzeicheninhaber an der Nutzung zu hindern und finanzielle Vorteile aus der Überlassung der Domain zu ziehen, regelmäßig als sittenwidriges Verhalten nach § 1 UWG oder § 826 BGB zu bewerten ist. Kennzeicheninhaber können daher in Fällen von Domain-Grabbing auch unabhängig vom Bestehen markenrechtlicher Ansprüche gegen Internetdienstleister vorgehen.

---

[161] Vgl. auch OLG Frankfurt/M. CR 2000, 615 (616) – *weideglueck.de*.

[162] So auch OLG Frankfurt/M. CR 2000, 698 – *alcon.de*.

[163] OLG München, Urt. v. 12.10.2000 – 29 U 3947/00 – *teambus.de*.

[164] Vgl. LG Bremen CR 2000, 543 (544) – *photo-dose.de*.

Bei anderen Unternehmen dürfte in Bezug auf bloß registrierte Domains grundsätzlich eine widerlegbare Vermutung bestehen, dass eine Verwendung der Domain in der eigenen Branche und für eigene Waren oder Dienstleistungen erfolgen soll. Dies wird regelmäßig dazu führen, dass bei bestehender Branchennähe oder Produktähnlichkeit eine Begehungsgefahr angenommen werden kann. Im übrigen wird davon auszugehen sein, dass der verfügbare oder konkret geplante Inhalt der unter der Domain abrufbaren Website oder zumindest das Geschäftsfeld der Beteiligten maßgeblich ist für die Bestimmung der Waren- oder Dienstleistungsähnlichkeit und Branchennähe. Die unter einer Doman abrufbare Homepage kann allenfalls dann selbst die maßgebliche Dienstleistung darstellen, wenn sie nicht nur Produkt- oder Unternehmensinformationen des Anbieters bereitstellt, sondern den Abruf eigenständiger Unterhaltungsangebote, Recherchedienste oder Kommunikationsvermittlungsleistungen ermöglicht.[165]

4.1.2.7
Bekannte Kennzeichen

Bekannte Marken und geschäftliche Bezeichnungen genießen nach dem Markengesetz einen besonderen Schutz. Sie sind gemäß §§ 14 II Nr. 3, 15 III MarkenG auch ohne Waren- oder Dienstleistungsähnlichkeit und ohne Verwechslungsgefahr gegen jede unlautere Beeinträchtigung oder Ausnutzung ihrer Wertschätzung oder Unterscheidungskraft durch ein identisches oder ähnliches Zeichen geschützt. Ansprüche gegen den Inhaber einer Domain können sich somit auch dann ergeben, wenn er die Domain in einer Branche verwendet, die mit der des Kennzeicheninhabers keinerlei Berührungspunkte aufweist.

Bekanntheitsgrad

Bei der Beurteilung der Bekanntheit eines Kennzeichens sind stets die Umstände des Einzelfalls zu berücksichtigen. Die Rechtsprechung vermeidet grundsätzlich eine allgemeingültige prozentuale Festlegung des Bekanntheitsgrades, die Untergrenze für den Regelfall dürfte jedoch bei etwa 30% liegen.[166] Die Feststellung der Bekanntheit erfolgt häufig durch eine Umfrage im Rahmen eines demoskopischen Sachverständigengutachtens, unter Umständen können jedoch auch andere Kriterien herangezogen werden, etwa die Dauer der Kennzeichennutzung, die erreichten Umsatz- und Auflagenzahlen, der Umfang von Werbemaßnahmen, die Erwäh-

---

[165] Ingerl/Rohnke, MarkenG, § 14 Rn. 242.
[166] Vgl. Ingerl/Rohnke, MarkenG, § 14 Rn. 477 mit weiteren Nachweisen, § 15 Rn. 67, 103.

nung in den Medien oder die Marktstellung gegenüber der Konkurrenz.[167]

Der Bekanntheitsschutz kann im Rahmen von Domainkonflikten zum einen dann Anwendung finden, wenn die Unterscheidungs- und Werbekraft eines bekannten Kennzeichens durch die Benutzung eines identischen oder ähnlichen Domain-Namens in unlauterer Weise beeinträchtigt wird (Verwässerung). Zum anderen werden Fälle erfasst, in denen die Verwendung eines solchen Domain-Namens die Wertschätzung des bekannten Kennzeichens in unlauterer Weise ausnutzt (Rufausbeutung) oder beeinträchtigt (Rufschädigung). Hinsichtlich der Identität oder Ähnlichkeit des Domain-Namens können die obigen Ausführungen zur Zeichenähnlichkeit herangezogen werden, wenngleich eine Verwässerung, Rufausbeutung oder Rufschädigung typischerweise nur bei einer besonders deutlichen Zeichenähnlichkeit vorliegen wird.[168] Die Unlauterkeit der Verwendung ist regelmäßig zu vermuten, wenn das bekannte Kennzeichen in identischer Weise als Second-Level-Domain übernommen worden ist.[169]

Die Rechtsprechung hat bereits in zahlreichen Fällen die Nutzung von Domain-Namen, die aus einer bekannten Marke oder geschäftlichen Bezeichnung abgeleitet waren, wegen Rufausbeutung oder Rufschädigung untersagt. So sah etwa das OLG Karlsruhe in der Benutzung der Domain *zwilling.de* durch einen Internetdienstleister zur Bewerbung seines Angebots eine Rufausbeutung und Rufschädigung der Marke *Zwilling* für Stahlwaren und Schneidewerkzeuge.[170] Die fehlende Waren- und Dienstleistungsähnlichkeit spielte angesichts der Bekanntheit der Marke keine Rolle. Das Gericht war der Auffassung, der Domaininhaber nutze durch die Verwendung des Domain-Namens die mit der Markeninhaberin und ihren Produkten verbundenen Gütevorstellungen aus, um Kunden anzulocken und diese zu veranlassen, sich näher mit seinem Angebot zu befassen. Damit werde die Wertschätzung der Marke ausgenutzt. Darüber hinaus werde die Wertschätzung auch dadurch beeinträchtigt, dass die Internet-Nutzer beim Aufrufen der Domain *zwilling.de* gerade keine Informationen über die Markeninhaberin oder ihre Produkte vorfänden. Die Markeninhaberin sei vielmehr daran gehindert, sich unter ihrer bekannten Marke und Firmenbezeichnung im Internet

---

[167] Ingerl/Rohnke, MarkenG, § 14 Rn. 483 f., § 15 Rn. 67, 103. Vgl. auch OLG Karlsruhe MMR 1999, 171 (172) – *zwilling.de* (demoskopische Umfrage); OLG München CR 1998, 556 (557) – *freundin.de* (Erscheinungsdauer und Auflage); OLG Hamm, Urt. v. 19.6.2001 – 4 U 32/01 – *veltins.com* (Werbung und Sportsponsoring); LG Hamburg MMR 2000, 620 (621) – *joop.de* (Feststellung aufgrund eigener Sachkunde des Gerichts).

[168] Vgl. Ingerl/Rohnke, MarkenG, § 14 Rn. 487.

[169] LG Hamburg MMR 2000, 436 (437) – *luckystrike.de*; allgemein Ingerl/Rohnke, MarkenG, § 14 Rn. 496.

[170] OLG Karlsruhe MMR 1999, 171 – *zwilling.de*.

selbst zu präsentieren. Auch das LG Mannheim sah in einem ähnlichen Fall den Tatbestand der Rufausbeutung und Rufschädigung erfüllt und untersagte dem Inhaber der Domain *brockhaus.de* mit der gleichen Begründung die weitere Nutzung seiner Domain.[171] Das OLG München war im Fall *freundin.de* der Auffassung, dass der Domaininhaber den Ruf der bekannten Frauenzeitschrift *Freundin* zur Präsentation seiner Partnervermittlung ausbeute, da sich der Domaininhaber die Erwartung der Internetnutzer zunutze mache, sie könnten unter der Domain die Homepage der Zeitschrift sowie die in der Zeitschrift enthaltenen Kontaktadressen auffinden.[172]

In einigen der bislang entschiedenen Fälle wurde neben der Rufausbeutung oder Rufschädigung auch die Gefahr einer Verwässerung des geschützten Kennzeichens gesehen. Das OLG Hamm ging etwa im Fall *veltins.com* davon aus, dass der Werbewert der bekannten Biermarke *Veltins* infolge der Nutzung der streitgegenständlichen Domain durch einen Textilienhersteller und einen Internetdienstleister gemindert werde.[173] Vergleichbares soll nach dem LG Hamburg für die bekannte Marke und Unternehmensbezeichnung *Joop* gelten, wenn die Domain *joop.de* durch ein Pianohaus und einen Dienstleister für Unterhaltungselektronik verwendet wird.[174] Auch in der Nutzung der Domain *luckystrike.de* durch eine Privatperson als Weiterleitung auf eine private Hompage mit Providerwerbung sah das LG Hamburg eine Verwässerung der bekannten Zigaretten-Marke *LUCKY STRIKE*.[175] Im übrigen ist an dieser Stelle auf die Fälle *krupp.de* und *shell.de* zu verweisen, die von den Gerichten über den Namensschutz des § 12 BGB gelöst worden sind und daher bereits oben bei den namensrechtlichen Ansprüchen behandelt worden sind.

Die Registrierung fremder Marken und Unternehmensbezeichnungen ist bei bestehender Verkehrsbekanntheit mit einem hohen Risiko verbunden. Der Inhaber eines bekannten Kennzeichens wird in der Regel mit Erfolg gegen den Domaininhaber vorgehen können, da eine Produktähnlichkeit oder Verwechslungsgefahr hier keine Anspruchsvoraussetzung ist. In vielen Fällen wird der Domaininhaber die Anziehungskraft des Kennzeichens als Aufmerksamkeitswerbung für eigene Produkte oder Dienstleistungen nutzen und damit den Ruf des bekannten Kennzeichens ausbeuten. Ist eine Domain lediglich registriert, ohne dass eine Homepage abrufbar ist

---

[171] LG Mannheim K&R 1998, 555 (559 f.) – *brockhaus.de*. Vgl. auch OLG Hamburg MMR 2001, 196 – *derrick.de*.
[172] OLG München CR 1998, 556 (557) – *freundin.de*. Anderer Ansicht noch die Vorinstanz LG München I CR 1997, 540.
[173] OLG Hamm, Urt. v. 19.6.2001 – 4 U 32/01 – *veltins.com*.
[174] LG Hamburg MMR 2000, 620 (622) – *joop.de*.
[175] LG Hamburg MMR 2000, 436 (437) – *luckystrike.de*.

oder zumindest eine Weiterleitung erfolgt, kann im Einzelfall auch eine entsprechende Erstbegehungsgefahr in Betracht kommen. Im übrigen kann der Kennzeicheninhaber argumentieren, dass er an einer Internetpräsentation der bekannten Marke oder Unternehmensbezeichnung unter der entsprechenden Domain gehindert ist und das geschützte Zeichen angesichts dieser Nichterreichbarkeit in seinem Ruf geschädigt wird.

4.1.2.8
Werktitel

Wie bereits oben erläutert genießen insbesondere die Titel von Büchern, Zeitungen, Zeitschriften, Filmen und Fernsehsendungen als Werktitel im Sinne des § 5 III MarkenG grundsätzlich den gleichen Schutz wie Unternehmenskennzeichen. Eine Besonderheit besteht jedoch darin, dass vor allem Zeitschriftentitel häufig aus allgemein beschreibenden Bezeichnungen und Gattungsbegriffen bestehen, die wie oben dargestellt nur unter engen Voraussetzungen Schutz nach dem Markengesetz erlangen können. Dies führte in der Vergangenheit nicht selten dazu, dass Domaininhaber bei derartigen Begriffen wegen der vermeintlich fehlenden markenrechtlichen Schutzfähigkeit von einer konfliktfreien Registrierung ausgingen, dann aber eine unangenehme Überraschung erlebten. Denn die Anforderungen der Rechtsprechung an die Originalität und Kennzeichnungskraft von Zeitungs- und Zeitschriftentiteln sind deutlich niedriger als bei Unternehmenskennzeichen, da Titel mit schlagwortartigen Inhaltsbeschreibungen oft nur aus Begriffen gebildet werden können, die an beschreibende Angaben zumindest angelehnt sind.[176]

So waren die Gerichte etwa der Auffassung, dass den Titeln *Eltern*, *Freundin* und *Karriere* für eine Zeitschrift oder Zeitungsbeilage jeweils ausreichende Unterscheidungskraft zukomme, um bei Vorliegen der übrigen Anspruchsvoraussetzungen einen Unterlassungsanspruch gegen die Inhaber der Domains *eltern.de*, *freundin.de* und *karriere.de* zu rechtfertigen.[177] Anders entschied jedoch das LG Hamburg in einem Fall, in dem der Verleger einer Mountainbike-Zeitschrift mit dem Titel *bike* gegen den Betreiber eines Informations- und Werbeforums für Mountainbiker unter der Domain *bike.de* vorgehen wollte.[178] Das Gericht ging zwar trotz der beschreibenden Angabe zunächst grundsätzlich von einer Schutzfähigkeit

---

[176] Ingerl/Rohnke, MarkenG, § 5 Rn. 53 ff. mit weiteren Nachweisen.

[177] LG Hamburg CR 1999, 47 – *eltern.de*; OLG München CR 1998, 556 – *freundin.de*; LG Köln, Beschl. v. 10.5.1996 – 31 O 315/96 – *karriere.de*. Vgl. auch LG Köln AfP 1997, 655 – *uni-online.de/karriere*. Vgl. auch die Entscheidung LG Hamburg, Urt. v. 22.3.2001 – 315 O 856/00 – *schuhmarkt.de*, die den Anspruch aber letzlich über § 1 UWG begründet.

[178] LG Hamburg MMR 1998, 46 – *bike.de*.

des Zeitschriftentitels aus. Der Schutzumfang sei jedoch angesichts des Freihaltebedürfnisses für den beschreibenden Begriff und aufgrund der fehlenden Verkehrsdurchsetzung und Bekanntheit des Titels minimal. Eine Titelverletzung durch die Nutzung der Domain *bike.de* sei nur dann anzunehmen, wenn der Zeitschriftentitel so bekannt sei, dass die angesprochenen Verkehrskreise unter der Domain einen Internet-Auftritt des Titelinhabers erwarteten.

4.1.2.9
Beschränkungen des Kennzeichenschutzes

Das Markengesetz räumt den Inhabern von Marken und geschäftlichen Bezeichnungen eine starke Rechtsposition gegenüber Domaininhabern ein. Der Schutz gegen die identische oder ähnliche Verwendung von Kennzeichen in Domain-Namen muss jedoch zurücktreten, wenn Dritte ein schutzwürdiges Interesse an der Verwendung von Domains mit bestimmten Angaben haben. Dies kann insbesondere dann der Fall sein, wenn ein Dritter eine Domain mit seinem eigenen Namen oder mit einer beschreibende Angabe benutzen will.

Die Verwendung des eigenen Namens oder der hieraus abgeleiteten Firmenbezeichnung in einer Domain ist in den meisten Fällen ohne Schwierigkeiten möglich, da nach § 23 Nr. 1 MarkenG und nach den oben beschriebenen Grundsätzen des Rechts der Gleichnamigen grundsätzlich niemand am redlichen Gebrauch seines Namens im Geschäftsverkehr gehindert werden kann.[179] In derartigen Fällen bleibt der *first come, first served*-Grundsatz bei der Domainvergabe grundsätzlich bestehen, so dass der Kennzeicheninhaber gegenüber dem gleichnamigen Domaininhaber regelmäßig keine Abwehransprüche geltend machen kann. Dies gilt zumindest dann, wenn es sich bei dem kollidierenden fremden Kennzeichen um die Bezeichnung eines Unternehmens mit regionaler Verkehrsgeltung oder beschränktem Bekanntheitsgrad handelt.[180] Insbesonde-

---

[179] Vgl. etwa LG Bonn NJW-RR 1998, 977 (978) – *detag.de*; Ingerl/Rohnke, MarkenG, § 23 Rn. 16 ff. Zum Recht der Gleichnamigen vgl. die Darstellung im Namensrecht, Abschnitt 4.1.1.3 – Unternehmen.

[180] Dies lässt sich aus den Ausführungen des BGH zum Namensrecht im Fall *shell.de* ableiten (BGH, Urt. v. 22.11.01 – I ZR 138/99 – *shell.de*, laut Mitteilung der Pressestelle des BGH Nr. 87/2001 vom 23.11.01). Der BGH stellte klar, dass bei der Abwägung der Interessen mehrerer berechtigter Namensträger an der Verwendung des Namens in einer Domain in erster Linie das Gerechtigkeitsprinzip der Priorität gelte, also der Grundsatz *wer zuerst kommt, mahlt zuerst*. Allein die überragende Bekanntheit des Mineralölunternehmens gebiete im Streitfall ein anderes Ergebnis. Vgl. auch die zum Namensrecht ergangenen Entscheidungen LG Paderborn MMR 2000, 49 (50) – *Domain-Name einer Familie* und OLG München MMR 2001, 692 – *boos.de*, in denen sich der Kläger mangels überragender Bedeutung des eigenen Zei-

re in Fällen, in denen das andere Unternehmen bereits mit einer anderen Top-Level-Domain im Internet vertreten ist, dürften sich hier kaum Probleme ergeben. Vorsicht ist jedoch geboten, wenn wie im Fall *joop.de* ein gleichnamiges Unternehmen mit hohem Bekanntheitsgrad existiert, das sich auf den oben dargestellten Verwässerungsschutz nach § 15 III MarkenG berufen kann. In diesen Fällen wird die nach den Grundsätzen des Gleichnamigenrechts durchzuführende Interessenabwägung regelmäßig zu dem Ergebnis führen, dass der Namensträger dem eigenen Namen in der Domain unterscheidungskräftige Zusätze hinzufügen muss, um die Werbekraft des bekannten Unternehmenskennzeichens nicht zu beeinträchtigen (etwa *pianohausjoop.de* statt *joop.de*).[181] Vergleichbares dürfte auch für bekannte Marken und ihren Schutz über § 14 II Nr. 3 MarkenG gelten.[182]

Weiterhin kann der Kennzeicheninhaber einem Dritten nicht untersagen, ein mit dem Kennzeichen identisches oder ähnliches Zeichen in lauterer Weise als Angabe über Merkmale oder Eigenschaften von Waren oder Dienstleistungen zu benutzen (§ 23 Nr. 2 MarkenG). Wie oben dargestellt können beschreibende Angaben in eng begrenzten Ausnahmefällen Kennzeichenschutz erlangen. Vor allem Kennzeichen, die einer beschreibenden Angabe nur ähnlich sind, sind nicht bereits im Vorfeld vom Schutz ausgenommen. Will nun der Kennzeicheninhaber die Nutzung einer Domain mit einer beschreibenden Angabe untersagen, kann sich der Domaininhaber nach einer Entscheidung des LG Düsseldorf auf § 23 Nr. 2 MarkenG berufen. Das Gericht entschied im Fall *glass.de*, dass ein Hoch- und Tiefbauunternehmen mit der Firmenbezeichnung *Glass GmbH Bauunternehmung* nicht gegen die Benutzung der Domain *glass.de* durch einen internationalen Glaskonzern vorgehen könne. Abgesehen von der bestehenden Branchenferne benutze der Glaskonzern die Bezeichnung *glass* als Angabe der von ihm angebotenen Waren und Dienstleistungen. Der Domain-Name solle es internationalen Kunden und Interessenten gerade ermöglichen, anhand der Sachbezeichnung des englischen Wortes für Glas den Domaininhaber als Glasproduzenten im Internet ausfindig zu machen.

Verwendung beschreibender Angaben

---

chens jeweils nicht gegen einen gleichlautenden Familien- bzw. Unternehmensnamen durchsetzen konnte.

[181] LG Hamburg MMR 2000, 620 (622) – *joop.de*. Vgl. hierzu auch die obige Darstellung zum Namensrecht mit den Entscheidungen zu den Domains *krupp.de* und *shell.de*.

[182] So jedenfalls im Ergebnis OLG Hamburg MMR 2001, 196 – *derrick.de* bei bekannter Marke und gleichlautendem Vornamen.

4.1.2.10
Kennzeichenrechtliche Priorität

Wie oben dargestellt, setzt die Durchsetzung von Ansprüchen nach dem Markengesetz grundsätzlich voraus, dass dem Kennzeicheninhaber gegenüber dem Domaininhaber ein älteres Recht zusteht.

Dies ist selbstverständlich dann der Fall, wenn eine bereits eingetragene Marke oder eine bereits benutzte geschäftliche Bezeichnung von einem Dritten als Domain registriert wird. Dabei nützt es dem Dritten auch nichts, wenn er versucht, kurzfristig ein eigenes Namens- oder Kennzeichenrecht an dem Domain-Namen zu begründen. Das LG München I hielt beispielsweise die Verwendung der Domain *dsf.de* durch eine angebliche Vereinigung *deutsch-slowenische Freundschaft* angesichts der Bekanntheit des Kürzels *DSF* für das *Deutsche Sportfernsehen* für sitten- und wettbewerbswidrig.[183]

In der Praxis kommen jedoch auch Fälle vor, in denen eine Domain zunächst ohne Verstoß gegen bestehende fremde Schutzrechte registriert wird und erst danach ein anderer eine identische oder ähnliche Zeichenfolge für sich schützen lässt, etwa durch die Anmeldung einer gleichlautenden Marke. In einem derartigen Fall kann sich der Domaininhaber grundsätzlich nicht allein darauf berufen, dass er seine Domain bereits zu einem früheren Zeitpunkt registriert hat. Für die Beurteilung der Priorität kommt es vielmehr darauf an, ob dem Domaininhaber selbst ein eigenes prioritätsälteres Kennzeichenrecht zur Verfügung steht, das seinen Domain-Namen stützt und damit der späteren Markenanmeldung entgegengehalten werden kann. Dies ist der Fall, wenn die Domain aus einem bereits bestehenden eigenen Kennzeichen des Domaininhabers abgeleitet worden ist, etwa durch Registrierung der schon lange im Geschäftsverkehr benutzten eigenen Unternehmensbezeichnung als Domain. Hier kann sich das ältere Unternehmenskennzeichen des Domaininhabers gegenüber der jüngeren Marke durchsetzen, so dass der Markeninhaber auch nicht gegen die aus dem Kennzeichen abgeleitete Domain vorgehen kann.

Steht dem Domaininhaber jedoch kein eigenes Kennzeichenrecht zu, das seine Domain stützt, kann sich der Markeninhaber bei Vorliegen der weiteren Anspruchsvoraussetzungen grundsätzlich gegen ihn durchsetzen, auch wenn der Markenschutz erst zu einem Zeitpunkt entstanden ist, als der Domaininhaber die Domain bereits registriert hatte. Dies ergibt sich aus dem Ausschließlichkeitsrecht, das die Marke ihrem Inhaber verleiht. Der Domaininhaber ist hierdurch

---

[183] LG München I, Beschl. v. 9.1.1997 – 4 HKO 14792/96 – *dsf.de.*

nicht benachteiligt, da es ihm ja ebenfalls freisteht, seinem Domain-Namen durch eine Markenanmeldung unterstützenden Kennzeichenschutz zu verschaffen. Wie später noch zu sehen sein wird, kann allerdings in bestimmten Ausnahmefällen schon die Registrierung und anschließende Nutzung einer Domain zur Entstehung eines eigenen Kennzeichenrechts führen, so dass die Domain einen selbständigen kennzeichenrechtlichen Schutz genießt.[184] Das auf diese Weise erworbene Kennzeichen ist den anderweitig begründeten Kennzeichen gleichwertig und folgt den üblichen markenrechtlichen Grundsätzen. Genießt eine Domain derartigen kennzeichenrechtlichen Schutz, hat sie auch gegenüber einer später angemeldeten Marke Bestand.[185]

4.1.2.11
Markenrecherche

Die vorstehenden Ausführungen haben gezeigt, dass nicht jeder Domain-Name, der im Rahmen einer Whois-Recherche bei der DENIC[186] oder bei anderen Vergabestellen als frei verfügbar bezeichnet wird, auch tatsächlich registriert und benutzt werden kann, ohne gegen Kennzeichenrechte Dritter zu verstoßen. Es empfiehlt sich daher, eine Domainregistrierung ebenso wie eine Markenanmeldung mit einer intensiven Recherche vorzubereiten. Oft ist ohnehin eine Doppelstrategie sinnvoll, also eine Kombination aus Domainregistrierung und Markenanmeldung, um für die Domain unterstützenden Markenschutz zu erlangen und auch in Zukunft gegen Ansprüche Dritter abgesichert zu sein. Dies gilt insbesondere dann, wenn ein neues Internetangebot aufgebaut werden soll, das sich nicht auf ein bereits bestehendes Kennzeichenrecht außerhalb des Internet stützen kann.

Einen Überblick über bereits angemeldete und eingetragene Marken bieten Online-Recherchen beim Deutschen Patent- und Markenamt[187], beim Eidgenössischen Institut für Geistiges Eigentum (Schweiz)[188], beim Österreichischen Patentamt[189], beim Harmonisierungsamt für den Binnenmarkt (EU-Gemeinschaftsmarken)[190] und beim United States Patent and Trademark Office (US-Marken)[191].

---

[184] Vgl. hierzu Abschnitt 4.3 – Schutz der eigenen Domain.

[185] LG Frankfurt/M. CR 1999, 190 – *warez.de*; OLG München CR 1999, 778 (779) – *tnet.de*.

[186] Erreichbar unter *http://www.DENIC.de/servlet/Whois*

[187] Erreichbar unter *https://dpinfo.dpma.de*

[188] Erreichbar unter *http://www.ige.ch/D/rechprod/r11.htm*

[189] Erreichbar unter *http://www.patent.bmwa.gv.at*

[190] Erreichbar unter *http://oami.eu.int/search/trademark/la/de_tm_search.cfm*

[191] Erreichbar im Menü Services (Search pending & registered trademarks) unter *http://www.uspto.gov/main/trademarks.htm*

Auch über die bekannten Suchmaschinen im Internet können Unternehmens- und Produktbezeichnungen ausfindig gemacht werden. Es ist jedoch zu beachten, dass derartige Recherchen nur erste Anhaltspunkte dafür bieten können, welche Domain-Namen von vornherein ausscheiden. Denn zum einen kommt gerade angesichts der Internationalität des Internet den in anderen Schutzländern registrierten Marken, den international registrierten Marken mit Schutzerstreckung auf Deutschland sowie den europäischen Gemeinschaftsmarken in zunehmendem Maße Bedeutung zu. Zum anderen reicht eine Identitätsrecherche in der Regel nicht aus, um das Risiko einer ungewollten Verletzung fremder Rechte zu auf ein vertretbares Maß zu reduzieren, da eine Kennzeichenverletzung wie oben gesehen auch bei Verwendung verwechselbar ähnlicher Zeichen möglich ist. Es empfiehlt sich daher, für die Markenrecherche auf das Angebot spezialisierter Dienstleister oder Rechtsanwälte zurückzugreifen. Darüber hinaus sollten die eigenen bereits bestehenden Kennzeichen überwacht und konsequent gegen Beeinträchtigungen verteidigt werden. So ist beispielsweise die Durchsetzung von Ansprüchen gegen Zeichenverletzer aufgrund der Verwässerung einer Marke um so schwieriger, je mehr die Marke bereits durch unbefugte Benutzung verwässert ist.

4.1.2.12
Folgerungen für die Domainstrategie

Bei der Auswahl von Domain-Namen ist darauf zu achten, dass fremde Marken, Unternehmenskennzeichen oder Werktitel weder bewusst noch unbewusst verletzt werden. Es ist daher dringend davon abzuraten, ohne ausdrückliche Gestattung des Zeicheninhabers Domain-Namen zu registrieren, die derartige Kennzeichen enthalten (etwa *persil.de*, *siemens.com* oder *handelsblatt.de*). Da auch weniger bekannte Kennzeichen mit einem Domain-Namen kollidieren können, sollte auch bei vermeintlich frei erfundenen Kunst- und Phantasiebegriffen vor der Domainregistrierung stets geprüft werden, ob gleichlautende oder verwechselbar ähnliche Kennzeichen existieren. Wortkombinationen sind dabei ebenso problematisch wie Tippfehlerdomains, da in den meisten Fällen weder durch die Verwendung ergänzender Zusätze noch durch das Hinzufügen, Weglassen, Verändern oder Vertauschen einzelner Buchstaben die Gefahr von Verwechslungen mit einem geschützten Zeichen ausgeschlossen werden kann. Es spielt im übrigen auch keine Rolle, welche Top-Level-Domain in dem Domain-Namen verwendet wird.

Besonderheiten gelten allerdings dann, wenn der Domain-Name von einem Unternehmen registriert werden soll, das in einer anderen Branche tätig ist als der Kennzeicheninhaber. Hier scheitern kennzeichenrechtliche Ansprüche grundsätzlich an der fehlenden Waren- und Dienstleistungsähnlichkeit oder Branchennähe, solange das kollidierende Kennzeichen keine besondere Bekanntheit erlangt hat. Auch andere Anspruchsgrundlagen führen in solchen Fällen häufig nicht zu Abwehransprüchen, soweit mangels Branchennähe kein Wettbewerbsverhältnis zwischen den Parteien besteht und die Domainregistrierung nicht in der Absicht erfolgt, den Kennzeicheninhaber in sittenwidriger Weise zu behindern. Hier bleibt es grundsätzlich bei dem Prinzip *first come, first served*, so dass gegen eine Registrierung keine Bedenken bestehen und dem Kennzeicheninhaber nur die Möglichkeit bleibt, auf einen anderen Namen auszuweichen oder mit dem Domaininhaber über eine Veräußerung der Domain zu verhandeln. Ist das kollidierende Kennzeichen hingegen verkehrsbekannt, können sich auch ohne Waren- und Dienstleistungsähnlichkeit und ohne Verwechslungsgefahr Ansprüche des Kennzeicheninhabers ergeben, so dass die Registrierung einer entsprechenden Domain unterbleiben sollte.

Besonderheiten gelten auch für Fälle, in denen sich der Domainanmelder auf ein eigenes Kennzeichenrecht berufen kann. Führen etwa zwei Unternehmen mit nur regionaler Verkehrsgeltung oder beschränktem Bekanntheitsgrad die gleiche Unternehmensbezeichnung, bleibt es grundsätzlich beim Prinzip *first come, first served*, so dass derjenige zum Zuge kommt, der sich die entsprechende Domain als erster sichert. Damit dürfte es in der Regel unbedenklich sein, den Namen des eigenen Unternehmens oder das eigene Unternehmensschlagwort als Domain zu registrieren. Dies gilt jedoch nicht, wenn ein anderes gleichnamiges und bundesweit tätiges Unternehmen mit besonderer Bekanntheit existiert, da die Gerichte in einem solchen Fall regelmäßig dem bekannten Unternehmen den Vorrang einräumen und das andere Unternehmen auf Domain-Namen mit unterscheidungskräftigen Zusätzen verweisen. In diesen Fällen empfiehlt es sich, dem eigenen Unternehmenskennzeichen eine Berufs- oder Branchenbezeichnung oder andere unterscheidungskräftige Zusätze hinzuzufügen, um sich von dem bekannten Unternehmen abzugrenzen. Ist das Unternehmenskennzeichen aus einem Personennamen abgeleitet, kann etwa der entsprechende Vorname hinzugefügt werden. Zudem sollte versucht werden, die durch den Zusatz verursachte Minderung der Attraktivität des Domain-Namens durch eine höhere Platzierung in bekannten Suchmaschinen und eine Ausweitung des Domain-Portfolios zu kompensieren, etwa durch Hinzufügen weiterer Domains, die ausschließlich Gattungsbegriffe und Branchenbezeichnungen enthalten.

Im übrigen ist es regelmäßig unbedenklich, den eigenen Vornamen, Nachnamen oder die Kombination von beiden als Domain zu registrieren, gegebenenfalls auch in Verbindung mit einer Branchen- oder Berufsbezeichnung. Auch hier gilt wiederum die Einschränkung, dass Kennzeichen mit hoher Bekanntheit regelmäßig Vorrang haben und der Namensträger Zusätze in den Domain-Namen aufnehmen muss, um sich von bekannten Kennzeichen abzugrenzen.

Unproblematisch ist aus kennzeichenrechtlicher Sicht grundsätzlich auch die Verwendung von allgemein beschreibenden Begriffen und Gattungsbezeichnungen. Dabei ist jedoch zu beachten, dass diese in seltenen Ausnahmefällen ebenfalls Kennzeichenschutz genießen können. Dies gilt vor allem für Titel von Zeitungen und Zeitschriften, die beschreibende Angaben enthalten.

4.1.3
Wettbewerbs- und deliktsrechtliche Ansprüche

Neben den namens- und kennzeichenrechtlichen Vorgaben sind bei der Auswahl von Domain-Namen auch wettbewerbsrechtliche Aspekte und das allgemeine Deliktsrecht des Bürgerlichen Gesetzbuches zu beachten. Die §§ 1, 3 UWG (Gesetz gegen den unlauteren Wettbewerb) verbieten sittenwidrige Handlungen und irreführende Angaben im geschäftlichen Verkehr zu Zwecken des Wettbewerbs. Im Hinblick auf Domain-Namen können diese Normen zum einen Anwendung finden, wenn allgemein beschreibende Begriffe und Gattungsbezeichnungen als Domain-Namen verwendet werden. Zum anderen kommt ein Verstoß gegen diese Vorschriften und gegen § 826 BGB (Bürgerliches Gesetzbuch) durch sogenanntes Domain-Grabbing in Betracht.

4.1.3.1
Domain-Grabbing

Ein Fall von Domain-Grabbing liegt vor, wenn eine Domain zu dem Zweck registriert wird, einen Namens- oder Kennzeicheninhaber an der Nutzung seines Zeichens als Domain zu hindern, zumeist verbunden mit dem Ziel, ihn zur Zahlung einer Geldsumme für die Überlassung der Domain zu veranlassen. Wie oben gezeigt löst dieses Verhalten regelmäßig bereits namens- und kennzeichenrechtliche Ansprüche gegen den Domaininhaber aus. Im Fall einer unlauteren Behinderung des Zeicheninhabers kann jedoch auch § 1 UWG ergänzend oder hilfsweise zur Anwendung gelangen.[192]

---

[192] OLG München MMR 2000, 100 (101) – *buecherde.com*; Köhler/Arndt, Recht des Internet, Rn. 53. Im Ergebnis ebenso LG Hamburg, Urt. v. 22.3.2001 – 315 O 856/00 – *schuhmarkt.de*. Vgl. aber auch OLG Frankfurt CR 2000, 698 (699 f.) – *alcon.de*.

Im Hinblick auf das Merkmal des Handelns im geschäftlichen Verkehr kann dabei auf die Ausführungen im Rahmen der Darstellung zum Kennzeichenrecht verwiesen werden.[193] Die Registrierung einer Domain durch ein Unternehmen ist demnach regelmäßig als geschäftliches Handeln anzusehen. Im übrigen reicht es nach weit überwiegender Rechtsprechung aus, dass der Domaininhaber die Domain dem Kennzeicheninhaber oder einem Dritten zum Verkauf oder zur entgeltlichen Nutzung anbietet.

Für einen Anspruch aus § 1 UWG ist weiterhin grundsätzlich erforderlich, dass die beteiligten Parteien zueinander in einem Wettbewerbsverhältnis stehen. Die Rechtsprechung stellt an das Vorliegen eines solchen Wettbewerbsverhältnisses allerdings keine hohen Anforderungen und lässt es im Prinzip genügen, dass sich der Verletzer durch seine Verletzungshandlung in irgendeiner Weise in Wettbewerb zu dem Betroffenen stellt.[194] Das Bestehen einer Branchengleichheit zwischen den beteiligten Parteien ist also nicht zwingend erforderlich. Das LG Düsseldorf stellte etwa im Fall *epson.de* darauf ab, dass der Inhaber der Domain *epson.de* durch das Verkaufsangebot an die Firma *Epson* und durch die Vereinbarung mit einem Dritten über die mietweise Nutzung der Domain ein Wettbewerbsverhältnis zwischen sich und der Firma *Epson* begründet habe.[195] Durch sein Verhalten habe der Domaininhaber seine Berechtigung zum Abschluss eines Überlassungsvertrags erklärt und sich so des Rechts berühmt, die Kennzeichnung als Domain wirtschaftlich für sich ausbeuten zu können. Die Firma *Epson* sei jedoch ihrerseits an einer selbständigen wirtschaftlichen Nutzung des Rufwertes ihrer Kennzeichnung interessiert. Diese Situation reiche für die Annahme eines Wettbewerbsverhältnisses zwischen den Parteien aus. Angesichts dieser Rechtsprechung dürfte davon auszugehen sein, dass bereits das Angebot zum Verkauf einer Domain mit einem fremden Kennzeichen zur Begründung eines Wettbewerbsverhältnisses zwischen dem Domaininhaber und dem Zeicheninhaber führen kann. Soweit ein Gericht diesem weiten Verständnis nicht folgen möchte und ein Wettbewerbsverhältnis und damit die Anwendung des § 1 UWG im Einzelfall ablehnt, kann ein entsprechender Anspruch des Kennzeicheninhabers unter Umständen auf § 826 BGB gestützt werden.[196]

Im übrigen kann ein Wettbewerbsverhältnis dann vorliegen, wenn der Domain-Grabber ein beliebtes Kennzeichen als Domain verwendet, um Nutzer auf die eigene Internetseite zu locken. Der Do-

Schutz aus
§ 1 UWG

Wettbewerbs-
verhältnis

---

[193] Vgl. Abschnitt 4.1.2.3 – Benutzung im geschäftlichen Verkehr.
[194] BGH GRUR 1985, 550 (552) – *DIMPLE*.
[195] LG Düsseldorf CR 1998, 165 (171) – *epson.de*.
[196] Zum Anspruch aus § 826 BGB sogleich in diesem Abschnitt.

maininhaber nutzt hierdurch einen fremden Ruf als Vorspann für die eigene Werbung wirtschaftlich aus, so dass ein Wettbewerbsverhältnis grundsätzlich auch dann bestehen kann, wenn er und der Inhaber des verwendeten Kennzeichens in unterschiedlichen Branchen tätig sind.[197] Dies dürfte ebenso für Fälle gelten, in denen der Domaininhaber das fremde Kennzeichen als Tippfehlerdomain in leicht veränderter Schreibweise mit gängigen Eingabefehlern übernimmt (etwa *googel.de* statt *google.de*). Wird eine solche Tippfehlerdomain erkennbar zu dem Zweck verwendet, potentielle Kunden eines konkurrierenden Unternehmens auf das eigene Internetangebot umzuleiten, kommt ein Wettbewerbsverstoß unter dem Gesichtspunkt des Ausspannens von Kunden in Betracht.[198]

Die von § 1 UWG vorausgesetzte sittenwidrige Handlung ist beim Domain-Grabbing in erster Linie in der unlauteren Behinderung des Kennzeicheninhabers zu sehen. Eine solche Behinderung liegt grundsätzlich vor, wenn dem Zeicheninhaber die Nutzung seines Zeichens als Domain für eigene geschäftliche Zwecke ohne sachlichen Grund unmöglich gemacht wird, indem der Domaininhaber auf der durch die Registrierung erlangten formalen Rechtsposition und Sperrwirkung beharrt.[199] Von entscheidender Bedeutung ist hierbei die Absicht des Domaininhabers zu unlauterem Handeln. In der Rechtsprechung wird eine solche Absicht regelmäßig dann angenommen, wenn der Domaininhaber dem Kennzeicheninhaber die entsprechende Domain zum Kauf anbietet.[200] Dies gilt auch und gerade dann, wenn der Domaininhaber die Domain ersichtlich in Kenntnis des entgegenstehenden Kennzeichenrechts registriert hat oder wenn er nach Erlangung dieser Kenntnis durch eine Abmahnung weiterhin an der Domain festhält.[201] Auch die Tatsache, dass der Domaininhaber auf seiner Internetseite die gleichen Waren an-

---

[197] Vgl. allgemein BGH GRUR 1985, 550 (552) – *DIMPLE*; BGHZ 113, 82 (87) – *Salomon*.

[198] OLG München MMR 2000, 100 (101) – *buecherde.com*. Vgl. auch Viefhues, MMR Beilage 8/2001, 25 (27 f.).

[199] LG Düsseldorf CR 1998, 165 (170 f.) – *epson.de*; LG Braunschweig CR 1998, 364 (366) – *deta.com*; OLG Dresden CR 1999, 589 (592) – *cyberspace.de*; OLG Karlsruhe, Urt. v. 12.9.2001 – 6 U 13/01 – *dino.de*; OLG München, Urt. v. 12.10.2000 – 29 U 3947/00 – *teambus.de*.

[200] LG Braunschweig CR 1998, 364 (366) – *deta.com*; LG Düsseldorf CR 1998, 165 (171) – *epson.de*. Vgl. aber auch LG Hamburg CR 2001, 131 (131 f.) – *marine.de*, wonach es dem Domaininhaber nicht zum Vorwurf gemacht werden kann, dass er für die Überlassung einer ansonsten rechtmäßig genutzten Domain eine finanzielle Entschädigung verlangt.

[201] OLG Dresden CR 1999, 589 (592) – *cyberspace.de*; LG Braunschweig CR 1998, 364 (366) – *deta.com*; LG Düsseldorf CR 1998, 165 (171) – *epson.de*.

bietet wie der Kennzeicheninhaber, kann als Indiz für eine Behinderungsabsicht herangezogen werden.[202]

Ein wettbewerbswidriges Verhalten scheidet allenfalls dann aus, wenn für die Registrierung der Domain ein sachlicher Grund vorliegt, der sich insbesondere aus einem eigenen Kennzeichen des Domaininhabers ergeben kann.[203] Ein sachlich gerechtfertigtes Eigeninteresse an der Benutzung der Domain wird ein Domain-Grabber jedoch nur in wenigen Fällen glaubhaft machen können. Gerade dann, wenn er über einen längeren Zeitraum unter der Domain keine Inhalte bereitstellt oder wenn er eine große Anzahl fremder Kennzeichen als Domain registriert hält und diese offen zum Verkauf anbietet, sprechen die Indizien in aller Regel für eine spekulative Registrierung in der Absicht sittenwidriger Behinderung.[204] In derartigen Fällen dürfte sich der Vortrag des Domaininhabers, er habe ein ernsthaftes Konzept zur Aufnahme einer eigenen Geschäftstätigkeit unter der fraglichen Domain, häufig als Schutzbehauptung erweisen.[205]

Anders ist die Situation jedoch zu beurteilen, wenn die streitgegenständliche Domain aus einem allgemein beschreibenden Begriff besteht und der Domaininhaber glaubhaft darlegen kann, dass er unter der Domain ein Informationssystem, einen Internetführer oder ein vergleichbares Angebot aufbauen will, das im Zusammenhang mit dem verwendeten Begriff steht. So entschied das LG Düsseldorf, dass die Firma *Wilhelm Alte GmbH* weder aus dem Markengesetz noch aus § 1 UWG gegen den Inhaber der Domain *alte.de* vorgehen konnte.[206] Dieser wollte die Domain für ein geplantes Senioreninformationssystem nutzen. Nach Auffassung des Gerichts lagen hier keine Anhaltspunkte dafür vor, dass der Domaininhaber mit der Registrierung der Domain gezielt den Zweck verfolgt habe, das klagende Unternehmen an seiner Entfaltung zu hindern. Der Domaininhaber beabsichtige nicht, die Domain *alte.de* an den Meistbietenden zu veräußern, sondern habe dem Unternehmen vielmehr eine Internetpräsenz auf der fraglichen Seite gegen Kostenerstattung ohne übermäßiges Gewinnstreben angeboten. Allein aus dem Umstand, dass der Domaininhaber eine auffällig große Anzahl von Registrierungen vorgenommen habe, könne nicht generell auf wettbewerbs-

---

[202] LG Stuttgart, Beschl. v. 9.6.1997 – 11 KfH O 82/97 – *hepp.de*. Vgl. auch OLG München MMR 2000, 100 (101) – *buecherde.com*.

[203] LG Düsseldorf CR 1998, 165 (171) – *epson.de*; OLG Dresden CR 1999, 589 (592) – *cyberspace.de*; Viefhues, MMR Beilage 8/2001, 25 (27).

[204] Vgl. etwa OLG Dresden CR 1999, 589 (592) – *cyberspace.de* sowie OLG Frankfurt/M. MMR 2001, 532 (532 f.) – *praline-tv.de* und MMR 2001, 696 (697) – *weltonline.de* zur Sittenwidrigkeit im Rahmen des § 826 BGB.

[205] So geschehen in den Fällen OLG Frankfurt/M. MMR 2001, 532 (532 f.) – *praline-tv.de* und MMR 2001, 696 (697) – *weltonline.de*. Vgl. auch LG München, Beschl. v. 9.1.1997 – 4 HKO 14792/96 – *dsf.de*.

[206] LG Düsseldorf, Urt. v. 9.11.2001 – 38 O 81/01 – *alte.de*.

feindliche Absichten geschlossen werden. In dieser Hinsicht bedürfe es immer einer Prüfung im jeweiligen Einzelfall.

Auch der Inhaber der Domain *dino.de* konnte sich vor dem OLG Karlsruhe mit Erfolg gegen den Vorwurf der unlauteren Behinderung zur Wehr setzen, da die Registrierung der Domain nach Auffassung des Gerichts nicht in der Absicht erfolgt war, die Domain für den Inhaber der Wortmarken *DINO* und *DINO-online* zu sperren.[207] Das Gericht stellte fest, dass der Domaininhaber die Domain bereits vor der Markeneintragung registriert hatte und bei der Registrierung nichts von der Existenz des Markeninhabers oder seiner Marken wußte.[208] Damit sei die Registrierung erkennbar lediglich im eigenen Geschäftsinteresse und nicht mit Behinderungsabsicht erfolgt, so dass weder in der Anmeldung der Domain noch in ihrer Aufrechterhaltung ein rechtsmissbräuchliches Verhalten gesehen werden könne.

Schutz aus § 826 BGB

In Fällen von Domain-Grabbing kommen im übrigen auch Ansprüche aus § 826 BGB wegen vorsätzlicher sittenwidriger Schädigung des Zeicheninhabers in Betracht. Ebenso wie bei § 1 UWG kann hier das sittenwidrige Verhalten des Domaininhabers darin gesehen werden, dass es ihm bei der Registrierung des Domain-Namens nicht um die eigene Nutzung der Domain geht, sondern um die Behinderung eines anderen, der sein geschäftlich genutztes Kennzeichen wegen der Sperrwirkung der Registrierung nicht mehr als Domain einsetzen kann. Der Vorteil bei der Anwendung des § 826 BGB liegt darin, dass ein Wettbewerbsverhältnis zwischen den Beteiligten nicht erforderlich ist. Diese Vorschrift erfüllt daher gerade dann eine wichtige Auffangfunktion, wenn es sich bei dem Domain-Grabber um eine Privatperson handelt. Ansprüche von Kennzeicheninhabern aus dem UWG und aus dem Markengesetz dürften sich gegenüber Privatpersonen nur schwer durchsetzen lassen, da es hier zumeist an einem geschäftlichen Handeln, an einem Wettbewerbsverhältnis oder an einer Verwechslungsgefahr fehlt.[209] Hiervon ist insbesondere dann auszugehen, wenn der private Domaininhaber die Domain nicht zum Verkauf anbietet und sie lediglich registriert hält oder für eine rein private Homepage verwendet, da in diesem Fall bereits kein Geschäftshandeln vorliegt. Bei Unternehmensbezeichnungen kann in einer solchen Situation der Namensschutz nach § 12 BGB zu einem Abwehranspruch führen, der Inhaber einer Marke ist jedoch zunächst schutzlos. Vereinzelt wird hier auf § 823

---

[207] OLG Karlsruhe, Urt. v. 12.9.2001 – 6 U 13/01 – *dino.de*.

[208] Ähnlich OLG München, Urt. v. 22.4.1999 – 29 W 1389/99 – *buecher.com* und Urt. v. 12.10.2000 – 29 U 3947/00 – *teambus.de*.

[209] Vgl. etwa OLG Frankfurt/M. CR 2000, 615 – *weideglueck.de*; LG Hamburg, Urt. v. 12.9.2000 – 312 O 424/00 – *dpa-online.de*.

BGB zurückgegriffen und in der privaten Nutzung einer fremden Marke als Domain eine Behinderung der unternehmerischen Ausdehnung des Markeninhabers im Internet gesehen, die einen Eingriff in den eingerichteten und ausgeübten Gewerbebetrieb darstellt.[210]

Das OLG Frankfurt beschritt jedoch in dem Rechtsstreit um die Domain *weideglueck.de* einen anderen Weg.[211] Das Gericht war der Auffassung, dass ein Domaininhaber wegen sittenwidriger Behinderung aus § 826 BGB in Anspruch genommen werden könne, wenn er ohne nachvollziehbares Eigeninteresse einen Domain-Namen registriere, der mit dem eigenen Namen und der eigenen Tätigkeit in keinem Zusammenhang stehe, aber gleichlautend mit einer fremden Marke sei. Das Gericht entschied damit zugunsten einer Molkerei, die unter der geschützten Bezeichnung *Weideglück* in erheblichem Umfang Milchprodukte vertrieb und sich durch die Domainregistrierung einer Privatperson behindert sah. Bei der Heranziehung dieser Entscheidung ist jedoch zu beachten, dass auch die Anwendung des § 826 BGB kein Patentrezept darstellt. Vielmehr ist auch hier die sittenwidrige und in Schädigungsabsicht vorgenommene Behinderung durch den Domaininhaber im Einzelfall nachzuweisen, was gerade dann schwierig sein dürfte, wenn dieser gerade kein Angebot zum Verkauf der Domain macht und somit ein starkes Indiz dafür fehlt, dass er die Interessen des Markeninhabers bewusst in Gewinnerzielungsabsicht auszubeuten versucht. Insofern konnte das OLG Frankfurt im Fall *weideglueck.de* allerdings auf andere Umstände zurückgreifen, nach denen eine Registrierung der Domain aus lauteren Motiven zu privaten Zwecken ausgeschlossen werden konnte. So verfügte der Domaininhaber bereits über eine private Homepage unter seinem Nachnamen. Darüber hinaus versuchte er mit wechselhaften, widersprüchlichen und abwegigen Konstruktionen, ein gerechtfertigtes Interesse an der Nutzung der Domain glaubhaft zu machen. Die Erklärung, er habe sich bei der Wahl des Domain-Namens von der Umgebung des Ferienanwesens seiner Mutter in Österreich inspirieren lassen, wollte das Gericht daher nicht gelten lassen. Zudem hatte er die Domain von einem in dieser Sache ebenfalls abgemahnten Bekannten kurz nach dessen Abmahnung übernommen, was ebenfalls für eine Behinderungsabsicht sprach.

Das OLG Frankfurt hat im übrigen § 826 BGB auch in Fällen von Domain-Grabbing durch Unternehmen angewendet, die eine sehr große Anzahl von Domains mit fremden Zeichen in der spekulativen Absicht registriert hatten, die Zeicheninhaber zur Erteilung von Auf-

---

[210] LG Hamburg, Urt. v. 12.9.2000 – 312 O 424/00 – *dpa-online.de*.
[211] OLG Frankfurt/M. CR 2000, 615 – *weideglueck.de*.

trägen oder zum Abkaufen der Domains zu bewegen.[212] Das Gericht ging hierbei davon aus, dass dieses Verhalten unabhängig vom Eingreifen marken-, namens- oder wettbewerbsrechtlicher Vorschriften eine vorsätzliche sittenwidrige Schädigung darstelle. Insbesondere aus der Vielzahl ungenutzter Domains mit fremden Kennzeichen und aus der vergangenen Geschäftspraxis der Unternehmen ergaben sich in diesen Fällen eindeutige Hinweise auf eine Behinderungs- und Gewinnerzielungsabsicht. So konnte der Inhaber der Domain *praline-tv.de* in einem Rechtsstreit mit dem Verleger der Zeitschrift *Praline* das Gericht nicht davon überzeugen, dass er die Absicht habe, unter der streitgegenständlichen Domain einen Spartenkanal zu betreiben, der sich mit Pralinen und ihrer Herstellung befasse.

Eine besonders extensive Anwendung des § 826 BGB erfolgte durch das LG Düsseldorf im Rechtsstreit um die Domain *literaturen.de*.[213] In diesem Fall klagte der Herausgeber einer Zeitschrift mit dem Titel *Literaturen* gegen den Domaininhaber, der neben der streitgegenständlichen Domain noch eine Vielzahl anderer Domains mit beschreibenden Begriffen registriert hatte. Die Brisanz dieser Entscheidung lag darin, dass das Gericht für die Begründung des Abwehranspruchs des Klägers nicht maßgeblich auf den Schutz des Zeitschriftentitels abstellte, sondern bereits in der Registrierung einer Vielzahl von Domain-Namen in der spekulativen Absicht der Verwertung als Handelsware einen Sittenverstoß im Sinne des § 826 BGB sah. Dabei differenzierte es nicht zwischen Domains mit fremden Kennzeichen und solchen mit allgemein beschreibenden Begriffen, sondern stellte für den Vorwurf der Sittenwidrigkeit im wesentlichen darauf ab, dass der Domaininhaber seine Stellung zur Erzielung eines Gewinns benutzen wolle, dessen Höhe nicht mit irgendeiner Leistung in Zusammenhang stehe.

Diese Begründung des Gerichts ist jedoch schon deshalb höchst bedenklich, weil letztlich jede Form von Spekulation auf die Erzielung von Gewinnen aus künftigen Preisveränderungen abzielt, die nicht notwendigerweise auf einer entsprechenden Leistung des Spekulanten beruhen. So würde wohl niemand einem Käufer von Aktien oder Grundstücken ernsthaft den Vorwurf der Sittenwidrigkeit machen, wenn er durch den Weiterverkauf einen Gewinn erwirtschaftet, nachdem der Aktienkurs oder der Grundstückspreis ohne sein Zutun gestiegen ist. In diesen Fällen geht es wie beim Domainhandel ausschließlich darum, das richtige Gespür für künftige Wertsteigerungen zu haben. Die Begründung des Gerichts widerspricht dann auch der allgemeinen Ansicht in der Rechtsprechung

---

[212] OLG Frankfurt/M. MMR 2001, 532 – *praline-tv.de* und MMR 2001, 696 – *weltonline.de*.
[213] LG Düsseldorf, Urt. v. 6.7.2001 – 38 O 18/01 – *literaturen.de*.

und Rechtsliteratur, dass der Handel mit Domain-Namen unproblematisch ist, solange die Domains keine fremden Namens- oder Kennzeichenrechte verletzen.[214] Inzwischen scheint dies auch das LG Düsseldorf so zu sehen. In dem Rechtsstreit um die Domain *alte.de* stellte es fest, dass allein aus dem Umstand, dass der Domaininhaber eine auffällig große Zahl von Registrierungen vorgenommen habe, nicht generell auf wettbewerbsfeindliche Absichten geschlossen werden könne, sondern vielmehr in jedem Einzelfall geprüft werden müsse, ob hierdurch die Rechte Dritter unzulässig beeinträchtigt werden.[215]

4.1.3.2
Gattungsbegriffe

An anderer Stelle wurde bereits ausführlich dargestellt, dass allgemein beschreibende Begriffe und Gattungsbezeichnungen in Domain-Namen viele Vorzüge haben und in keinem Domain-Portfolio fehlen sollten. Solche Domain-Namen sind aus namens- und kennzeichenrechtlicher Sicht regelmäßig unproblematisch und erleichtern potentiellen Kunden das Auffinden des eigenen Angebotes. Studien belegen inzwischen, dass eine sehr große Anzahl von Internetnutzern bei der Suche nach bestimmten Internetangeboten neben oder anstelle der Verwendung von Suchmaschinen auf die Direkteingabe branchenspezifischer Begriffe in die Browser-Adresszeile zurückgreift. Auf diese Weise gelangen potentielle Kunden direkt oder mittels einer Weiterleitung auf die eigene Website, ohne dass auch nur eine einzige Werbemaßnahme stattgefunden hat. Darüber hinaus sind Domains mit beschreibenden Begriffen sehr einprägsam und erzielen auch in Suchmaschinen regelmäßig eine hohe Trefferhäufigkeit.

Noch vor einiger Zeit war allerdings unklar, ob das Ausnutzen dieser positiven Werbewirkung von Gattungsdomains eine zulässige Wettbewerbshandlung darstellt oder ob hierdurch eine Monopolisierung der verwendeten Begriffe stattfindet, die zu einer wettbewerbswidrigen Kanalisierung von Kundenströmen und einer Behinderung der Mitbewerber führt. Zahlreiche Entscheidungen verschiedener Landgerichte und Oberlandesgerichte mit zum Teil gegenläufigen Ergebnissen sorgten hier für erhebliche Unsicherheit unter den Domaininhabern. Für zulässig hielten die erkennenden Gerichte etwa die Domains *zeitarbeit.de*, *lastminute.com*, *autovermietung.com*, *stahlguss.de*, *wirtschaft-online.de*, *kueche.de* und *sauna.de*.[216] Für

---

[214] Vgl. etwa LG Hamburg CR 2001, 131 (131 f.) – *marine.de*.

[215] LG Düsseldorf, Urt. v. 9.11.2001 – 38 O 81/01 – *alte.de*.

[216] LG Köln NJW-RR 2001, 549 – *zeitarbeit.de*; LG Hamburg CR 2000, 617 – *lastminute.com*; LG München I MMR 2001, 185 – *autovermietung.com*; OLG

unzulässig erklärt wurden hingegen die Domains *rechtsanwaelte.de*, *rechtsanwaelte-koeln.de*, *zwangsversteigerungen.de*, *versteigerungskalender.de* und zunächst auch die Domain *mitwohnzentrale.de*.[217]

Im Mai 2001 stellte jedoch der Bundesgerichtshof in seinem Urteil zur Domain *mitwohnzentrale.de* klar, dass die Verwendung von beschreibenden Begriffen in Domain-Namen grundsätzlich zulässig ist und nur in Einzelfällen wettbewerbsrechtliche Ansprüche gegen die Nutzung einer solchen Domain in Betracht kommen.[218] In dem Verfahren hatte sich ein Verein, in dem zahlreiche Mitwohnzentralen zusammengeschlossen waren, gegen die Nutzung der Domain *mitwohnzentrale.de* durch einen konkurrierenden Verband gewendet, der auf seiner Homepage seine Mitglieder nach Städten geordnet mit Telefon- und Faxnummern, E-Mail-Adressen und Links vorstellte. Der klagende Verein war der Ansicht, dass Gattungsbegriffe und Branchenbezeichnungen im Internet freizuhalten seien. Der Begriff *Mitwohnzentrale* habe sich als übliche Branchenbezeichnung für die Kurzzeitvermietung von Wohnraum durchgesetzt. Viele Interessenten suchten nach Angeboten im Internet durch die Direkteingabe von Branchenbegriffen, so dass die Verwendung des Begriffs *Mitwohnzentrale* zu einem sittenwidrigen Kundenfang durch den beklagten Verband führe. Im übrigen sei die Verwendung der Domain *mitwohnzentrale.de* irreführend, da sie den Eindruck erwecke, unter dieser Domain könne das Angebot sämtlicher Mitwohnzentralen abgerufen werden.

Diese Auffassung wurde zunächst vom LG Hamburg und vom OLG Hamburg im Grundsatz bestätigt.[219] Das OLG sah in der Verwendung des Gattungsbegriffs *Mitwohnzentrale* ohne unterscheidungskräftige Zusätze in der Domain eine nach § 1 UWG wettbewerbswidrige Behinderung des klagenden Vereins und verurteilte den beklagten Verband zur Unterlassung der Domainnutzung. Die Verwendung der Domain führe zu einer unlauteren Absatzbehinderung durch das Abfangen von Kunden, die im Internet durch die Direkteingabe von Gattungsbegriffen nach Anbietern suchten. Diese Interessenten gelangten zufällig auf die Homepage des beklagten Verbandes mit der Folge, dass sie nach Alternativangeboten

---

Braunschweig CR 2000, 614 – *stahlguss.de*; OLG Frankfurt CR 1997, 271 – *wirtschaft-online.de*; LG Darmstadt MMR 2001, 559 – *kueche.de*; OLG Hamm MMR 2001, 237 – *sauna.de*.

[217] LG München I MMR 2001, 179 – *rechtsanwaelte.de*; LG Köln, Beschl. v. 7.9.1998 – 31 O 723/98 – *rechtsanwaelte-koeln.de*; LG Köln MMR 2001, 55 – *zwangsversteigerungen.de* und *versteigerungskalender.de*; OLG Hamburg CR 1999, 779 – *mitwohnzentrale.de*.

[218] BGH NJW 2001, 3262 = BGH WRP 2001, 1286 – *mitwohnzentrale.de*.

[219] OLG Hamburg CR 1999, 779 und LG Hamburg, Urt. v. 21.1.1998 – 315 O 531/97 – *mitwohnzentrale.de*.

anderer Wettbewerber aus Bequemlichkeit nicht mehr suchten und ein Leistungsvergleich unterbleibe. Die Verwendung von Gattungsbezeichnungen führe damit zu einer erheblichen Kanalisierung der Kundenströme auf die Homepage der Beklagten und könne eine nachhaltige Beeinträchtigung des Wettbewerbs zur Folge haben.

Der Bundesgerichtshof hob das Urteil des OLG Hamburg jedoch auf. Der BGH war der Ansicht, dass die zusatzlose Verwendung beschreibender Begriffe in Domain-Namen grundsätzlich keine wettbewerbswidrige Behinderung nach § 1 UWG darstelle. Zwar könne die Verwendung von Gattungsbegriffen in Domain-Namen zu einer gewissen Kanalisierung der Kundenströme führen. Dies reiche jedoch nicht für die Begründung des Vorwurfs der Unlauterkeit aus, solange nicht im Einzelfall die Gefahr einer Irreführung der Internetnutzer bestehe.

Kein unlauteres Abfangen von Kunden

Der BGH vertrat die Auffassung, dass ein unlauteres Abfangen von Kunden nur dann vorliege, wenn sich der Werbende gewissermaßen zwischen den Mitbewerber und seine Kunden stelle, um diesen eine Änderung ihres Kaufentschlusses aufzudrängen. Durch die Verwendung der Gattungsbezeichnung habe der beklagte Verband jedoch lediglich einen eigenen Vorteil genutzt, ohne dabei in unlauterer Weise auf Kunden einzuwirken, die bereits dem Wettbewerber zuzurechnen gewesen wären. Es handele sich also nicht um ein unzulässiges Ablenken, sondern um ein zulässiges Hinlenken von Kunden als normale Erscheinung des Leistungswettbewerbs.

Keine unsachliche Beeinflussung und kein Freihaltebedürfnis

Der BGH war im übrigen der Ansicht, dass in der Verwendung einer Gattungsbezeichnung grundsätzlich auch keine unsachliche Beeinflussung des Internetnutzers gesehen werden könne. Ein durchschnittlich informierter und verständiger Nutzer, der auf den Einsatz von Suchmaschinen verzichte und direkt einen Gattungsbegriff als Domain eingebe, sei sich im allgemeinen über die Nachteile dieser Suchmethode und die Zufälligkeit des gefundenen Ergebnisses im klaren. Schließlich lasse sich die Unlauterkeit auch nicht durch die Heranziehung des markenrechtlichen Grundsatzes der Freihaltebedürftigkeit von Gattungsbezeichnungen begründen, da die Registrierung einer Domain anders als die Eintragung einer Marke für sich genommen noch keinerlei Abwehrrechte gegenüber Dritten begründe. Die Mitglieder des klagenden Verbandes seien in keiner Weise daran gehindert, sich und ihre Dienstleistung im Geschäftsverkehr mit dem Begriff *Mitwohnzentrale* zu bezeichnen, so dass in der Domainregistrierung keine Monopolisierung einer Gattungsbezeichnung gesehen werden könne.

Blockade und Irreführung aber unzulässig

Der BGH machte in seiner Entscheidung jedoch auch deutlich, dass die Registrierung von Gattungsbegriffen als Domain-Namen ausnahmsweise unzulässig sein kann. Sie könne zum einen missbräuchlich sein, wenn der Anmelder die Nutzung eines Gattungsbegriffs durch Dritte blockiere, indem er gleichzeitig mehrere Schreibweisen unter derselben Top-Level-Domain oder dieselbe Bezeichnung unter anderen Top-Level-Domains verwende. Zum anderen dürfe die Nutzung von Gattungsbezeichnungen nicht zu einer Irreführung der Verbraucher im Sinne des § 3 UWG führen, indem der Eindruck erweckt werde, die gefundene Website repräsentiere das einzige oder das gesamte Angebot seiner Art. Dies komme zwar bei vielen Gattungsbegriffen wie etwa *rechtsanwaelte.de*, *autovermietung.com* oder *sauna.de* schon von vornherein nicht in Betracht, könne aber bei der streitigen Domain *mitwohnzentrale.de* nicht ausgeschlossen werden. Es bestehe zumindest die Möglichkeit, dass Internetnutzer beim Betrachten der Homepage des beklagten Verbandes davon ausgingen, dass es sich hierbei um das Angebot des einzigen oder doch des größten Verbandes von Mitwohnzentralen handele, so dass die Suche nach anderen Angeboten unterbleibe. Der BGH verwies die Sache daher an das OLG Hamburg zurück, das nun diesen Gesichtspunkt der unzutreffenden Alleinstellungsbehauptung untersuchen muss. Der BGH merkte allerdings an, dass der beklagte Verband selbst bei Vorliegen dieser Voraussetzungen nicht zur vollständigen Unterlassung der Domainnutzung verurteilt werden müsse. Vielmehr könne der Verband auch auf andere Weise der Gefahr eine Irreführung entgegenwirken, indem er etwa durch einen Hinweis auf seiner Homepage deutlich mache, dass noch weitere, in anderen Verbänden zusammengeschlossene Mitwohnzentralen existierten.

Die höchstrichterliche Entscheidung zur Domain *mitwohnzentrale.de* hat zu einer wesentlichen Erhöhung der Rechtssicherheit für Inhaber von Domains mit Gattungsbegriffen geführt. Gerade Unternehmen, die sich mit einer Gattungsbezeichnung im Internet präsentieren oder sogar ihre komplette Strategie auf einen beschreibenden Domain-Namen stützen (wie etwa der Internet-Buchhändler *buch.de*), können nun davon ausgehen, dass sie im Regelfall nicht von Konkurrenten zur Aufgabe ihrer Domain gezwungen werden können. Obwohl Domain-Namen mit Gattungsbegriffen ein knappes Gut sind, stellt ihre Verwendung ebenso wie die Nutzung von Geschäftsräumen in zentraler Lage eine legitime Maßnahme des Leistungswettbewerbs dar. Es darf jedoch nicht übersehen werden, dass der BGH auch zwei bedeutende Einschränkungen vorgenommen hat für Fälle, in denen eine Irreführungsgefahr besteht oder in denen die Blockade eines Gattungsbegriffs durch die Registrierung eines ganzen Bündels gleicher oder ähnlicher Domains erfolgt.

Im Hinblick auf die Irreführung lässt die Entscheidung weitgehend offen, unter welchen Voraussetzungen eine Fehlvorstellung des Internetnutzers über die Vollständigkeit oder die Spitzenstellung des auf der Internetseite präsentierten Angebots anzunehmen ist. Nach den Ausführungen des BGH steht lediglich fest, dass eine solche Irreführung nicht in Betracht kommt bei Domain-Namen mit Branchenbezeichnungen, bei denen von vornherein zu erkennen ist, dass die gefundene Homepage eines Anbieters nicht das gesamte Angebot der Branche repräsentiert. In der Tat wird wohl kaum ein Internetnutzer auf die Idee kommen, dass unter der Domain *friseur.de* das Angebot des einzigen Friseurs oder unter der Domain *friseure.de* eine Auflistung sämtlicher Friseure in Deutschland zu finden ist. Anders könnte die Lage jedoch zu beurteilen sein, wenn der Domain-Name neben dem Gattungsbegriff weitere Angaben enthält (etwa *die-koelner-friseure.de*, *die-besten-herrensalons.de*) oder wenn durch die Aufmachung der Homepage suggeriert wird, diese vermittle den Zugang zum gesamten oder zumindest zum wichtigsten Angebot der beschriebenen Art. Damit dürfte die Frage der Irreführung hauptsächlich für Internet-Portale und Anbieterverbände mit einer Vielzahl von Einzelanbietern relevant werden, da wohl nur hier einem durchschnittlich informierten und verständigen Verbraucher ernsthaft der Gedanke kommen kann, dass keine anderen nennenswerten Anbieter existieren. Für derartige Fallgestaltungen empfiehlt sich daher im Zweifel, dem Vorwurf der Irreführung durch den Hinweis auf der Website zu begegnen, dass die Auflistung der präsentierten Unternehmen nicht abschließend ist und dass es noch weitere Anbieter gibt.[220] Es bleibt jedoch abzuwarten, wie das OLG Hamburg im Fall *mitwohnzentrale.de* nach der Zurückverweisung durch den BGH entscheiden wird und ob es die Voraussetzungen für das Vorliegen einer Irreführung durch Gattungsdomains weiter konkretisiert.

Einer weiteren Klärung bedarf auch die zweite Einschränkung des BGH für Domains, die gleichzeitig in mehreren Schreibweisen (z.B. *friseursalon.de*, *friseur-salon.de*, *frisoersalon.de*) oder unter verschiedenen Top-Level-Domains (z.B. *friseursalon.de*, *friseursalon.com*, *friseursalon.info*) genutzt werden. An anderer Stelle wurde bereits darauf hingewiesen, dass aus strategischen Gründen auch solche Domain-Namen in das Domainportfolio aufgenommen werden sollten. Soweit es sich dabei um Domains mit Phantasiebegriffen, eigenen Marken oder Unternehmenskennzeichen handelt, ergeben sich hierbei grundsätzlich keine Probleme. Für Gattungsdomains bedarf diese Empfehlung jedoch im Lichte des BGH-Urteils einer gewissen Einschränkung. Problematisch ist hierbei allerdings, dass

---

[220] Fraglich ist allerdings, ob die Aufnahme eines derartigen stereotypen Hinweises auf einer Vielzahl von Internetseiten wirklich dem Leistungswettbewerb dienlich ist oder ob sie letztlich zur bloßen Formsache wird.

die Ausführungen des BGH durchaus Raum für Spekulationen darüber lassen, unter welchen Voraussetzungen eine Blockierung Dritter durch die Registrierung eines Bündels gleicher oder ähnlicher Domains im Einzelfall vorliegt. Fraglich ist unter anderem, wann von einer kritischen Anzahl gleichartiger Domains auszugehen ist und ob bei dieser Beurteilung nur die absolute Zahl der verwendeten Top-Level-Domains oder auch deren unterschiedliche Wertigkeit und Zweckrichtung zu berücksichtigen ist. So dürfte etwa die Blockadewirkung für Mitbewerber auf dem deutschen Markt bei einer Kombination von *.de-*, *.com-* und *.net*-Domains wesentlich größer sein als bei einer Kombination von *.fr-*, *.org-* und *.info*-Domains, da die Kanalisierung von Kundenströmen durch Direkteingaben angesichts der verschiedenen Marktrelevanz und Beliebtheit der Top-Level-Domains bei den erstgenannten sehr hoch, bei den letzgenannten vergleichsweise gering sein dürfte. Gerade deutsche Internetnutzer vermuten wohl am ehesten bei der Direkteingabe von *.de*- und *.com*-Domains brauchbare Suchergebnisse. Fraglich ist auch, welche Rolle die Einführung der neuen generischen Top-Level-Domains in diesem Zusammenhang spielen wird. Weitere Unsicherheiten ergeben sich im übrigen bei der Beurteilung der unterschiedlichen Schreibweisen sowie bei der Frage, ob auch die vom BGH nicht genannte, in seiner Wirkung aber vergleichbare Bündelung von Domains mit sinnverwandten Worten kritisch zu beurteilen ist (z.B. *friseur.de*, *hairstylist.de*, *coiffeur.de*). Angesichts der Zweckrichtung der Erwägungen des BGH im Hinblick auf die Verhinderung einer vollständigen Blockade und angesichts des Wortlautes der Entscheidung *(andere Schreibweisen ... oder ... unter anderen Top-Level-Domains)* kann aber wohl davon ausgegangen werden, dass zumindest *eine* andere Schreibweise oder *eine* andere Top-Level-Domain für die gleiche Gattungsbezeichnung im Domainportfolio unschädlich ist. Vorbehaltlich einer anderweitigen Entwicklung in der Rechtsprechung dürfte also jedenfalls die gängige Praxis deutscher Unternehmen, beschreibende Begriffe gleichzeitig unter den Top-Level-Domains *.de* und *.com* zu verwenden, auch unter Berücksichtigung der Auffassung des BGH im Einklang mit den Regeln des Wettbewebsrechts stehen. Im übrigen bleibt abzuwarten, wie sich die Rechtsprechung in diesem Punkt weiterentwickeln wird.

Ergänzend zu den vom BGH genannten Einschränkungen ist schließlich noch auf die Besonderheiten von Domain-Namen hinzuweisen, die berufsständische Bezeichnungen enthalten. So unterliegen etwa Rechtsanwälte, Steuerberater und andere standesrechtlich gebundene Berufe dem Gebot der sachlichen Werbung. Bisher liegt noch keine höchstrichterliche Rechtsprechung in Bezug auf die

Standeswidrigkeit allgemein beschreibender Domain-Namen vor. Das LG München I stellte jedoch in einer noch vor dem oben beschriebenen BGH-Urteil ergangenen Entscheidung fest, dass die Verwendung der Domain *rechtsanwaelte.de* durch einen Rechtsanwalt gegen § 46b Bundesrechtsanwaltsordnung verstößt.[221] Das Gericht vertrat die Auffassung, der Domaininhaber verschaffe sich in standeswidriger Weise einen privilegierten Zugang zu potentiellen Mandanten. Ebenso wie das blickfangmäßig übertriebene Herausstellen eines Eintrags in einem Branchenverzeichnis standeswidrig sei, sei die Vereinnahmung des Oberbegriffs für die gesamte Branche in einem einzigartigen Medium wie dem Internet mit dem Werberecht der Rechtsanwälte nicht vereinbar. Der Domaininhaber müsse deshalb der Domain den Namen seiner Kanzlei oder einen anderen unterscheidungskräftigen Zusatz hinzufügen. Zu diesem Urteil ist allerdings anzumerken, dass es zumindest fraglich erscheint, ob bereits die Nutzung der beschränkt vorhandenen Präsentationsmöglichkeit mit einer Branchendomain im Internet den Vorwurf der Unsachlichkeit oder Reklamehaftigkeit begründen kann. Die weitere Entwicklung der Rechtsprechung auf diesem Gebiet bleibt abzuwarten.

4.1.3.3
Folgerungen für die Domainstrategie

Die Verwendung von Gattungsbegriffen ist nicht nur unter kennzeichenrechtlichen, sondern auch unter wettbewerbsrechtlichen Gesichtspunkten grundsätzlich zulässig, solange keine Irreführung der Verbraucher erfolgt und die Nutzung des Gattungsbegriffs durch Mitbewerber nicht vollständig blockiert wird. Insofern sind die vom Bundesgerichtshof vorgegebenen und oben erläuterten Einschränkungen bei der Komplettierung des Domain-Portfolios zu beachten.

Domain-Grabbing verstößt hingegen als unlautere Behinderung des Namens- oder Kennzeicheninhabers grundsätzlich nicht nur gegen Namens- und Kennzeichenrecht, sondern auch und gerade gegen § 1 UWG. Dies gilt auch für die Verwendung sogenannter Tippfehlerdomains zum Zwecke der Umleitung potentieller Kunden eines konkurrierenden Unternehmens auf das eigene Internetangebot. Handelt es sich bei dem Domain-Grabber um eine Privatperson, kommt hilfsweise die Anwendung der §§ 823, 826 BGB in Betracht. Der Zeicheninhaber kann also in aller Regel mit Erfolg gegen Domain-Grabber vorgehen, wenn er eine Behinderungsabsicht nach-

---

[221] LG München I MMR 2001, 179 – *rechtsanwaelte.de*. Vgl. auch OLG Celle MMR 2001, 531 – *anwalt-hannover.de*. Die jeweiligen Ausführungen der Gerichte zum Wettbewerbsrecht sind nach dem BGH-Urteil zur Domain *mitwohnzentrale.de* wohl obsolet.

weisen kann. Dies wird ihm zumeist gelingen, wenn der Domaininhaber die Domain zum Verkauf anbietet oder wenn er eine Vielzahl von Domains mit fremden Kennzeichen registriert hat.

4.1.4
Ansprüche gegen Vergabestellen und Provider

Die bislang dargestellten Ansprüche aus dem Namens-, Kennzeichen- und Wettbewerbsrecht kann der Verletzte zunächst nur gegenüber dem jeweiligen Domaininhaber geltend machen. Es drängt sich jedoch der Gedanke auf, dass es viele Vorteile bieten würde, wenn der Verletzte stattdessen direkt die Domain-Vergabestelle in Anspruch nehmen könnte, also etwa die DENIC eG als Vergabestelle für *.de*-Domains. In diesem Fall dürfte die Problematik der Vollstreckung gegen einen renitenten oder im Ausland ansässigen Domaininhaber entfallen und der Verletzte müßte nicht befürchten, im Falle der Zahlungsunfähigkeit des Domaininhabers auf den Prozesskosten sitzen zu bleiben.

BGH-Urteil ambiente.de

Einem solchen Anspruch hat der Bundesgerichtshof jedoch im Fall *ambiente.de* eine Absage erteilt.[222] In diesem Fall klagte die Messe Frankfurt AG als Veranstalterin einer Messe unter der Bezeichnung *Ambiente* sowie als Inhaberin der Marke *Messe Frankfurt Ambiente* gegen die DENIC eG, weil eine Privatperson die Domain *ambiente.de* registriert hatte. Diese Privatperson hatte sich zwar gegenüber der Messe Frankfurt AG verpflichtet, die Domain im Internet nicht mehr zu benutzen, war aber zur Freigabe der Domain nicht bereit. Daraufhin verklagte die Messe Frankfurt AG die DENIC mit dem Ziel, nach Aufhebung der Registrierung für den bisherigen Domaininhaber die Domain für sich eintragen zu lassen. Die Klägerin war der Auffassung, dass die DENIC hierzu jedenfalls nach Erlangung der Kenntnis von den bestehenden älteren Rechten verpflichtet sei.

Keine Prüfungspflicht bei Registrierung

Der BGH stellte in seinem Urteil zunächst klar, dass die DENIC durch die Registrierung und Verwaltung einer Domain nicht selbst unmittelbar Kennzeichenrechte eines Dritten verletzen könne, da diese Tätigkeit nicht als Benutzung im geschäftlichen Verkehr im Sinne der §§ 14, 15 MarkenG anzusehen sei. Darüber hinaus sei die DENIC grundsätzlich auch nicht dazu verpflichtet, bei der Registrierung zu prüfen, ob an der einzutragenden Bezeichnung Rechte Dritter bestehen. Eine derartige Prüfungspflicht ließe sich mit dem bewährten automatisierten Verfahren zur preiswerten und schnellen

---

[222] BGH MMR 2001, 671 – *ambiente.de*. Ebenso OLG Dresden MMR 2001, 459 – *kurt-biedenkopf.de*.

Registrierung einer großen Zahl von Domains nicht in Einklang bringen und sei der DENIC unter Berücksichtigung ihrer Aufgabenstellung und der Eigenverantwortung des Anmelders nicht zuzumuten.

Im übrigen war der BGH der Auffassung, dass die DENIC nur eine eingeschränkte Prüfungspflicht hat, wenn sie von einem Dritten auf eine angebliche Verletzung seiner Rechte aufmerksam gemacht wird. Sie könne den Anspruchsteller daher grundsätzlich auf den Inhaber des beanstandeten Domain-Namens verweisen, mit dem notfalls gerichtlich zu klären sei, wer die besseren Rechte an der streitgegenständlichen Bezeichnung habe. Die beanstandete Registrierung müsse nur dann ohne weiteres aufgehoben werden, wenn der Rechtsverstoß offenkundig und für die DENIC ohne weiteres feststellbar sei. Dies könne allenfalls in Betracht kommen, wenn der Domain-Name mit einer berühmten Marke identisch sei und die Rechtsverletzung derart eindeutig ist, dass sie sich den Mitarbeitern der DENIC ohne weiteres aufdrängen muss. In anderen Fällen könne man von der DENIC die Beantwortung schwieriger Rechtsfragen nicht verlangen, so dass sie erst dann tätig werden müsse, wenn ein rechtskräftiges Gerichtsurteil oder eine eindeutige Vereinbarung mit dem Domaininhaber die bessere Rechtsposition des Anspruchsstellers bestätige.

Nach dieser höchstrichterlichen Klärung der Verantwortlichkeit der Vergabestellen wird sich die dargestellte Problematik auf die Frage der Providerhaftung verlagern. Auf den ersten Blick erscheint es hier angebracht, die gleichen Maßstäbe wie bei den Vergabestellen anzulegen und eine Verantwortlichkeit von Providern bei der Erstregistrierung rechtsverletzender Domains abzulehnen. Das LG Köln sah dies im Fall *guenter-jauch.de* jedoch anders und erließ auf Antrag des Fernsehmoderators *Günther Jauch* eine einstweilige Verfügung gegen einen Internetprovider. Mit der einstweiligen Verfügung war dem Provider unter anderem verboten worden, die inzwischen vom Domaininhaber wieder freigegebene Domain zur Registrierung anzubieten. Das Gericht war der Ansicht, dass zwar die bloße Mitteilung über die freie Verfügbarkeit der fraglichen Domain auf der Website des Providers für sich genommen noch keinen unbefugten Namensgebrauch darstelle. Darüber hinaus habe der Provider jedoch dazu beigetragen, dass der spätere Domaininhaber die als frei bezeichnete Domain bei der DENIC registrieren lassen konnte. Durch die Mithilfe und Mitwirkung bei der Registrierung der Domain habe der Provider einen kausalen Beitrag zur Verletzung des Namensrechts durch den Domaininhaber geleistet. Unerheblich sei hierbei, dass die streitgegenständliche Domain den Namen in geringfügig veränderter Schreibweise übernehme (im Streitfall *guenter* ohne *h*). Das LG Köln legte dem Provider damit eine sehr umfassende Prüfungspflicht auf, die letztlich auch Ähnlichkeitsrecherchen umfasst.

Die vom Landgericht erlassene einstweilige Verfügung ist allerdings inzwischen vom OLG Köln im Berufungsverfahren aufgehoben worden.[223] Das OLG Köln vertrat dabei wie das Landgericht zunächst die Auffassung, dass die Mitteilung über die Verfügbarkeit der Domain auf der Website des Providers für sich genommen keinen unbefugten Namensgebrauch, sondern eine rechtlich nicht zu beanstandende Informationserteilung darstelle. Darüber hinaus führe aber auch die Mitwirkung bei der Domain-Registrierung nicht zu einer Haftung des Providers. Das Gericht ließ dabei offen, ob die Rechtsprechung des BGH zum Umfang der Prüfungspflicht der DENIC auch auf Provider übertragen werden kann. Denn selbst wenn Provider bei ihrer Mitwirkung im Rahmen von Erstregistrierungen Prüfungspflichten hätten, könne dem Provider im vorliegenden Fall nicht mit einer einstweiligen Verfügung verboten werden, die streitgegenständliche Domain zur Registrierung anzubieten. Dies ergebe sich schon daraus, dass nicht jede Benutzung der Domain *guenter-jauch.de* durch Dritte rechtswidrig sei. So sei beispielsweise kein Grund dafür ersichtlich, weshalb eine natürliche Person mit dem Namen *Günter Jauch* nicht eine entsprechende Domain registrieren können sollte. Dies gelte im Verhältnis zum Verfügungskläger erst recht, da sich dessen Vorname anders schreibe.

Da das OLG Köln im Fall *guenter-jauch.de* keine abschließende Entscheidung zum Umfang der Prüfungspflichten von Providern getroffen hat, bleibt die weitere Entscheidungspraxis der Gerichte abzuwarten.

4.1.5
Anwendbarkeit des deutschen Rechts

Die in den vorstehenden Abschnitten genannten Anspruchsgrundlagen kommen zur Anwendung, wenn auf den konkreten Streitfall deutsches Recht anwendbar ist. Aus Raumgründen soll an dieser Stelle auf die Erörterung von Einzelfragen bei der Beurteilung grenzüberschreitender Verletzungshandlungen durch die Verwendung von Domain-Namen verzichtet werden. Es kann jedoch festgehalten werden, dass bei Domainstreitigkeiten in den meisten relevanten Konfliktfällen deutsches Recht anwendbar ist, auch wenn es sich bei der fraglichen Domain nicht um eine *.de*-Domain, sondern beispielsweise um eine *.com*-Domain handelt.

---

[223] OLG Köln, Urt. v. 27.11.2001 – 15 U 109/01 – *guenter-jauch.de*.

Für das Markenrecht ergibt sich dies aus dem sogenannten Schutzlandprinzip, wonach sich die Voraussetzungen und Rechtsfolgen von Verletzungen nach der Rechtsordnung des Staates richten, der den Markenschutz gewährt. Für Markenverletzungen in Deutschland ist somit das deutsche Markenrecht anwendbar. Dabei kann das Recht aus einer Marke auch dann verletzt werden, wenn die Verletzungshandlung im Ausland begangen wird und der Verletzungserfolg im Inland eintritt. Angesichts der weltweiten und somit auch in Deutschland möglichen Aufrufbarkeit einer Domain kann daher eine Domain-Nutzung im Inland grundsätzlich mit deutschem Markenrecht verboten werden.[224] Vergleichbares ergibt sich auch für das Namens- und Deliktsrecht aus dem hier geltenden Tatortprinzip. So entschied etwa das OLG Karlsruhe im Fall *badwildbad.com*, dass auf den Streitfall deutsches Recht anzuwenden sei, auch wenn die in Rede stehende Domain von einem Server mit Sitz in den USA in das Internet eingespeist werde.[225] Nach dem Tatortprinzip reiche es aus, dass die Verletzung des Namensrechts des Klägers im Inland eintrete. Hiervon sei im vorliegenden Fall auszugehen, weil der Domain-Name in Deutschland bestimmungsgemäß abrufbar sei. Auch das Kammergericht stellte im Fall *Concert Concept* auf die bestimmungsgemäße Abrufbarkeit der Domain in Deutschland ab und kam so zur Anwendbarkeit des deutschen Rechts.[226]

Da in beiden Fällen der Begriff der bestimmungsgemäßen Abrufbarkeit nicht näher erörtert wurde, bleibt abzuwarten, wie die Rechtsprechung diesen Begriff in Zukunft konkretisieren wird und ob eine Einschränkung der weiten Anwendbarkeit des deutschen Rechts erfolgt. Denkbar wäre, eine bestimmungsgemäße Abrufbarkeit nur dann anzunehmen, wenn das unter der Domain erreichbare Internetangebot einen Inlandsbezug aufweist.[227] Als Kriterien für diese Beurteilung könnte etwa die für Domain und Website verwendete Sprache, die verwendete Top-Level-Domain, die Bewerbung des Angebots im Inland oder die für Zahlungen akzeptierte Währung herangezogen werden. Bei dieser Betrachtungsweise könnte dann ein erkennbar nur auf ausländische Märkte zugeschnittenes Internetangebot oder ein ernsthafter und unmißverständlicher Hinweis, dass das Angebot nicht für Deutschland gilt und keine Lieferungen nach Deutschland ausgeführt werden, zur Unanwendbarkeit des deutschen Rechts führen.[228]

---

[224] Köhler/Arndt, Recht des Internet, Rn. 29.
[225] OLG Karlsruhe CR 1999, 783 (784) – *badwildbad.com*.
[226] KG NJW 1997, 3321 – *Concert Concept*.
[227] So etwa Ingerl/Rohnke, MarkenG, § 14 Rn. 31.
[228] Vgl. Ingerl/Rohnke, MarkenG, § 14 Rn. 31.

4.2
Folgen von Rechtsverletzungen

Verletzt eine Domain Namens- oder Kennzeichenrechte Dritter oder verstößt sie gegen das Wettbewerbsrecht, stellt sich die Frage nach den Folgen, die sich hieraus für die Beteiligen ergeben. Unabhängig von der Anspruchsgrundlage kann der Verletzte vom Domaininhaber grundsätzlich Unterlassung und Schadensersatz verlangen. Der Schadensersatzanspruch ist hierbei im Gegensatz zum Unterlassungsanspruch abhängig von einem Verschulden des Domaininhabers. Da die Rechtsprechung strenge Anforderungen an die Sorgfaltspflichten des Verletzers stellt, wird ein Verschulden in aller Regel vorliegen. Insbesondere dann, wenn der Domaininhaber die Domain registriert hat, ohne sich um entgegenstehende Rechte Dritter zu kümmern, ist hierin ein fahrlässiges Verhalten zu sehen.[229] Wurde der Domaininhaber bereits im Vorfeld durch eine Abmahnung auf die Rechtsverletzung hingewiesen, wird von einem vorsätzlichem Handeln auszugehen sein.[230] Im übrigen steht dem Verletzten neben dem Unterlassungs- und Schadensersatzanspruch auch ein Anspruch auf Auskunft über den Umfang der Verletzungshandlungen zu, um ihm im Zweifelsfall die genaue Bezifferung seines Schadens zu ermöglichen. In diesem Zusammenhang kann der Verletzte etwa Nachweise über Besucherzahlen und über die Dauer der bisherigen Domain-Nutzung verlangen.

Entfernung der Internetseite

Wird dem Domaininhaber die Nutzung einer bestimmten Domain untersagt, ist er verpflichtet, die unter der Domain abrufbare Internetseite sofort und vollständig zu entfernen und alle erforderlichen Maßnahmen dafür einzuleiten, dass die Domain im Internet nicht mehr erreicht werden kann.[231] Hierfür reicht es nicht aus, dass die Seite durch den Hinweis ersetzt wird, sie sei vorübergehend wegen einer Serverumstellung nicht erreichbar.[232] Unzureichend ist es auch, wenn anstelle der bisherigen Internetseite unter der Domain ein Hinweis abgerufen werden kann, wo dieses Angebot nunmehr zu finden ist.[233] Sofern allerdings nach der Entfernung der Seite noch Suchmaschinen auf die verbotene Domain verweisen und diese nach einer Abfrage als Treffer auflisten, kann der Domaininhaber hierfür grundsätzlich nicht verantwortlich gemacht werden, da er in der Re-

---

[229] Vgl. etwa LG Braunschweig CR 1998, 364 (367) – *deta.com*.

[230] LG Braunschweig CR 1998, 364 (367) – *deta.com*.

[231] LG Berlin, Beschl. v. 29.7.1999 – 16 O 317/99 – *fewo-online-direkt.de*; LG Berlin MMR 2000, 495 (496) – *x-anzeigen.de*. Vgl. auch OLG Köln MMR 2001, 53 (54).

[232] LG Berlin, Beschl. v. 29.7.1999 – 16 O 317/99 – *fewo-online-direkt.de*.

[233] Vgl. etwa LG Berlin, Urt. v. 30.10.1997 – 16 O 236/97 – *esotera.de*.

gel keine Möglichkeit hat, Zugriff auf die Datenbanken der Suchmaschinenbetreiber zu nehmen.[234]

Der Domaininhaber ist weiterhin zur Beseitigung des durch die
Domainregistrierung entstandenen störenden Zustands verpflichtet.
Der Verletzte hat also einen Anspruch auf Freigabe der Domain und
kann vom Domaininhaber verlangen, dass dieser eine Verzichtserklärung gegenüber der Vergabestelle abgibt, im Fall von *.de*-Domains also gegenüber der DENIC. Es ist allerdings zu beachten, dass
eine Löschung der Domain bei der Vergabestelle dazu führen kann,
dass ein Dritter die freigewordene Domain noch vor dem Verletzten
registriert und somit erneut rechtliche Schritte eingeleitet werden
müssen.

Vor diesem Hintergrund wurde den Inhabern von Namens- und
Kennzeichenrechten teilweise ein Anspruch gegen den Domaininhaber auf Übertragung des rechtsverletzenden Domain-Namens zuerkannt.[235] Einige Gerichte hielten einen derartigen Anspruch jedoch
für zu weitgehend und waren der Ansicht, dass die Einwilligung des
Domaininhabers in eine Umschreibung bei der Vergabestelle nicht
nur den vorhandenen Störungszustand beseitige, sondern darüber
hinaus zu einer Verbesserung der Rechtsposition des Verletzten führe, zu der der Domaininhaber nicht verpflichtet sei.[236] Diese Rechtsprechung wurde schließlich im Ergebnis vom Bundesgerichtshof
im Fall *shell.de* bestätigt.[237] Der BGH vertrat die Auffassung, dass
grundsätzlich auch die Möglichkeit in Betracht gezogen werden
müsse, dass einem am Rechtsstreit unbeteiligten Dritten ein gleich
gutes oder besseres Recht zustehe als dem Kläger. Ein Anspruch auf
Übertragung des Domain-Namens sei daher generell abzulehnen.

Ein solcher Anspruch ist im übrigen zur Vermeidung von Rechtsnachteilen des Verletzten auch gar nicht notwendig, weil das gleiche
Resultat zumindest bei *.de*-Domains auch durch einen sogenannten
Dispute-Eintrag bei der DENIC erreicht werden kann.[238] Der Dis-

---

[234] OLG Köln MMR 2001, 695; LG Berlin, Beschl. v. 29.7.1999 – 16 O 317/99 –
fewo-online-direkt.de.

[235] Vgl. etwa OLG München CR 1999, 382 (383) – *shell.de*; LG Hamburg CR
1999, 47 (49) – *eltern.de*; LG München I CR 1997, 479 (481) – *juris.de*.

[236] OLG Hamm CR 1998, 241 (243) – *krupp.de*; LG Hamburg MMR 2000, 620
(623) – *joop.de*.

[237] BGH, Urt. v. 22.11.2001 – I ZR 138/99 – *shell.de*, laut Mitteilung der Pressestelle des BGH vom 23.11.2001.

[238] Vormals sogenannter WAIT-Antrag. Antragsformular unter *http://www.
DENIC.de/doc/recht/formulare/einrichtungdispute.pdf*. In dem Antrag zur Einrichtung des Dispute-Eintrags muss der Antragsteller bestätigen, dass er mit
dem Domaininhaber eine Auseinandersetzung um die Freigabe der Domain
führt. Außerdem müssen Unterlagen beigefügt werden, aus denen sich Anhaltspunkte dafür ergeben, dass der Antragsteller vorrangige Rechte an dem
Domain-Namen haben kann. Weitere Informationen unter *http://www.DENIC.
de/doc/recht/faq/ansprueche.html*

pute-Eintrag bewirkt, dass der aktuelle Domaininhaber seine Domain während des Rechtsstreits nicht auf einen Dritten übertragen kann, so dass der Verletzte nicht durch eine fortdauernde Kette von Übertragungen an der Rechtsdurchsetzung gehindert werden kann. Außerdem gewährleistet ein solcher Eintrag, dass der Verletzte nach Vorlage des rechtskräftigen Titels bei der DENIC automatisch als neuer Domaininhaber eingetragen wird, wenn der bisherige Inhaber zur Abgabe einer entsprechenden Verzichtserklärung verurteilt wird. Es ist daher in jedem Fall ratsam, gleichzeitig mit dem Einleiten rechtlicher Schritte einen Dispute-Antrag bei der DENIC zu stellen. Wie wichtig dies ist, zeigt der Rechtsstreit um die Domain *krupp.de*. In diesem Fall hatte der *Krupp*-Konzern einen solchen Antrag wohl versäumt, so dass der Sohn des beklagten Domaininhabers die Domain nach deren Freigabe registrieren konnte und ein neues Verfahren eingeleitet werden musste.

Handelt es sich bei der streitgegenständlichen Domain nicht um eine *.de*-Domain, sondern um eine Domain, für die ein Dispute-Eintrag oder ein vergleichbarer Eintrag nicht vorgesehen ist, besteht die Möglichkeit, auf andere Weise dafür zu sorgen, dass die Domain direkt nach der Freigabe durch den bisherigen Inhaber auf den eigenen Namen registriert wird. Inzwischen gibt es Internetdienstleister, die sich darauf spezialisiert haben, den Registrierungsstatus einer Domain zu überwachen und im Moment der Freigabe nahezu sekundengenau eine Registrierung für den Kunden vorzunehmen.[239] Dies kommt insbesondere bei den wichtigen *.com*-Domains in Betracht. Eine solche Überwachung kann aber natürlich auch von einem unbeteiligten Dritten beauftragt werden, so dass der Verletzte hier ebenfalls schnell, am besten noch vor Beginn des eigentlichen Rechtsstreits handeln sollte.

Einstweilige Verfügung Da eine große Anzahl von Domainstreitigkeiten im Rahmen von Anträgen auf Erlass einer einstweiligen Verfügung stattfindet, stellt sich schließlich die Frage, ob die oben dargestellten Rechtsfolgen auch im einstweiligen Verfügungsverfahren Anwendung finden. Diese Frage wird nicht ganz einheitlich beurteilt. Nach wohl herrschender Ansicht kann jedoch im einstweiligen Verfügungsverfahren grundsätzlich nur die Unterlassung der Benutzung der Domain verlangt werden und nicht die Freigabe oder die Übertragung der Domain auf den Antragsteller.[240] Dies ergibt sich im Hinblick auf die Freigabe daraus, dass durch einen Verzicht auf die Domain die voll-

---

[239] Vgl. etwa *www.snapnames.de*

[240] OLG Frankfurt/M. MMR 2000, 752 (753) – *mediafacts.de*; OLG München, Urt. v. 20.4.2000 – 6 U 5868/99 – *intersearch.de*; OLG Hamm MMR 2001, 695; LG München I MMR 2001, 61. Anderer Ansicht jedoch LG Wiesbaden MMR 2001, 59; LG Braunschweig NJW 1997, 2687 – *braunschweig.de*; LG Saarbrücken, Urt. v. 30.1.2001 – 7 IV O 97/00.

ständige und möglicherweise nicht mehr rückgängig zu machende Erfüllung des Hauptsacheanspruchs verbunden wäre.[241] Insbesondere besteht die Gefahr, dass Dritte die Domain registrieren und der Domaininhaber damit seine Domain endgültig auch für den Fall verliert, dass er im Hauptsacheverfahren letztlich obsiegt.[242] Im Hinblick auf die Übertragung der Domain im Wege der einstweiligen Verfügung ist die oben dargestellte Entscheidung des BGH zu beachten, wonach die Übertragung einer Domain bereits im Hauptsacheverfahren grundsätzlich abzulehnen ist, so dass dies in einem Eilverfahren erst recht der Fall sein dürfte. Im übrigen bestehen auch hier Bedenken wegen einer unzulässigen Vorwegnahme der Hauptsache.[243]

4.3
Schutz der eigenen Domain

Nachdem bereits die Ansprüche *gegen* die Nutzung einer Domain dargestellt worden sind, schließt sich die Frage nach den möglichen Ansprüchen *aus* einer Domain an, also die Frage, inwieweit ein Domain-Name selbst rechtlichen Schutz genießen kann. Dieser Aspekt ist vor allem dann von Bedeutung, wenn sich der Domaininhaber unter Verweis auf eigene Rechte an der Domain gegen Ansprüche Dritter zur Wehr setzen will oder wenn er selbst gegen andere Kennzeichen oder Domains vorgehen möchte.

Dies ist natürlich ohne weiteres in Fällen möglich, in denen der Domain-Name aus einem bereits bestehenden Namens- oder Kennzeichenrecht des Domaininhabers außerhalb des Internet abgeleitet worden ist, etwa durch die Registrierung der schon lange im Geschäftsverkehr benutzten eigenen Unternehmensbezeichnung als Domain. Im Falle eines Rechtsstreits kann dann unabhängig von etwaigen selbständigen Schutzrechten an der Domain auf das bereits bestehende Recht zurückgegriffen werden, um Ansprüche abzuwehren oder eigene Ansprüche durchzusetzen. Vor diesem Hintergrund ist ein gesonderter Schutz der Domain entbehrlich, wenn in der Domain der eigene Name, das eigene Unternehmenskennzeichen, eine eigene Marke oder ein eigener geschützter Werktitel verwendet wird. Dies bedeutet umgekehrt, dass die Nutzung eines ansonsten noch nicht geschützten Zeichens als Domain am wirkungsvollsten

Bestehender Zeichenschutz außerhalb des Internet

---

[241] OLG München, Urt. v. 20.4.2000 – 6 U 5868/99 – *intersearch.de*; OLG Frankfurt/M. MMR 2000, 752 (753) – *mediafacts.de*. Vgl. auch OLG Hamm MMR 2001, 695.

[242] OLG Frankfurt/M. MMR 2000, 752 (753) – *mediafacts.de*.

[243] Vgl. etwa LG München I MMR 2001, 61.

durch eine Markenanmeldung abgesichert werden kann.[244] Hierzu kann die gesamte Domain oder nur die Second-Level-Domain zur Eintragung angemeldet werden. In beiden Fällen ist jedoch zu beachten, dass das einzutragende Zeichen wie oben dargestellt als Marke schutzfähig sein muss und keine Eintragungshindernisse entgegenstehen dürfen.[245] Die Eintragung von allgemein beschreibenden Begriffen oder Gattungsbezeichnungen ist daher grundsätzlich nicht möglich.

Steht dem Domaininhaber kein eigenes Kennzeichenrecht außerhalb des Internet zu, das seine Domain stützt, kann der Domain-Name unter bestimmten Voraussetzungen einen eigenen, selbständigen Namens- oder Kennzeichenschutz erlangen. Zwar führt die bloße Registrierung einer Domain für sich genommen noch nicht zu einem derartigen Schutz. In der Rechtsprechung ist jedoch inzwischen anerkannt, dass die zeichenmäßige Verwendung einer Domain Namens- oder Kennzeichenrechte im Sinne von § 12 BGB und § 5 MarkenG begründen kann, wenn das verwendete Zeichen unterscheidungskräftig ist oder Verkehrsgeltung erlangt hat und die Domain im Verkehr als namensmäßige Bezeichnung einer Person oder als besondere Bezeichnung eines Unternehmens aufgefaßt wird.[246]

Dies kann etwa der Fall sein, wenn ein Unternehmen unter einer unterscheidungskräftigen Domain Waren oder Dienstleistungen im Internet anbietet und die Domain zur Bezeichnung des Geschäftsbetriebs dient.[247] Unter diesen Voraussetzungen ist es nicht erforderlich, dass die Domain aus der Firma des hinter der Domain stehenden Unternehmens abgeleitet worden ist.[248] Vielmehr entsteht ein selbständiges Kennzeichenrecht an der Domain bereits mit ihrer Ingebrauchnahme für das online abrufbare Internetangebot.[249] Damit hat die Rechtsprechung die allgemeinen Grundsätze zur Entstehung von Namens- und Kennzeichenschutz auf das Internet übertragen und anerkannt, dass durch den Betrieb eines Handelsgeschäfts im Internet unter einer bestimmten Domain ebenso wie durch den Betrieb

---

[244] Informationen zur Anmeldung einer Marke beim Deutschen Patent- und Markenamt sind im Internet abrufbar unter *www.dpma.de*

[245] Vgl. Abschnitt 4.1.2.1 – Marken und geschäftliche Bezeichnungen.

[246] LG Düsseldorf, Beschl. v. 20.4.1999 – 4 O 101/99 – *infoshop.de*; LG Düsseldorf CR 1998, 688 (689) – *jpnw.de*; LG München I CR 1999, 451- *fnet.de*; OLG München CR 1999, 778 – *tnet.de*; LG Frankfurt/M. CR 1999, 190 – *warez.de*; LG München I K&R 2001, 224 (226) – *nominator.de*. Vgl. auch OLG Hamburg NJW-RR 1999, 625 – *emergency.de*.

[247] LG Frankfurt/M. CR 1999, 190 – *warez.de*; LG Düsseldorf, Beschl. v. 20.4.1999 – 4 O 101/99 – *infoshop.de*. Vgl. auch OLG München CR 1999, 778 – *tnet.de*.

[248] LG München I CR 1999, 451 (452) – *fnet.de*.

[249] LG Düsseldorf, Beschl. v. 20.4.1999 – 4 O 101/99 – *infoshop.de*; LG München I CR 1999, 451 – *fnet.de*.

eines Ladenlokals unter einer bestimmten Bezeichnung ein Recht an dieser Geschäftsbezeichnung erworben werden kann.[250]

Ein unterscheidungskräftiger Domain-Name kann im übrigen auch Kennzeichenschutz als Werktitel genießen, etwa im Fall der Benutzung für ein ausschließlich im Internet angebotenes Magazin oder für einen Informationsdienst.[251] Der Titelschutz entsteht hier jedoch erst mit der Erstellung des fertigen Produkts, so dass ein unter der Domain abrufbares Konzept mit einer Gliederung und sehr wenigen Beiträgen noch nicht als Internet-Zeitschrift bewertet werden kann.[252]

Titelschutz

Der auf diese Weise erworbene selbständige Namens- oder Kennzeichenschutz der Domain ist den anderweitig begründeten Kennzeichenrechten grundsätzlich gleichwertig und folgt den üblichen namens- und markenrechtlichen Grundsätzen. Damit kann der Domaininhaber sein Recht an der Domain einem später begründeten Kennzeichen entgegenhalten und sich so gegen die Inanspruchnahme durch Dritte verteidigen.[253] Im übrigen kann er seinerseits versuchen, zeichenrechtlich gegen jüngere Kennzeichen vorzugehen. Unter Umständen kann er sich auch erfolgreich gegen die Verwendung einer verwechselbar ähnlichen Domain durch andere Domaininhaber wehren, wenn etwa die eigene Second-Level-Domain von einem Konkurrenten in Verbindung mit einer anderen Top-Level-Domain genutzt wird.[254]

Folgen des selbständigen Domainschutzes

4.4
Verfahrensfragen im Domain-Rechtsstreit

Die nachfolgende Darstellung befasst sich mit Verfahrensabläufen und strategischen Überlegungen im Rahmen von Domainkonflikten und stellt mögliche Alternativen zum Rechtsstreit vor.

4.4.1
Überblick über den Ablauf des Verfahrens

Zunächst soll ein kurzer Überblick darüber gegeben werden, welche Schritte der Verletzte zur Durchsetzung seiner Ansprüche einleiten kann und welche Möglichkeiten für den Domaininhaber bestehen,

---

[250] Vgl. LG Düsseldorf, Beschl. v. 20.4.1999 – 4 O 101/99 – *infoshop.de.*
[251] LG München I CR 1999, 451 (452) – *fnet.de.*
[252] OLG München MMR 2001, 381 (382 f.) – *kuecheonline.de.*
[253] Vgl. etwa OLG München CR 1999, 778 (779) – *tnet.de*; LG Frankfurt/M. CR 1999, 190 – *warez.de.*
[254] LG München I CR 1999, 451 (452) – *fnet.de.*

auf diese Schritte zu reagieren. Es ist jedoch zu beachten, dass das Kennzeichen- und Wettbewerbsrecht eine komplexe Rechtsmaterie darstellt und gerade hier eine Reihe von Fristen und Formalien beachtet werden müssen, so dass sich sowohl für den Verletzten als auch für den Domaininhaber die möglichst frühzeitige Hinzuziehung eines spezialisierten Rechtsanwalts empfiehlt.

4.4.1.1
Abmahnung

Das Verfahren in einem Domainrechtsstreit beginnt in aller Regel mit einer Abmahnung des Domaininhabers durch den Verletzten oder durch dessen Anwalt.

Abmahnung und Unterlassungserklärung

Unter einer Abmahnung versteht man ein Schreiben, mit dem der Abmahnende den Abgemahnten auf eine vermeintliche Rechtsverletzung hinweist und ihn auffordert, dieses Verhalten sofort einzustellen und in Zukunft zu unterlassen. Üblicherweise wird der Abgemahnte außerdem dazu aufgefordert, eine beiliegende strafbewehrte Unterlassungserklärung zu unterschreiben und binnen einer bestimmten Frist zurückzuschicken, um die Einleitung gerichtlicher Schritte zu vermeiden. Mit der Unterzeichnung dieses Schriftstücks erklärt der Abgemahnte verbindlich, dass er das beanstandete Verhalten unterlässt und eine Vertragsstrafe in der angegebenen Höhe zahlen wird, falls er sich an diese Erklärung nicht halten sollte. Sofern die Abmahnung durch einen Rechtsanwalt erfolgt, liegt dem Schreiben in der Regel eine Kostennote des Anwalts bei. Bei einem im Wettbewerbs- und Kennzeichenrecht üblichen Streitwert von 50.000 € ist hier mit einer Forderung von etwa 950 € zu rechnen. Nicht selten liegt der Streitwert und damit die Anwaltsgebühr jedoch noch höher. Insbesondere dann, wenn es um die Verletzung eines bekannten Unternehmenskennzeichens oder einer bekannten Marke geht, kann der Streitwert leicht 100.000 bis 150.000 € erreichen.

Abmahnung ohne Anwalt

Grundsätzlich ist es für den Verletzten natürlich auch möglich, den Domaininhaber zunächst einmal ohne Einschaltung eines Rechtsanwalts auf sein Fehlverhalten aufmerksam zu machen und ihn zur Einstellung der Rechtsverletzung aufzufordern, etwa zur Freigabe der beanstandeten Domain. Gerade Privatleute, die einen namens- oder kennzeichenverletzenden Domain-Namen ohne böse Absicht registriert haben, sind häufig dankbar und kooperationsbereit, wenn sie auf eine Rechtsverletzung hingewiesen werden, ohne dass hierfür sofort hohe Anwaltskosten anfallen. Unter Umständen kann so vermieden werden, dass sich der Domaininhaber durch die anwaltliche Abmahnung zu einer Abwehrhaltung veranlasst sieht, die in einem langwierigen Rechtsstreit endet und eine schnelle und unkomplizierte Lösung der Angelegenheit verhindert.

Es ist jedoch darauf zu achten, dass sich der Verletzte durch seinen freundlichen Hinweis nicht die Möglichkeit einer späteren einstweiligen Verfügung abschneidet, falls der Domaininhaber die Rechtsverletzung auch nach dem Hinweis nicht beseitigt. Für eine einstweilige Verfügung ist die Dringlichkeit der Beseitigung des beanstandeten Verhaltens glaubhaft zu machen, so dass vom Zeitpunkt der Kenntnisnahme des Verletzten von der Rechtsverletzung bis zur Beantragung der einstweiligen Verfügung nicht allzuviel Zeit vergehen darf, in der Regel nicht mehr als vier Wochen. In den meisten Fällen ziehen die Verletzten es daher vor, zur Vermeidung von Rechtsnachteilen gleich einen Rechtsanwalt einzuschalten, um die Sache nicht zu verzögern und bei einer Weigerung durch den Domaininhaber auf der sicheren Seite zu sein.

Die Abmahnung verfolgt in erster Linie den Zweck, eine Streitbeilegung auf außergerichtlichem Wege zu erreichen und so die regelmäßig höheren Kosten eines Gerichtsverfahrens für beide Parteien zu vermeiden. Im übrigen geht der Abmahnende dem Risiko aus dem Weg, dass er bei einem späteren Gerichtsverfahren schon deshalb auf den Verfahrenskosten sitzenbleibt, weil der Domaininhaber mit der Eröffnung des Verfahrens das beanstandete Verhalten sofort einstellt und vorträgt, er hätte dies bei rechtzeitiger Kenntnis schon viel eher getan.

Es darf allerdings auch nicht übersehen werden, dass das Instrument der Abmahnung nicht selten in missbräuchlicher Weise ausgenutzt wird, um den Domaininhaber mit haltlosen Vorwürfen unter den Druck eines Kostenrisikos zu setzen und ihm durch anschließende Verhandlungen eine vermeintlich gütliche Einigung aufzudrängen, die jeder Rechtsgrundlage entbehrt. Es ist daher dringend zu empfehlen, Abmahnungen von einem Rechtsanwalt prüfen zu lassen und nicht bereits wegen des Kostenrisikos vorschnell die geforderte Unterlassungserklärung abzugeben, zumal das in diesem Fall zu erstattende gegnerische Anwaltshonorar in der Regel wesentlich höher sein dürfte als die Gebühr für die Erstberatung durch den eigenen Anwalt.

Kommt der Domaininhaber nach eingehender anwaltlicher Prüfung der Abmahnung zu dem Ergebnis, dass sein Verhalten tatsächlich einen Rechtsverstoß darstellt und die Abmahnung gerechtfertigt ist, empfiehlt es sich, auf die Forderung des Abmahnenden einzugehen, gegebenenfalls die beanstandete Domain freizugeben und die strafbewehrte Unterlassungserklärung zu unterzeichnen. Da die Strafbewehrung dazu dient, die Gefahr einer Wiederholung des Rechtsverstoßes zu beseitigen, kann der Domaininhaber grundsätzlich davon ausgehen, dass der Erlass einer einstweiligen Verfügung nun nicht mehr droht. Allerdings kann es sinnvoll sein, die Unterlassungserklärung mit anwaltlicher Beratung in bestimmten Punkten abzuändern, so dass zwar die Mindestanforderungen an eine solche Erklärung erfüllt sind, aber keine Unterwerfung unter überzogene Forderungen des Abmahnenden erfolgt. Da der Abmahnende bei einer berechtigten Abmahnung auch einen Anspruch auf Ersatz seiner Aufwendungen hat, die ihm durch das Verhalten des Domaininhabers entstanden sind, muss bei einer anwaltlichen Abmahnung grundsätzlich auch die Kostennote des gegnerischen Anwalts beglichen werden. Die Praxis zeigt jedoch, dass sich Domaininhaber nicht selten darauf verlassen, dass das Anwaltshonorar nach der Einstellung des beanstandeten Verhaltens nicht mehr gesondert eingeklagt wird.

Führt die Prüfung der Abmahnung zu dem Ergebnis, dass das beanstandete Verhalten keine Rechtsverletzung darstellt und somit gute Aussichten für eine Verteidigung bestehen, kommt die Erhebung einer negativen Feststellungsklage durch den Domaininhaber in Betracht. Gerade in Fällen, in denen eine hohe Wahrscheinlichkeit besteht, dass der Abmahnende nach Ablauf der Frist für die Unterlassungserklärung ohnehin ein Gerichtsverfahren einleiten wird, kann die eigene Klageerhebung des Domaininhabers aus taktischen Gründen sinnvoll sein. Entschließt er sich jedoch dazu, auf die Abmahnung nicht zu reagieren und abzuwarten, muss er mit einer Klage des Abmahnenden oder mit einem Antrag auf Erlass einer einstweiligen Verfügung rechnen und sich dann hiergegen zur Wehr setzen.

4.4.1.2
Einstweilige Verfügung

Reagiert der Domaininhaber nicht oder nur unzureichend auf die Abmahnung, sollte der Verletzte die Möglichkeit in Betracht ziehen, bei Gericht einen Antrag auf Erlass einer einstweiligen Verfügung zu stellen. Durch ein solches Verfügungsverfahren wird der Rechtsstreit schnell und vorläufig bis zur endgültigen Klärung in einem Hauptsacheverfahren geregelt. Das Hauptsacheverfahren kann sich dann Monate, unter Umständen sogar Jahre hinziehen, bis eine rechtskräftige Entscheidung vorliegt.

Voraus-
setzungen
Der Antrag auf Erlass einer einstweiligen Verfügung sollte in der Regel spätestens vier Wochen nach Erlangung der Kenntnis vom Rechtsverstoß gestellt werden, da ansonsten die Gefahr besteht, dass das Gericht die für den Erlass der Verfügung vorausgesetzte Eilbedürftigkeit nicht mehr anerkennt. Sofern dem Antrag stattgegeben wird, ergeht die einstweilige Verfügung zumeist bereits innerhalb weniger Tage nach der Antragstellung. Dies liegt daran, dass im Verfügungsverfahren keine umfangreichen Beweisaufnahmen wie im Hauptsacheverfahren durchgeführt werden. Der Antragsteller

muss die anspruchsbegründenden Tatsachen lediglich glaubhaft machen. Dies kann etwa durch die Vorlage von Urkunden und durch eidesstattliche Versicherungen geschehen. Zudem ergehen die meisten einstweiligen Verfügungen gerade in eindeutigen Fällen ohne mündliche Verhandlung. Der Domaininhaber hat daher häufig nicht einmal die Möglichkeit, sich vor Erlass der einstweiligen Verfügung im Verfahren zu äußern.

Das Risiko des Domaininhabers, plötzlich von einer einstweiligen Verfügung überrascht zu werden, kann allerdings durch die frühzeitige Hinterlegung einer sogenannten Schutzschrift bei Gericht vermieden werden. Diese Schutzschrift enthält den Antrag des Domaininhabers auf Zurückweisung des erwarteten Verfügungsantrags der Gegenseite sowie alle in Betracht kommenden Einreden gegen den vermutlich geltend gemachten Anspruch. Hilfsweise wird die Durchführung der mündlichen Verhandlung beantragt. Liegt eine solche Schutzschrift bei Gericht vor, wird im Verfügungsverfahren in der Regel nicht ohne mündliche Verhandlung entschieden, unter Umständen wird der gegnerische Antrag auf Erlass der einstweiligen Verfügung sogar ohne mündliche Verhandlung abgelehnt.

Die einstweilige Verfügung wird mit der Zustellung an den Domaininhaber wirksam und muss von diesem Zeitpunkt an beachtet werden. Bei Domainstreitigkeiten wird dem Domaininhaber in der Regel die Nutzung der Domain untersagt, so dass er die unter der Domain abrufbare Internetseite entfernen muss und dafür zu sorgen hat, dass die Domain im Internet nicht mehr erreicht werden kann.[255] Geschieht dies nicht, muss der Domaininhaber mit der Festsetzung eines Ordnungsgeldes rechnen, das bis zu mehrere tausend Euro betragen kann.

Wie bei einer Abmahnung sollte der Domaininhaber auch nach der Zustellung einer einstweiligen Verfügung möglichst kurzfristig durch einen Rechtsanwalt prüfen lassen, ob die Verfügung akzeptiert oder angegriffen werden sollte. Welcher Weg hierbei am sinnvollsten ist, ist von den Umständen des Einzelfalls abhängig, insbesondere von der Frage, inwieweit der bisherige Tatsachenvortrag des Verletzten durch den Vortrag des Domaininhaber erschüttert werden kann.

Kommt die Prüfung zu dem Ergebnis, dass sich der Domaininhaber der einstweiligen Verfügung beugen sollte, empfiehlt sich die baldige Abgabe einer Abschlusserklärung, mit der der Domaininhaber schriftlich auf alle Rechtsmittel gegen die Verfügung verzichtet und diese als endgültige Regelung anerkennt. Damit kann er nicht nur eine kostenintensives und unter Umständen aussichtsloses

---

[255] Hierzu und zu weiterreichenden Rechtsfolgen im Verfügungsverfahren vgl. Abschnitt 4.2 – Folgen von Rechtsverletzungen.

Hauptsacheverfahren verhindern, er vermeidet auch ein ebenfalls kostenintensives Schreiben des gegnerischen Anwalts, mit dem er zur Abgabe gerade dieser Erklärung aufgefordert wird. Dieses Schreiben dient dem Verletzten dazu, sich Gewißheit darüber verschaffen, ob er auch eine Hauptsacheklage einreichen muss, um seine Ansprüche zu wahren. Für ihn besteht nämlich sonst die Gefahr, dass die einstweilige Verfügung durch Zeitablauf ihre Wirkung verliert und er seine Ansprüche eines Tages wegen Verjährung nicht mehr geltend machen kann.

Kommt die Prüfung der Sach- und Rechtslage jedoch zu dem Ergebnis, dass der Domaininhaber gegen die einstweilige Verfügung rechtlich vorgehen sollte, kommen mehrere Möglichkeiten in Betracht. Abhängig davon, ob die einstweilige Verfügung mit oder ohne Anhörung des Domaininhabers erlassen wurde, kann gegen die einstweilige Verfügung Berufung oder Widerspruch eingelegt werden. Der Domaininhaber kann dem Verletzten allerdings auch eine Frist zur Klageerhebung setzen lassen und ihn so zur Eröffnung des Hauptsacheverfahrens zwingen. Bleibt der Verletzte bis zum Ablauf dieser Frist untätig, wird die einstweilige Verfügung gegenstandslos.

4.4.1.3
Klage

Ist der Anspruch des Verletzten durch eine einstweilige Verfügung vorläufig gesichert, wird er in der Regel Klage erheben und ein Hauptsacheverfahren zur endgültigen Klärung der Domainstreitigkeit einleiten, falls der Domaininhaber nicht bereits eine Abschlusserklärung abgegeben hat. Im Hauptsacheverfahren kann dann auch auf Freigabe der Domain durch den Domaininhaber und gegebenenfalls auf Schadensersatz für die Rechtsverletzung geklagt werden.

4.4.2
Strategische Überlegungen: Rechtsstreit oder Domainerwerb?

Auch im Falle hinreichender Erfolgsaussichten für die gerichtliche Durchsetzung eigener Ansprüche gegenüber dem Domaininhaber sollte die Möglichkeit des käuflichen Erwerbs der streitgegenständlichen Domain nicht von vornherein ausgeschlossen werden. Dies gilt jedenfalls dann, wenn die Domain möglichst kurzfristig für eigene Zwecke eingesetzt werden soll und die Kosten der gerichtlichen Auseinandersetzung den Preis übersteigen, den der bisherige Domaininhaber für die Übertragung des Namens verlangt. Hierbei sind nicht nur die direkten Kosten des Rechtsstreits zu berücksichtigen, sondern auch die Kosten, die durch den Zeitverlust bis zur tatsächlichen Nutzung der Domain entstehen können.[256]

Für die direkten Kosten gilt, dass die notwendigen Kosten des Rechtsstreits wie etwa Gerichts- und Anwaltskosten grundsätzlich von der unterlegenen Partei getragen werden müssen. Das Kostenrisiko steht daher im unmittelbaren Zusammenhang zu den Erfolgsaussichten des Rechtsstreits. Auch bei guten Erfolgsaussichten besteht allerdings immer noch das Risiko, dass der Verletzte wegen Zahlungsunfähigkeit des Domaininhabers letztlich auf den Verfahrenskosten sitzenbleibt.

Die Kosten durch den Zeitverlust bis zur Nutzung der Domain hängen hingegen von der ungewissen Dauer des Rechtsstreits ab. Lässt sich der Domaininhaber weder von einer Aufforderung des Betroffenen noch von einer anwaltlichen Abmahnung dazu bewegen, die Rechtsverletzung einzustellen, können bis zum Abschluss des anschließenden Gerichtsverfahrens Monate, unter Umständen sogar Jahre vergehen. Auch wenn schließlich eine Entscheidung zugunsten des Klägers ergeht, kann die im Streit stehende Domain in der Zwischenzeit nicht für eigene wirtschaftliche Zwecke genutzt werden. Der Versuch, bereits zu dieser Zeit im Wege einer einstweiligen Verfügung die Übertragung der Domain zu erzwingen oder zumindest die Freigabe der Domain zu erwirken, dürfte kaum Aussicht auf Erfolg haben.[257] Im übrigen ist es fraglich, ob es gelingen wird, für die in dieser Zeit auftretenden Verluste Schadensersatzansprüche gegenüber dem bisherigen Domaininhaber durchzusetzen. Es ist in diesen Fällen also zu entscheiden, ob es sinnvoller ist, für die Dauer des Rechtsstreits auf einen anderen, weniger zugkräftigen Domain-Namen auszuweichen oder die streitige Domain vom bisherigen Inhaber zu einem akzeptablen Preis erwerben. Ein großes Unternehmen mit wirtschaftlichem Expansionszwang, das dringend auf den Erwerb einer speziellen Länderdomain angewiesen ist, wird hierbei die Kosten der Verzögerung des Domainerwerbs hoch ansetzen und bereit sein, entsprechend mehr für die schnelle Verfügbarkeit eines Domain-Namens zu bezahlen. Dies ist letztlich eine Einzelfallentscheidung, die nach Abwägung aller genannten Faktoren und unter Hinzuziehung eines spezialisierten Rechtsanwalts erfolgen sollte.

---

[256] Einen ersten Überblick über die direkten Kosten eines Rechtsstreits bieten Gebührenrechner, die auf zahlreichen juristischen Internetseiten verfügbar sind, etwa unter *http://www.recht110.de/gebrechner.htm* (Anmerkung: Der Streitwert muss hier ohne Punkte bei den Tausenderstellen eingegeben werden, bei einem Streitwert von 50.000 € also *50000*).

[257] Vgl. Abschnitt 4.2 – Folgen von Rechtsverletzungen.

Unter Umständen kann jedoch auch eine juristische Taktik helfen, die Domain vom Inhaber ohne die Zahlung eines hohen Kaufpreises und ohne langwierigen Rechtsstreit zu erlangen.[258] In Fällen von Domain-Grabbing, in denen der Domaininhaber offensichtlich Kennzeichenrechte verletzt und für die Freigabe und Übertragung der Domain auch noch nach erfolgter Abmahnung eine Geldsumme verlangt, kann es zweckmäßig sein, Belege für das rechtsverletzende Verhalten des Domaininhabers zu sammeln, zum Schein auf seine Forderungen einzugehen und einen Kaufvertrag über die Domain abzuschließen. Der Kaufvertrag muss allerdings den Domaininhaber zur Vorleistung verpflichten, also die Zahlung des Kaufpreises von der vollständigen Übertragung der Domain abhängig machen. Kommt der Domaininhaber dieser Verpflichtung nach und ist der Inhaberwechsel bei der entsprechenden Vergabestelle erfolgt, kann der Kaufvertrag vom Kennzeicheninhaber wegen Drohung angefochten und die Zahlung der Kaufpreissumme verweigert werden. Auf diese Weise ist der Kennzeicheninhaber in der Lage, die Domain bereits frühzeitig zu nutzen und einem etwaigen Rechtsstreit über die Zahlung der Kaufpreissumme ohne Zeitdruck entgegenzusehen. Bei sorgfältiger Vorgehensweise bestehen in einem solchen Prozess nicht nur sehr gute Erfolgsaussichten für den Kennzeicheninhaber, auch das Prozesskostenrisiko sinkt, da die ausgehandelte Kaufpreissumme regelmäßig weit unter dem bei Kennzeichenverletzungen üblichen Streitwert liegt. Im übrigen ist es durchaus denkbar, dass der Domain-Grabber nach einem deutlichen Hinweis auf die Strafbarkeit vorsätzlicher Kennzeichenverletzungen gemäß § 143 MarkenG entweder bereits im Vorfeld auf die Domain verzichtet oder zumindest von einer Klage gegen den Kennzeicheninhaber auf Zahlung des Kaufpreises absieht. Nach einem Urteil des LG München II kann eine versuchte strafbare Kennzeichenverletzung bereits dann vorliegen, wenn Domains mit geschützten Kennzeichen in der Absicht registriert werden, diese an die Kennzeicheninhaber oder an andere Interessenten auf deren Nachfrage hin zu veräußern, selbst wenn ein derartiger geschäftlicher Kontakt nicht zustande kommt.[259]

---

[258] Zu den folgenden Ausführungen vgl. Sick/Richter, K&R 2000, 339 (347).
[259] LG München II CR 2000, 847 – *strafrechtliche Verurteilung aufgrund von Domain-Grabbing*.

4.4.3
Domain-Sharing

In Fällen, in denen zwei Namensträger oder Kennzeicheninhaber Rechte an dem gleichen Zeichen haben, sollte vor dem Einleiten rechtlicher Schritte auch die Möglichkeit des sogenannten *Domain-Sharing* in Betracht gezogen werden. Hierbei wird unter einer gemeinsamen Domain ein kleines Portal geschaffen, so dass die Internetnutzer nach der Eingabe der Domain auf eine Internetseite gelangen, über die sie zwischen den beiden gleichnamigen Angeboten wählen können. Nach der Auswahl werden sie dann automatisch auf die entsprechende Stammseite des jeweiligen Anbieters weitergeleitet. Diese Lösung kann insbesondere bei Kollisionen auf dem internationalen Markt oder bei zweifelhaften Erfolgsaussichten einem langwierigen und kostenintensiven Rechtsstreit vorzuziehen sein. So könnte etwa ein deutsches Unternehmen unter einer *.de*-Domain und ein gleichnamiges britisches Unternehmen unter einer *.co.uk*-Domain auftreten, während sie sich für den internationalen Markt eine *.com*-Domain teilen. Das *Domain-Sharing* schließt natürlich die Gefahr von Überlaufverlusten nicht vollständig aus, gerade wenn die beiden Parteien ähnliche Produkte oder Dienstleistungen anbieten. Die meisten Unternehmen wählen daher den Weg der gerichtlichen Auseinandersetzung. In einigen Fällen wird das *Domain-Sharing* jedoch bereits erfolgreich praktiziert.[260] So teilen sich etwa die Unternehmen *Feinkost Käfer* und *Volkswagen* die Domain *kaefer.de*.

4.4.4
ICANN-Schlichtungsverfahren

Eine weitere Alternative zum Domainrechtsstreit vor einem staatlichen Gericht kann im Einzelfall auch das internationale Streitschlichtungsverfahren nach den Regeln der ICANN darstellen. Die ICANN hat 1999 die *Unifom Domain Name Dispute Resolution Policy* (UDRP) und die dazugehörige Verfahrensordnung *Rules for Uniform Domain Name Dispute Resolution Policy* (RUDRP) verabschiedet, die Ende 1999 in Kraft getreten sind.[261] Diese Regelwerke enthalten die Voraussetzungen, unter denen ein Anspruch auf Übertragung oder Löschung einer Domain durchgesetzt werden kann.

---

[260] Vgl. etwa *www.scrabble.com, www.winterthur.ch* oder *www.kaefer.de*
[261] Im Volltext abrufbar unter *http://www.icann.org/udrp*. Die einzelnen Schlichtungsorganisationen haben teilweise weitere, die RUDRP ergänzende Verfahrensvorschriften erlassen.

Die Vorteile des Schlichtungsverfahrens liegen insbesondere in den vergleichsweise geringen Kosten und der Tatsache, dass in der Regel bereits innerhalb von eineinhalb Monaten nach Einlegung der Beschwerde eine Entscheidung vorliegt. Da die Registrierungsstellen nach einer Wartezeit von zehn Tagen grundsätzlich zur sofortigen Umsetzung der Schlichtungsentscheidung verpflichtet sind, entfällt zudem das Problem der oft langwierigen und zum Teil gar nicht durchführbaren Vollstreckung gegen Domaininhaber mit Sitz im Ausland.

Die Möglichkeit des Schlichtungsverfahrens besteht für Domain-Namen mit den generischen Top-Level-Domains *.com*, *.org* und *.net* und nach Abschluss des Registrierungsverfahrens auch für Domain-Namen mit den neuen Top-Level-Domains *.aero*, *.biz*, *.coop*, *.info*, *.museum*, *.name* und *.pro*. Die DENIC hat die UDRP bisher nicht in ihre Vergaberichtlinien aufgenommen, so dass ein Schiedsgerichtsverfahren für *.de*-Domains ausgeschlossen ist. Für einige andere Länderdomains wie *.ag*, *.as*, *.gt*, *.tt*, *.tv* und *.ws* ist ein Schlichtungsverfahren jedoch möglich.

Das Verfahren wird von vier Schlichtungsorgansisationen durchgeführt: Vom *Arbitration and Mediation Center*[262] der WIPO in Genf (Schweiz), vom *National Arbitration Forum*[263] (NAF) in Minneapolis (USA), vom *CPR Institute for Dispute Resolution*[264] in New York (USA) sowie vom *eResolution Consortium*[265] in Montreal (Kanada). Seit Inkrafttreten der UDRP haben die Schlichtungsorganisationen bislang in mehr als 4.000 Domainstreitigkeiten über mehr als 7.000 Domain-Namen entschieden.[266] Der größte Anteil der Verfahren ist dabei von der WIPO (58%) und vom NAF (34%) durchgeführt worden. Auffällig ist, dass gerade diese Organisationen auch besonders häufig zugunsten von Markeninhabern und Unternehmen entscheiden. So liegt die Obsiegensquote der Antragsteller hier jeweils bei über 80%, während die Antragsteller in den Verfahren vor den anderen beiden Organisationen nur in etwa 60% aller Fälle erfolgreich waren.[267]

---

[262] Im Internet erreichbar unter *http://www.arbiter.wipo.int/domains*

[263] Im Internet erreichbar unter *http://www.arb-forum.com/domains*

[264] Im Internet erreichbar unter *http://www.cpradr.org*

[265] Im Internet erreichbar unter *http://www.eresolution.ca* – diese Schlichtungsstelle hat ihre Tätigkeit im Dezember 2001 eingestellt, es sind jedoch noch Verfahren anhängig.

[266] Stand: Januar 2002.

[267] Das verwendete Zahlenmaterial basiert auf einer Untersuchung von Professor Michael Geist, University of Ottawa, Faculty of Law, und berücksichtigt die bis Juli 2001 veröffentlichten Entscheidungen. Die Studie ist im Internet verfügbar unter *http://aix1.uottawa.ca/~geist/geistudrp.pdf* und unter der Hauptseite *http://aix1.uottawa.ca/~geist/main1.html*

4.4.4.1
Verfahren

Das Verfahren wird durch einen Antrag bei einer der Schlichtungsorganisationen eingeleitet. Entsprechende Formulare sind auf der Homepage der jeweiligen Organisation erhältlich. Die Antragsschrift muss Angaben über den angegriffenen Domain-Namen, den Domaininhaber, die Marke, auf die sich der Antragsteller beruft, sowie Gründe und Beweismittel für die Beschwerde enthalten. Dabei muss insbesondere dargelegt werden, weshalb die Marke mit dem Domain-Namen identisch oder verwechslungsfähig ist, warum sich der Domaininhaber nicht auf ein eigenes Recht oder legitimes Interesse an der Bezeichnung berufen kann und woraus sich die Missbräuchlichkeit der Domainregistrierung und Domainnutzung ergibt. Der Antrag kann sich gegen mehrere Domain-Namen richten, wenn diese alle für denselben Domaininhaber registriert sind. In dem Antrag kann der Antragsteller weiterhin bestimmen, ob die Streitigkeit von einer Einzelperson oder von einer dreiköpfigen Schiedskammer entschieden werden soll.

Nach Eingang des Antrags bei einer Schlichtungsorganisation prüft diese durch einen *case administrator*, ob die formellen Voraussetzungen eingehalten sind, und übermittelt den Antrag nach Zahlung der Verfahrensgebühren an den Antragsgegner. Dieser hat dann innerhalb einer Frist von 20 Tagen Zeit, zu dem Antrag Stellung zu nehmen. Findet eine Stellungnahme nicht statt, wird auf der Grundlage des Vorbringens des Antragstellers entschieden. Im normalen Verfahrensgang wird nach dem Eingang der Erwiderung von der Schlichtungsorganisation der für den Schiedsspruch verantwortliche Spruchkörper ernannt. Der Schiedsrichter oder die Schiedskammer hat dann für die Entscheidung 14 Tage Zeit. Das Verfahren findet in der Sprache statt, in der die Domainregistrierung stattgefunden hat, wenn sich die Verfahrensbeteiligten nicht auf eine andere Sprache geeinigt haben oder der Schiedsrichter eine abweichende Regelung trifft. Ein Anwaltszwang besteht bei dem schiedsgerichtlichen Verfahren nicht, die Hinzuziehung eines spezialisierten Rechtsanwalts ist jedoch dringend anzuraten.

Für das Verfahren erheben die einzelnen Schlichtungsorganisationen jeweils unterschiedliche Gebühren. Die aktuellen Gebühren sind auf der Website der jeweiligen Organisation im einzelnen aufgeführt. Die WIPO verlangt zur Zeit beispielsweise für die Entscheidung durch einen Einzelschiedsrichter 1.000 US$ und für eine Kammerentscheidung 3.000 US$, sofern der Antrag nicht mehr als fünf Domain-Namen betrifft. Die Gebühren sind grundsätzlich vom Antragsteller zu tragen, auch wenn er im Verfahren obsiegt. Nur wenn auf Wunsch des Antragsgegners eine Schiedskammer über die

Antrag

Verfahrensgang

Kosten

Streitigkeit entscheidet, ist dieser verpflichtet, die Hälfte der so ent-standenen Mehrkosten zu entrichten. Die außergerichtlichen Kosten müssen die Verfahrensbeteiligten selbst tragen.

4.4.4.2
Voraussetzungen für einen erfolgreichen Antrag

Die Voraussetzungen für einen erfolgreichen Antrag auf Übertra-gung oder Löschung eines Domain-Namens sind in Art. 4 UDRP festgelegt. Der Antragsteller muss geltend machen und erforderli-chenfalls beweisen, dass

- der streitbefangene Domain-Name *identisch oder verwechselbar ähnlich mit einer Marke* oder geschützten Bezeichnung des An-tragstellers ist,

- dass dem Domaininhaber *kein eigenes Recht oder berechtigtes Interesse* an dem Domain-Namen zusteht und

- dass der Domain-Name in böser Absicht, also *missbräuchlich* registriert worden ist und benutzt wird.

Geschützte Zeichen und Verwechs-lungsgefahr

Voraussetzung für einen erfolgreichen Antrag ist damit zunächst der Bestand von Markenschutz. Nach dem Wortlaut der UDRP werden *trademarks and service marks* geschützt. Darunter fallen eingetrage-ne Marken, unabhängig davon, in welchem Land die Eintragung er-folgt ist, aber auch nicht eingetragene Marken wie etwa *common law trademarks* des amerikanischen Markenrechts und wohl auch die Verkehrsgeltungsmarken des deutschen Markenrechts. Namen be-rühmter Persönlichkeiten werden ebenfalls erfasst.[268] Die Verwechs-lungsgefahr wird unabhängig von der jeweiligen Top-Level-Domain beurteilt und auch dann bejaht, wenn in einer Domain abweichend von der Marke des Antragstellers Leerstellen weggelassen oder Bin-destriche eingefügt werden.[269] Die Verwendung von Zusätzen kann eine Verwechslungsgefahr in der Regel ebenfalls nicht ausschließen, wenn die Marke ansonsten vollständig in der Domain enthalten ist.[270]

---

[268] Vgl. etwa den Fall *juliaroberts.com*, Julia Fiona Roberts v. Russel Boyd, ab-rufbar unter *http://www.arbiter.wipo.int/domains/decisions/html/2000/d2000-0210.html*

[269] Vgl. etwa den Fall *tipp-ex.com*, BIC Deutschland GmbH & Co KG v. Paul Tweed, abrufbar unter *http://www.arbiter.wipo.int/domains/decisions/html/2000/d2000-0418.html*

[270] Vgl. den Fall *eautolamps.com*, EAuto L.L.C. v. Triple S. Auto Parts d/b/a Kung Fu Yea Enterprises, Inc., abrufbar unter *http://www.arbiter.wipo.int/domains/decisions/html/2000/d2000-0047.html*

Der Domaininhaber kann zu seiner Verteidigung vorbringen, dass ihm an dem Domain-Namen eigene Rechte zustehen oder dass er die Domain zumindest mit einem berechtigten Interesse registriert hat und nutzt. Wann ein berechtigtes Interesse vorliegt, wird in Art. 4 c UDRP konkretisiert. Dieser nicht abschließende Katalog nennt Fälle, in denen der Domaininhaber bereits vor Kenntnis des konkreten Schiedsverfahrens die Domain in lauterer Absicht für Waren oder Dienstleistungen benutzt hat oder hierfür Vorbereitungen getroffen hat, Fälle, in denen der Domaininhaber bereits allgemein unter der Domain bekannt ist und Fälle, in denen der Domaininhaber die Domain in legitimer Weise nichtkommerziell oder auf andere lautere Art benutzt, ohne die gewerbliche Absicht zu verfolgen, Verbraucher in die Irre zu führen oder die Marke des Antragstellers im Ruf zu beeinträchtigen.[271]

Berechtigtes Interesse des Domaininhabers

Weitere Voraussetzung für einen erfolgreichen Antrag des Markeninhabers ist, dass der Domaininhaber bei der Registrierung der Domain und bei der anschließenden Nutzung in *bad faith* gehandelt hat. Beispiele für eine solche missbräuchliche Benutzung enthält Art. 4 b UDRP. Dieser zählt in einem nicht abschließendem Katalog unter anderem Fälle auf, in denen der Domaininhaber die Domain zur gewinnbringenden Weiterveräußerung an den Markeninhaber oder einen seiner Wettbewerber registriert hat, Fälle, in denen der Domaininhaber dem Geschäftsbetrieb eines Wettbewerbers Schaden zufügen will und Fälle, in denen der Domain-Name registriert wurde, um die Gefahr der Verwechslung mit der geschützten Marke für kommerzielle Zwecke auszunutzen.

Missbräuchliche Registrierung und Nutzung

4.4.4.3
Folgen der Schlichtungsentscheidung

Nachdem eine Entscheidung ergangen ist, wird diese von der Schlichtungsorganisation veröffentlicht und der ICANN, den Parteien und der für die Domain zuständigen Vergabestelle zugestellt. Bei einer Entscheidung zugunsten des Antragstellers muss die Vergabestelle die Entscheidung nach einer Wartefrist von zehn Arbeitstagen ab Zustellung unverzüglich umsetzen, also die Domain je nach Inhalt der Entscheidung entweder löschen oder auf den Antragsteller übertragen.

Veröffentlichung und Umsetzung

---

[271] Letzteres könnte etwa bei einem Fanforum bejaht werden, wenn hiermit kein wirtschaftliches Interesse verfolgt wird. Wegen der Absicht der Gewinnerzielung allerdings verneint im Fall *jimihendrix.com*, Experience Hendrix, L.L.C v. Denny Hammerton and The Jimi Hendrix Fan Club, abrufbar unter *http://www. arbiter.wipo.int/domains/decisions/html/2000/d2000-0364.html*

Da das Schlichtungsverfahren von der staatlichen Gerichtsbarkeit unabhängig ist, bleibt den Parteien nach Abschluss des Verfahrens die Möglichkeit, innerhalb von zehn Tagen ein Verfahren vor einem staatlichen Gericht einzuleiten. Damit entfallen natürlich die Vorteile des Schlichtungsverfahrens, da sich nunmehr ein weiteres zeit- und kostenintensives Verfahren anschließt. Die Praxis zeigt jedoch, dass die Schlichtungsentscheidungen weithin akzeptiert werden, so dass das UDRP-Verfahren eine echte Alternative zu einem Rechtsstreit vor staatlichen Gerichten darstellt.

4.4.5
Challenge-Verfahren

Unabhängig von dem UDRP-Schlichtungsverfahren besteht bei einigen der neuen generischen Top-Level-Domains für Markeninhaber die Möglichkeit, ihre Rechte bereits vorab während eines bestimmten Zeitraums im Registrierungsverfahren geltend zu machen. Damit wird der Zweck verfolgt, dass sich die Inhaber von Marken schon im Vergabeverfahren eine günstige Ausgangsposition sichern können und nicht mehr darauf angewiesen sind, nach erfolgter Vergabe an einen Dritten mit einem Schlichtungs- oder Gerichtsverfahren gegen den Domaininhaber vorzugehen. Das sogenannte Challenge-Verfahren für *.info*-Domains wurde im Dezember 2001 abgeschlossen. Für andere neue generische Top-Level-Domains ist mit ähnlichen Verfahren zu rechnen.

4.5
Domainerwerb auf dem Sekundärmarkt

Der Handel mit Domain-Namen stellt aus juristischer Sicht grundsätzlich kein Problem dar, solange hierbei keine Rechte anderer verletzt werden. Mit der zunehmenden Bedeutung von Domain-Namen als Marketinginstrument und Werbefaktor hat sich inzwischen die Ansicht durchgesetzt, dass Domain-Namen ein handelbares Wirtschaftsgut darstellen. So stellte etwa das LG Essen fest, dass Domain-Namen verkauft, vermietet und versteigert werden können.[272] Auch die Registrierungsbedingungen der DENIC sehen ausdrücklich die Möglichkeit der Übertragung des Domain-Namens auf einen

---

[272] LG Essen, Beschl. v. 22.9.1999 – 11 T 370/99.

neuen Inhaber vor.[273] Wie eine solche Übertragung technisch abläuft, wird an anderer Stelle ausführlich erläutert.[274]

In rechtlicher Hinsicht ist zunächst darauf zu achten, dass der zu erwerbende Domain-Name nicht in Namens- oder Kennzeichenrechte Dritter eingreift oder andere Rechtsvorschriften verletzt. Insofern ist auf die obige Darstellung zu den Ansprüchen gegen die Domain-Nutzung zu verweisen.

Im übrigen ist es dringend zu empfehlen, einen schriftlichen Kaufvertrag über die Domain abzuschließen, da nur so hinreichende Erfolgsaussichten bestehen, dass die Beteiligten ihre Ansprüche im Streitfall auch durchsetzen können. Die Formulierung eines solchen Vertrages erfolgt am besten mit anwaltlicher Beratung, im Internet werden jedoch auch Standardverträge für Domainverkäufe angeboten.[275]

Der Domain-Kaufvertrag sollte zunächst den Kaufgegenstand und den Kaufpreis genau festlegen. Gerade beim Verkauf ganzer Internetprojekte ist hier eine genaue Auflistung sinnvoll, damit später kein Streit darüber entsteht, welche Grafiken, Texte, Datenbanken oder sonstigen Inhalte zusammen mit dem Domain-Namen übertragen werden müssen.

Die Vertragsparteien sollten sich darüber hinaus verpflichten, innerhalb einer bestimmten Frist alle für die Übertragung notwendigen Handlungen vorzunehmen. Dabei empfiehlt sich eine genaue Festlegung des Transaktionsablaufs. Der Käufer wird hierbei ein Interesse daran haben, dass er erst dann zur Zahlung des Kaufpreises verpflichtet ist, wenn er als Inhaber der Domain bei der zuständigen Vergabestelle eingetragen ist. Der Verkäufer wird hingegen in der Regel nicht bereit sein, auf die Domain zu verzichten und einer Übertragung zuzustimmen, solange er den Kaufpreis noch nicht erhalten hat. Gerade bei Käufern mit Sitz im Ausland besteht die Gefahr, dass bei einer Zahlungsverweigerung die Durchsetzung der Kaufpreisforderung oder die Rückabwicklung der Domainübertragung nur mit erheblichem Zeit- und Kostenaufwand oder sogar überhaupt nicht möglich ist. Zur Lösung dieses Interessenkonflikts kann beispielsweise ein Anzahlungssystem gewählt werden, das die Hälfte des Kaufpreises bei Vertragsschluss und die andere Hälfte nach vollständiger Übertragung der Domain fällig stellt, wobei dieses Verfahren jedoch lediglich das Risiko halbiert. Besser noch ist die Transaktionsabwicklung über ein Treuhandkonto eines Rechtsanwalts oder Notars, der erst nach Eingang des Kaufpreises die Do-

---

[273] Vgl. § 6 II DENIC-Registrierungsbedingungen, im Internet abrufbar unter *http://www.DENIC.de/doc/DENIC/agb.html*
[274] Vgl. Abschnitt 5.3 – Domain-Transfer.
[275] Beispielsweise unter *www.marken.sedo.de*

maintransaktion veranlasst und erst nach erfolgreicher Übertragung der Domain das Geld an den Verkäufer auszahlt. Derartige Transaktionsdienste werden im übrigen auch von verschiedenen Internet-Dienstleistern als sogenannter *Escrow-Service* angeboten.[276]

<table>
<tr><td>*Haftung*</td><td>Schließlich sollten in den Kaufvertrag auch Regelungen über Gewährleistung und Haftung aufgenommen werden. Wichtig ist hierbei vor allem die Frage, welche Rechte dem Käufer zustehen, falls sich nach erfolgter Übertragung der Domain herausstellt, dass diese wider Erwarten doch gegen Rechte Dritter verstößt. Insofern kann es für den Käufer ratsam sein, sich im Vertrag vom Verkäufer zumindest zusichern zu lassen, dass dieser in Bezug auf den Domain-Namen bislang weder Abmahnungen erhalten hat noch auf andere Weise gerichtlich oder außergerichtlich von der Möglichkeit einer Rechtsverletzung Dritter durch die Domain Kenntnis erlangt hat. Der Verkäufer wird allerdings ein Interesse daran haben, seine Haftung ansonsten so weit wie möglich auszuschließen, damit er nach erfolgter Übertragung nicht mit einer Rückabwicklung des Vertrages oder mit Schadensersatz- oder Regressforderungen des Käufers rechnen muss.</td></tr>
</table>

---

[276] Etwa unter *www.sedo.de*

5 Handel mit Domain-Namen

Domain-Namen sind normale Wirtschaftsgüter, die gekauft und verkauft werden können. Dies stellte bereits das Landesgericht Essen in einem Beschluss vom 22. September 1999 fest (Az. 11 T 370/99). In diesem Kapitel soll es um den Handel mit Domain-Namen gehen, da sich dieser in den letzten Jahren auch in Deutschland stark entwickelt hat.

Ausgangspunkt dieser Entwicklung war Amerika, wo auch das Internet als solches seinen Ursprung hat. Dass die Entwicklung ihren Ausgang gerade dort genommen hat, kommt nicht von ungefähr. Betrachtet man die Zahl der registrierten Domains, so fällt auf, dass die Endung *.com* mit weitem Abstand am häufigsten registriert worden ist. Zwar ist diese Endung keine ländertypische Kennzeichnung, wie dies mit *.de* für Deutschland der Fall ist, aber dennoch wurden in Amerika – auch mangels akzeptabler Alternativen – Domainregistrierungen in erster Linie unter der TLD *.com* vorgenommen. Da diese Endung aber auch weltweit registriert wurde und schon sehr bald als *das* Synonym für Internet galt, hat die Zahl der registrierten *.com*-Domains die Schallmauer von 20 Millionen zwischenzeitlich durchbrochen. Wer also heute auf der Suche nach einer freien *.com*-Domain ist, die die Kriterien von Kürze und Prägnanz erfüllen soll, wird nur sehr selten auf noch freie Domain-Namen stoßen.

Dass das Internet und damit verständlicherweise auch Domain-Namen in den letzten Jahren erheblich an Bedeutung gewonnen haben, bedarf kaum noch der Erwähnung. Längst setzen Werbekampagnen gezielt auf die Nennung einer Internet-Adresse, um auch mittels dieses Mediums die gewünschte Zielgruppe ansprechen zu können.

Die gesteigerte Bedeutung hat aber auch dazu geführt, dass vornehmlich Privatpersonen erkannt haben, dass griffige Domain-Namen einen bestimmten Wert haben. Da die Kosten für die Registrierung dank eines starken Wettbewerbs erheblich gesunken sind, werden Domains auch in großer Stückzahl von einzelnen Personen gehalten. Primäres Ziel ist hierbei der gewinnbringende Verkauf der

Domains. So hat auch in Deutschland die Zahl der registrierten *.de*-Domains die fünf Millionen-Grenze überschritten.

Da jeder Domain-Name immer nur einmal vergeben werden kann, werden auf der einen Seite Domain-Namen durch die fortschreitende Registrierung immer knapper, während sie auf der anderen Seite durch die steigende Bedeutung des Internet immer wichtiger werden. Der Handel mit Domain-Namen zeigt in dieser Situation einen Lösungsweg auf, der dem Mangel an Domain-Namen begegnet und einen neuen Markt eröffnet.

Für die Inhaber von Domain-Namen lautet die wichtigste Frage, welche Möglichkeiten es gibt, die eigenen Domain-Namen zum Verkauf anzubieten. Im Folgenden sollen die wichtigsten Optionen mit ihren Vor- und Nachteilen präsentiert werden:

Auktionshäuser – Da es sich bei Domain-Namen um ein Wirtschaftsgut handelt, das insbesondere Internetnutzer anspricht, liegt es nahe, diese in einem Online-Auktionshaus wie *Ebay* oder *Ricardo* zur Versteigerung anzubieten. Die Transparenz der Gebotsverläufe ermöglicht eine gute Überwachung des Auktionsverlaufes. Durch die Vorgabe eines Auktionsendes zieht sich der Verkauf nicht unnötig in die Länge. Außerdem ziehen Auktionsplattformen grundsätzlich viele Besucher an. Dies ist aber nur vordergründig vorteilhaft, denn das Gros der Bieter konzentriert sich auf geringwertige B2C-Güter. Eine Versteigerungsbörse ist für Domain-Käufer daher nicht der erste Anlaufpunkt für einen Domainkauf, da zudem begleitende Dienstleistungen, wie zum Beispiel eine Übertragung oder eine Registrierung, nicht erhältlich sind. Käufer und Verkäufer sind nach einer erfolgten Einigung auf sich alleine gestellt, wenn es um den Domain-Transfer geht.

Privatseiten – Gerade Inhaber von vielen Domain-Namen bieten vorzugsweise ihre eigenen Domain-Namen auf selbst erstellten Webseiten zum Verkauf an. Teilweise werden aber auch fremde Angebote mit aufgenommen. Das eigene Angebot findet sich somit zwar im thematisch passenden Umfeld wieder, nachteilig ist jedoch die mangelnde Anzahl an Bietern, wodurch die Chancen auf einen Verkauf sehr gering sind. Da Privatbörsen meistens als Privatobjekte nebenher betrieben werden, fehlt außerdem oft Professionalität in Design und Konzeption und die unmittelbare Integration eines automatisierten Domain-Transferprozesses, wie dies bei professionellen Domainbörsen geboten wird.

Domainbörsen – Der erfolgversprechendste Weg, einen Domain-Namen zu kaufen oder zu verkaufen, führt zweifelsohne über spezialisierte Domainbörsen. Diese sprechen genau die Zielgruppe an, die für Verkäufer aber auch Käufer von Domain-Namen interessant ist. Neben der Möglichkeit zum Anbieten und Recherchieren von Domain-Namen finden sich bei einer professionellen Börse alle relevanten Dienstleistungen wie zum Beispiel Domainwertbestimmungen und Projektbewertungen. Zentrale Kernkompetenz von guten Domainbörsen ist die Bereitstellung eines Domain-Transferdienstes, der die reibungslose und sichere Abwicklung nach einem Domainkauf ermöglicht.

Wer Domains mit einer internationalen Endung (etwa .com-Domains) anbieten möchte, sollte darauf achten, dass die gewählte Börse auch international oder zumindest europaweit ausgerichtet ist, da sich ein größerer Interessenkreis erreichen lässt. Gerade bei Kunstnamen, die in verschiedenen Sprachen Verwendung finden, laufen die Domain-Transaktionen über Ländergrenzen hinweg ab.

Bei der Wahl einer Domainbörse ist auch darauf zu achten, ob Kooperationen mit Domain-Registraren bestehen. Dadurch werden die Domains einem größeren Kundenkreis zugänglich gemacht. Daneben kommen hier zwei Partner zusammen, die sich jeweils auf ihrem Gebiet auskennen und durch ihre Kooperation einen echten Mehrwert für den Nutzer schaffen. Problematisch kann jedoch eine zu enge Kooperation sein, wenn nur Domain-Namen zum Verkauf eingetragen werden, die beim gleichen Provider auch gehostet werden. Somit ist die Auswahl entsprechend begrenzt.

Neben dem Unterbringen einer Domain auf einer Handels- oder Auktionsplattform bieten sich verschiedene andere Möglichkeiten an, den Verkauf einer Domain zu fördern. Neben kostenpflichtigen Angeboten, wie der zeitlich begrenzten Präsentation der Domain in so genannten *Showcases* (meist auf der Hauptseite großer Börsen) gibt es auch eine ganze Reihe von weiteren Möglichkeiten, auf das Verkaufsangebot aufmerksam zu machen. Wer an einer optimalen Ausschöpfung aller Chancen und Möglichkeiten interessiert ist, sollte von diesen auch Gebrauch machen. Denn oft steigen die Chancen beträchtlich, wenn mittels konkreter Hinweise auf die zum Verkauf anstehenden Domain-Namen hingewiesen wird. Als eine der optimalsten Möglichkeiten gilt die Einbindung einer Maske auf der Webseite der zu verkaufenden Domain, über die direkt Gebote für die Domain abgegeben werden können. Hiermit soll das Ziel verfolgt werden, es einem potentiellen Interessenten so einfach wie möglich zu machen, ein Kaufangebot an den Inhaber zu richten und danach die Domain zu übernehmen. Untersuchungen haben gezeigt, dass Domain-Namen drei bis viermal schneller verkauft werden, wenn von den angebotenen Tipps und Einbindemöglichkeiten optimal Gebrauch gemacht wird.

Auch ein Eintrag der Domain in Suchmaschinen ist sinnvoll, um die Besucherzahlen zu erhöhen und zielgerichtet potentielle Interessenten auf die eigene Domain zu bringen. Eintragsdienste für Suchmaschinen werden von verschiedenen Dienstleistern angeboten, oftmals auch direkt von den Domainbörsen (etwa unter *http://webtools.sedo.de*).

Die wichtigsten Grundregeln für einen Domainverkauf können wie folgt zusammengefasst werden:

- Ein Inserat auf den wichtigsten Domainbörsen, auf denen auch tatsächlich Käufe und Verkäufe von Namen stattfinden, ist sinnvoll. Ein Eintrag in eine wenig besuchte Domainliste bringt wenig. Die Domain-Namen sollten auf einem Markt inseriert werden, der Domain-Namen aktiv bewirbt und entsprechende Kooperationen mit Domain-Registraren vorweisen kann. In Deutschland und Europa ist *Sedo* Marktführer, wohingegen für englische *.com*-Domains zusätzlich ein Inserat auf *Greatdomains* und *Afternic* zu empfehlen ist.

- Eine sorgfältige Kategorisierung in den passenden Rubriken sollte vorgenommen werden, damit die Domains auch gefunden werden.

- Utopische Preise, wie sie in Domainbörsen manchmal verlangt werden, wirken abschreckend und unseriös auf potentielle Interessenten. Die meisten Namen wechseln für wenige hundert Euro den Inhaber, nur sehr wenige Namen bringen mehr. Ungefähr 95 Prozent der Transaktionen liegen im Preissegment bis 5.000 €.

- Wichtigstes Vermarktungsinstrument ist die Direktweiterleitung der zu verkaufenden Domains auf die Angebotsseiten der bevorzugten Domainbörse. Es ist hierbei empfehlenswert, die angebotenen Einbindungsmöglichkeiten auf der eigenen Webseite zu nutzen. Viele Interessenten versuchen eine Direkteingabe der Domain in den Browser, bevor sie diese erwerben möchten und gehen nicht den Umweg über die DENIC-Datenbank, da die wenigsten diesen Weg kennen. Über eine solche Einbindung entstehen daher die meisten Kaufabschlüsse.

Primär hat es sich daher als sinnvoll erwiesen, einen Hinweis auf
der unter der Domain abrufbaren Webseite anzubringen, dass diese
zu verkaufen ist. Dies kann entweder durch die Angabe einer simp-
len Kontaktmöglichkeit geschehen oder durch die Umleitung der
Domain auf die Angebotsseite einer Domainbörse. Letzteres hat den
Vorteil, dass die Domainbörse den gesamten Verkauf technisch ab-
wickelt (zum Beispiel auch bei Abwesenheit des Domaininhabers
aufgrund Urlaubs). So empfiehlt zum Beispiel die Domainbörse *Sedo* die Anbringung des folgenden Links. Ähnliche Linkmög-
lichkeiten existieren auch für andere Domainbörsen:

```
<A HREF="http://www.sedo.de/search/
        showdetails.php3?language=d&keyword=xyz.de"
        TARGET="_parent">
        Die Domain xyz.de ist zu verkaufen.
        Für weitere Informationen klicken Sie hier!
</A>
```

Möglich ist auch eine Direktweiterleitung über ein sogenanntes
http-refresh. Hierzu muss die Datei INDEX.HTM der jeweiligen
Domain folgenden Inhalt aufweisen:

```
<html>
<head>
        <meta http-equiv="refresh" content="0; URL=
        http://www.sedo.de/search/showdetails.php3?language=d&
        keyword=domainname.de">
</head>
<body>Sie werden weitergeleitet...</body>
</html>
```

Diese beiden Varianten sind optimal, denn der Interessent hat so
die direkte Möglichkeit, ein Gebot für den Domain-Namen online
oder telefonisch abzugeben. Statistiken der Domainbörsen zeigen,
dass beide oben genannten Methoden zu einem drei- bis viermal
schnellerem Verkauf von Domains führen. Bestimmte Provider erlauben es jedoch nicht, auf eine komplette URL zu verweisen. Bei
diesen Providern muss auf ein Unterverzeichnis verwiesen werden.
Dies betrifft insbesondere die beiden deutschen Marktführer *1&1
Webhosting (PureTec.de)* und *Strato (Strato.de)*. In diesem Fall gibt
es zwei Möglichkeiten:

1. Das Anlegen eines Verzeichnisses auf der jeweiligen Do-
    main, in das die o.g. INDEX.HTM hineinkopiert wird. Die-

se INDEX.HTM leitet dann wiederum die Domain auf die Angebotsseite der Domain weiter.

2. Alternativ gibt es eine technisch einfachere, wenn auch weniger elegante Variante, um eine HTML-Programmierung zu umgehen. In diesem Fall leitet man in den Konfigurationsmenüs von *1&1* oder *Strato* die Domain auf das Verzeichnis *http://www.sedo.de/parking*. Im Vergleich zu einer fehlenden Weiterleitung bringt diese Variante immer noch eine zirka doppelt bis dreimal so hohe Chance, seine Domain zu verkaufen. Wer über die technischen Möglichkeiten einer HTML-Programmierung verfügt, sollte die oben geschilderte direkte Weiterleitung jedoch vorziehen.

Für diese technisch einfache – aber weniger wirksame Methode – an dieser Stelle eine Schritt-für-Schritt-Anleitung für *1&1* bzw. *Strato*-Kunden:

1&1 Internet AG (PureTec.de):
- Loggen Sie sich unter *http://config.puretec.de/* ein.
- Klicken Sie auf *Domain-Übersicht*.
- Wählen Sie die Domain, die umgeleitet werden soll.
- Klicken Sie im linken Menü auf *Domain*, dort auf *Domainverwaltung*.
- Klicken Sie bei der Domain, die umgeleitet werden soll, auf *Einrichten* und dann auf *Weiterleitungsziel einrichten*.
- Sie erhalten dann einen Bildschirm angezeigt, bei dem Sie *http://www.sedo.de/parking* als Weiterleitungsziel angeben. Zusätzlich können Sie optional Titel, Beschreibung und Keywords angeben, damit Ihre Domain besser gefunden wird. So empfiehlt es sich, alle relevanten Stichworte (also thematisch mit dem Domain-Namen verwandte Begriffe) in Titel, Beschreibung und Keywords aufzuführen.

Strato AG (Strato.de):
- Loggen Sie sich unter *http://www.strato.de/full/service/kundenservice.html* in den Strato-Kundenbereich ein.
- Klicken Sie im linken Menü auf *Webserverumleitung*
- Geben Sie dann für alle Domains, die auf *Sedo* zum Verkauf eingetragen wurden, die Weiterleitung auf *http://www.sedo.de/parking* unter *Meine .de-Internetadresse soll auf folgende URL umgeleitet werden* bzw. *Meine Multidomains sollen auf folgende URL geleitet werden* ein. Titel, Beschreibung und Keywords können Sie bei *Strato* leider nicht angeben.

Wendet man sich der Käuferseite zu, empfiehlt es sich ebenso, einige Grundregeln zu beachten. Wer sich mit dem Gedanken beschäftigt, einen Domain-Namen zu kaufen, sollte ebenfalls einige Aspekte bedenken. Als erstes sollte die eigene Situation analysiert werden, um so herauszufinden, welcher Domain-Name der richtige ist. Die Beweggründe, warum ein Domainkauf in Erwägung gezogen wird, sind teilweise sehr unterschiedlich. Entweder dient ein Kauf für die Ergänzung eines bestehenden Domain-Portfolios oder die zu erwerbende Domain soll die Basis für ein neu zu startendes Projekt bilden. Geht es um die Ergänzung eines Portfolios, sollte genau abgewogen werden, welcher Zukauf Sinn macht und auf welchen gegebenenfalls verzichtet werden kann. Die wichtigste Priorität haben dabei Domain-Namen, die gleichlautend mit den bereits vorhandenen Domain-Namen sind, aber über eine andere TLD verfügen. Wer also über die Domain *firmaxy.de* verfügt, sollte in Betracht ziehen, sich beispielsweise *firmaxy.com* anzueignen. Wenn *Firma XY* ein international oder gar global agierendes Unternehmen ist, dann macht ein Erwerb von *firmaxy.com* mehr Sinn, als wenn das Unternehmen ein hauptsächlich regional bezogenes Tätigkeitsgebiet hat.

Stellt man fest, dass die gewünschte Domain eine gute Ergänzung zum bestehenden Portfolio ist, bleibt noch die Frage zu klären, wieviel für den Domain-Namen maximal investiert werden sollte. Verschiedene Faktoren beeinflussen hierbei den Wert eines Domain-Namens. Dazu gehört beispielsweise die Länge des Domain-Namens, die Kombination der Sprache des Domain-Namens mit einer entsprechenden TLD, die Merkbarkeit, die phonologische Eignung, die Häufigkeit der Verwendung als Suchbegriff in Suchmaschinen oder auch der beschreibende oder nicht-beschreibende Charakter des Domain-Namens. Angesichts der Vielzahl von Faktoren, die Einfluss auf den Wert des Domain-Namens haben, empfiehlt es sich, vor dem Ankauf einer Domain eine Domainwertermittlung durch Spezialisten durchführen zu lassen. Zum einen erlangt man Aufschluss darüber, in welcher Preiskategorie ein Ankauf realistisch einzuordnen ist und ob dieser Preis mit den zur Verfügung stehenden Investitionsmitteln durchführbar ist. Die Erkenntnis kann aber auch dahin gehen, dass man mit einer viel höheren Investition gerechnet hat und durch die Wertermittlung eines Besseren belehrt wird. Nicht zuletzt erfüllt ein Wertgutachten in späteren Verhandlungen den Zweck eines guten Argumentes für die Unterstützung des eigenen Standpunktes. Damit kann in wirkungsvoller Art und Weise den oft überzogenen Preisvorstellungen der Inhaber begegnet werden. Denn nicht selten haben diese die Rekorderlöse aus den USA im Kopf, bei denen Domain-Namen für mehrere Millionen Dollar den Inhaber gewechselt haben. Leider wird dabei oft vergessen, dass sich zum einen die Bewertungsmaßstäbe von Internet-Unternehmen grundlegend verändert haben und zum anderen die publizierten Millionenbeträge oftmals für bereits etablierte Projekte mit registrierten Mitgliedern und (u.U. durch Werbemaßnahmen) erzeugten Besuchern gezahlt wurden, also nicht für die reine Domain.

Es empfiehlt sich also, vor einem direkten Ankaufversuch ein Domainwertgutachten anfertigen zu lassen. Hierzu existieren spezialisierte Dienstleister, wobei vor allem große Domainbörsen mit den Daten aus Tausenden von Domain-Transaktionen das nötige Know-How besitzen, um derartige meist nach Vergleichswertmethoden vorgenommene Bewertungen durchzuführen.

Im nächsten Schritt sollte über die weitere Vorgehensweise nachgedacht werden. Zwar kann man selbst an den Domaininhaber herantreten und ihm ein Angebot unterbreiten, es empfiehlt sich aber eine zweite Möglichkeit. Diese sollte gerade von Unternehmen, aber auch Privatpersonen, berücksichtigt werden, die einen sehr bekannten Namen tragen. Diese Möglichkeit sieht vor, den Ankauf nicht selbst durchzuführen, sondern diesen an eine *Mittelsperson* abzugeben. Auch hier gibt es Angebote, die auf Domainhandelsplattformen zu finden sind. Der größte Vorteil bei einem solchen Ankauf ist die gewahrte Anonymität des Interessenten. In Verbindung mit der durch viele Domainverkäufe erworbenen Kompetenz und Erfahrung der Mittelspersonen sind die Chancen dadurch in der Regel besser. Die Rücksprache mit Experten kann zudem eine ganze Reihe von offenen Fragen beantworten, die in Zusammenhang mit einem Domainankauf auftreten können.

Oft gibt es Serviceangebote, die eine ganze Palette von Dienstleistungen in einem Paket anbieten. So findet sich auf *Sedo.de* zum Beispiel eine sogenannte *Aktive Vermittlung*, die speziell als Dienstleistung für Domain-Käufer entwickelt wurde. Dieses Angebot richtet sich sowohl an Interessenten, denen es an Zeit oder Know-How mangelt, Domainankäufe durchzuführen, als auch an Unternehmen, die durch die gewahrte Anonymität ihre Chancen auf einen realistischen und fairen Preis wahren wollen. Die *Aktive Vermittlung* sieht die Erstellung eines Wertgutachtens zur Preisermittlung vor, leitet nach Rücksprache mit dem Kunden über den maximalen Ankaufspreis die Kontaktaufnahme mit dem Domaininhaber ein, verhandelt mit diesem und betreut im Falle eines erfolgreichen Abschlusses den Transfer der Domain. Das beinhaltet neben der Bereitstellung eines Domainkaufvertrags und einer sicheren Zahlungsabwicklung über ein Treuhandkonto auch die Betreuung des technischen Transfers der Domain. Für diese Dienstleistung wird eine erfolgsabhängige

Prämie berechnet, die bei zehn Prozent der Transaktionssumme liegt.

Nachdem im Laufe des Jahres 2001 neue TLDs wie *.info* und *.biz* eingeführt worden sind, zeigt sich auch hier, dass der Domainhandel inzwischen erheblich an Zuwachs gewonnen hat. Kaum waren die ersten neuen Domains vergeben worden, wurden sie bereits auf Domainmärkten zum Verkauf eingetragen und teilweise wenig später auch verkauft. Dies ist insofern ein erstaunliches Phänomen, als bei einer Neueinführung einer Domainendung noch gar nicht abzusehen ist, wie diese insgesamt von den Internet-Nutzern angenommen wird. Zugleich ist dieses Verhalten auch ein Indiz dafür, dass Domain-Namen – auch mit einer der neuen Endungen – ein wichtiger Bestandteil des wirtschaftlichen Lebens geworden sind.

5.1
Domainpreise

Im Durchschnitt bringt eine Transaktion – nach den von der Domainbörse *Sedo.de* veröffentlichten Zahlen – auf dem Domainmarkt 1.422 €. Die Preisspannen sind dabei recht hoch. Die Hälfte aller Adressen kostete bislang weniger als 600 €. Für begehrte Domains wurden dagegen meist fünfstellige Summen bezahlt. So wechselte beispielsweise die Adresse *schwule.de* für 20.000 € ihren Inhaber.

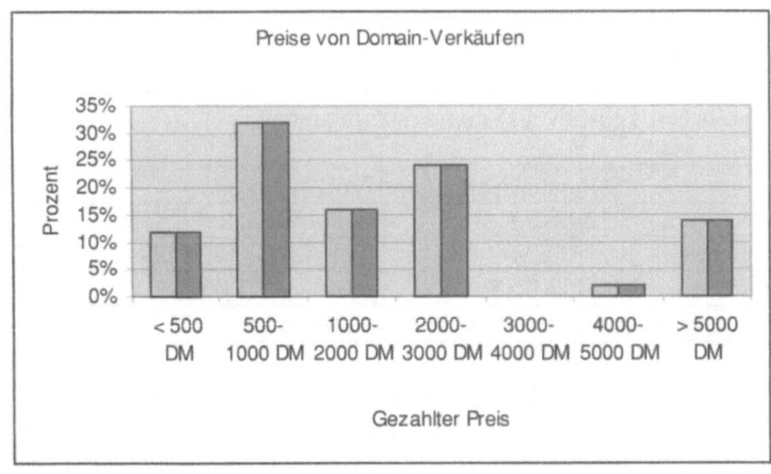

Eine Mitte 2000 veröffentlichte Statistik der amerikanischen Domain-Auktionsplattform *GreatDomains* weist dagegen noch substantiell höhere Preise aus. Nach der damals veröffentlichten Statistik, die sich jedoch auf die ersten beiden Quartale des Jahres 2000, also die Hochphase der Internet-Euphorie, bezog, liegt der Median aller auf dieser Plattform getätigten Transaktionen bei 5.000 US$ und der Mittelwert bei 36.287 US$. Jedoch ist auch hier zu beobachten, dass der Mittelwert deutlich oberhalb des Medians liegt, da eine Vielzahl von niedrigpreisigen Transaktionen einigen wenigen Hochpreis-Transaktionen gegenübersteht.

Der jeweilige Preis eines Domain-Namens wird von einer *Vielzahl von Faktoren* bestimmt:

1. Top-Level-Domain: Die Art der Top-Level-Domains spielt eine große Rolle. Die generischen Endungen (*.com, .net, .org*) sind in der Regel teurer, da sie aufgrund des besseren Images weltweit verwendbar sind und in den USA sogar ausschließlich verwendet werden. Innerhalb dieser generischen Endungen ragt die Bedeutung der *.com*-Domain klar heraus. Die meisten Domain-Transaktionen finden in dieser Top-Level-Domain statt und die erzielten Preise sind deutlich höher als die jeweiligen Preise für *.net*- und *.org*-Domains.

Bei deutschen Begriffen oder deutschen Firmen- oder Eigennamen ist jedoch eine deutsche Top-Level-Domain von Vorteil, da deutsche Internetnutzer in der Regel auf deutsche Domain-Namen zurückgreifen. Domain-Namen mit exotischen Endungen sind als (fast) wertlos anzusehen.

Besonders interessant sind die Transaktionen, die mit gleichen Begriffen in zwei verschiedenen Top-Level-Domains stattgefunden haben, da hier ein direkter Vergleich möglich ist. Exemplarisch seien an dieser Stelle acht Transaktionen aufgeführt, bei denen paarweise zwei Transaktionen mit dem gleichen Namen in unterschiedlichen Top-Level-Domains stattfanden:

Domain-Namen und Verkaufspreise	
iDSL.com – 8.820 US$	iDSL.org – 400 US$
Lottery.tv – 13.000 US$	lottery.sh – 170 US$
push.com – 120.000 US$	push.net – 5.000 US$
wallstreet.com – 1.030.000 US$	wallstreet.tv – 125.000 US$

2. Länge: Kurze Domain-Namen sind aufgrund der besseren Merkbarkeit meist von Vorteil. Jedoch können auch lange, gut merkbare Domain-Namen hohe Preise erzielen. Es zeigt sich, dass ein Großteil der Transaktionen im Bereich der Domain-Namen von 3 bis 10 Buchstaben (kurze Domain-Namen) stattgefunden hat. Sehr lange Domain-Namen werden praktisch nicht gehandelt. Sehr kurze

Domain-Namen dagegen erzielen zwar – wenn sie auf den Markt gelangen – hohe Preise, sind aber sehr selten.

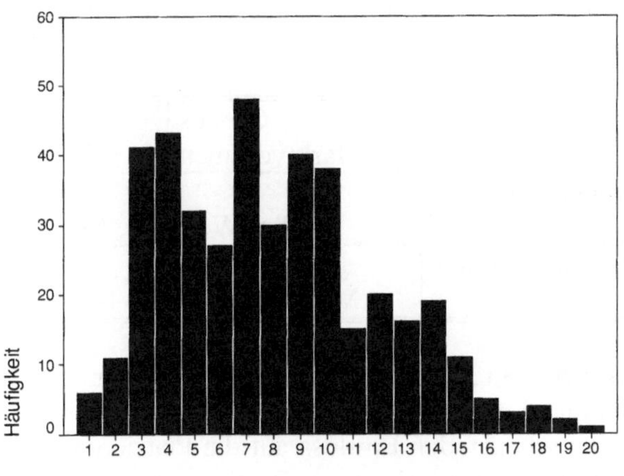

*Abb. 5.3.
Domain-
Transaktionen
nach Anzahl
der Buchstaben*

3. *Sprache:* Die Sprache eines Domain-Namens hat eine hohe Relevanz für den Preis. Generell gilt, dass eine höhere Verbreitung der Sprache eine höhere kommerzielle Verwertbarkeit bedeutet. Somit erzielen englischsprachige Domain-Namen meist die höchsten Preise. Dies gilt jedoch nicht in nationalen Top-Level-Domains. So ist ein deutscher Begriff in einer *.de*-Domain wertvoller als ein deutscher Begriff in einer *.com*-Domain.

4. *Kommerzielle Verwendbarkeit:* Dieser wichtige Parameter ist gleichzeitig auch der am schwierigsten quantifizierbare. Hier muss versucht werden, die Qualität eines Namens preislich auszudrücken, wobei mit Qualität verschiedene Dinge gemeint sein können: Die Menge an Besuchern, die gerade durch diesen Domain-Namen (via Direkteingabe oder via Suchmaschinen) auf die Webseite gelangen, die Qualität der Besucher (Kaufkraft, Zielgruppe) und die Verwendbarkeit des Namens für eine Webseite oder ein Produkt generell. Alle diese Faktoren sind nicht direkt aus einem Namen ersichtlich, können aber durch verschiedene Anhaltspunkte geschätzt werden:

(a) Kommerzielles Potential der Branche innerhalb des Internet: Domain-Namen, die Dienstleistungen mit einem hohen kommerziellen Online-Potential beschreiben, sind als wertvoll einzustufen. Domain-Namen, die ein Produkt (oder eine Dienstleistung) benennen, das online nur schwer vermarktbar ist oder das ein geringes

Volumen hat, sind eher wenig wert. So ist der Domain-Name *bank.de* als sehr wertvoll einzustufen (großes Marktvolumen, hohe Internetaffinität des Produktes), der Domain-Name *vollkornmehl.de* als wenig wertvoll (geringes Marktvolumen, niedrige Internetaffinität).

	Großes Marktvolumen	Geringes Marktvolumen
Hohe Internetaffinität	Hoher Wert	Mittlerer Wert
Niedrige Internetaffinität	Mittlerer Wert	Niedriger Wert

(b) Anzahl der Suchanfragen in Suchmaschinen: Da die Analyse der Suchmaschinen im 2. Kapitel gezeigt hat, dass der Domain-Name einen entscheidenden Einfluss auf die Platzierung in den Suchergebnissen hat, kann mit einer Bestimmung der Anzahl der Suchanfragen auf die Anzahl der Besucher geschlossen werden, die durch einen guten Domain-Namen erreicht werden.

(c) Häufigkeit der Verwendung in der Sprache: Wörter, die häufig verwendet werden, haben meist auch einen höheren kommerziellen Wert. So kann z.B. durch Eingabe eines Wortes unter einer Suchmaschine wie Google herausgefunden werden, wie oft dieses Wort überhaupt im gesamten Internet verwendet wird.

(d) Häufigkeit der Verwendung in der Presse: Da die Anzahl der Verwendungen eines Namens oder eines Wortes im täglichen Gebrauch die Anzahl der Direkteingaben beeinflusst, ist es ebenfalls sinnvoll, die Verwendung des Wortes in der Presse zu untersuchen. Hierfür kann zum Beispiel mittels einer Presse-Suchmaschine bestimmt werden, wie oft das entsprechende Wort in der Tages-, Wochen- und Monatspresse der zurückliegenden vier Wochen verwendet wurde.

(e) Anzahl von Wörtern: Die Anzahl von Wörtern in einem Domain-Namen ist relevant. Ein-Wort-Domain-Namen (*auto.de*) sind als wertvoller einzustufen als Zwei-Wort-Domain-Namen (*auto-online.de*) oder gar Domain-Namen mit mehreren Worten.

Auch wenn die Preise von Domain-Namen tendenziell von diesen messbaren Faktoren abhängen, spielen „weiche" Faktoren wie Verhandlungsmacht und Informationsstand der Verhandlungsparteien ebenfalls eine zentrale Rolle. Da es jeden Domain-Namen nur einmal gibt, sind viele Unternehmen bereit, fast jeden Preis zu zahlen, wenn ihr Wunschdomainname vergeben und der Rechtsweg ausgeschöpft oder nicht möglich ist. Dies hat hohe Domainpreise zur Folge. Auf der anderen Seite führt die Unkenntnis über den wahren Wert von Domains auf Verkäuferseite auch manchmal zu irrational niedrigen Preisen.

5.2
Domainbewertung

Interessant sind in dem Kontext der Bewertung von Domain-Namen vor allem zwei Fragen. Zum einen stellt sich die Frage, zu welchem Zeitpunkt eine Bewertung von Domain-Namen überhaupt sinnvoll ist, zum anderen, welche steuerlichen Vorschriften eingehalten werden müssen.

Bei der Frage nach dem Sinn einer Domainbewertung sei vorab auf die Verwendungszwecke von Markenbewertungen hingewiesen. Hier dominieren bei der praktischen Bedeutung die Zwecke Markentransaktion sowie Steuerung und Kontrolle von Marken. Dies ist auch vor dem Hintergrund zu sehen, dass in Deutschland bisher grundsätzlich handels- und steuerrechtlich für selbstentwickelte Marken ein Aktivierungsverbot besteht, diese also nicht als Aktiva in die Bilanz aufgenommen werden dürfen. Allerdings ist prinzipiell die Möglichkeit gegeben, über den Wert von selbstentwickelten Marken im Anhang des Jahresabschlusses zu berichten.

Sinn einer Domainbewertung

Die Zwecke, die bei der Bewertung von Domain-Namen genannt werden, sind ähnlich. Domainbewertungen werden meistens dann bestellt, wenn ein konkretes Kaufinteresse eines Dritten vorliegt. Auf der anderen Seite ist es für einen Interessenten einer Domain ebenfalls sinnvoll, eine neutrale Domainbewertung anzufordern. Ebenfalls ein häufiger Grund für Domainbewertungen ist die Nutzung innerhalb eines Gerichtsverfahrens, zum Beispiel zur Feststellung von Schadensersatzforderungen, wenn ein Domain-Registrar eine Domain irrtümlich freigegeben hat, was in der Praxis manchmal vorkommt.

Während ein aktives Management von Domain-Portfolios und eine Dokumentation von Domainaktivitäten selten stattfindet (was als Analogie zur Markenführung und zur Markendokumentation zu betrachten wäre), ist der in der folgenden Tabelle letztgenannte Punkt wiederum von Relevanz: Es kommt vor, dass Internet-Unternehmen zwecks Kreditabsicherung oder Kreditakquisition eine Bewertung ihrer Domain-Portfolios oder zumindest ihrer wertvollsten Domains vornehmen lassen.

Verwendungs-zweck	Ausprägung	Durchschnittliche Bedeutung laut Unternehmens-befragung
Marken-transaktionen	▪ Kauf/Verkauf/Fusion von Unternehmen oder Unternehmenteilen mit bedeutenden Marken ▪ Lizenzierung von Marken	▪ 6,2 ▪ 6,0
Markenschutz	▪ Schadensersatzbestimmung bei Markenrechtsverletzungen	▪ 5,1
Marken-führung	▪ Steuerung und Kontrolle von Marken ▪ Steuerung und Kontrolle von Führungskräften ▪ Aufteilung von Budgets	▪ 5,4 ▪ 3,8 ▪ 4,4
Marken-dokumentation	▪ Unternehmensinterne Berichterstattung ▪ Unternehmensexterne Berichterstattung außerhalb des Jahresabschlusses ▪ Unternehmensexterne Berichterstattung innerhalb des Jahresabschlusses	▪ 4,4 ▪ 4,2 ▪ 4,0
Marken-finanzierung	▪ Kreditabsicherung durch Marken ▪ Kreditakquisition durch Marken	▪ 3,2 ▪ 3,2

Aus steuerlichen Gründen ist eine Domainbewertung nur selten nutzbar, da ein Domain-Name als ein immaterielles Wirtschaftsgut (ähnlich Marken, Patenten, Konzessionen oder Lizenzen) einzustufen ist. Ein solches immaterielles Wirtschaftsgut kann, wenn es selbst geschaffen worden ist, gemäß R 31a Absatz 3 EstrR nicht als Anlagevermögen ausgewiesen werden. Nur entstandene Kosten können in vollem Umfang als Betriebsausgabe geltend gemacht wer-

---

[277] Markenbewertung auf einer Skala von 1 (unwichtig) bis 7 (sehr wichtig). Ausgewertet wurden Antworten von 126 deutschen Großunternehmen (PriceWaterhouseCoopers/Sattler 1999, vgl. Sattler 2000).

den. Domain-Namen, die käuflich erworben worden sind, können dagegen im Anlagevermögen und in der Bilanz ausgewiesen werden. Sie können ferner verteilt über die Nutzungsdauer linear abgeschrieben werden. Dies gilt nach dem Schreiben des Bundesfinanzministeriums vom 27.2.1998, Az. IV B 2 – S 2172 – 7/98, auch für erworbene Warenzeichen. Diese sind über eine Nutzungsdauer von 15 Jahren abzuschreiben.

Hypothetisches Beispiel: Ein Unternehmen registriert die noch freie Domain *alt.de* (Schätzwert: 15.000 €) und kauft die Domain *suchen.de* aus einer Insolvenzmasse für 5.000 € (Schätzwert: 25.000 €). Die Registrierungskosten der Domain *alt.de* (i.d.R. geringer als 50 € pro Jahr) dürfen als Betriebsausgabe steuerlich geltend gemacht werden. Eine Aktivierung der Domain zum Schätzwert ist jedoch ausgeschlossen. Die Domain *suchen.de* hingegen muss zum Kaufpreis von 5.000 € aktiviert werden.

Interessant aus steuerlicher Sicht sind zudem auch Veräußerungsgewinne bei Domain-Verkäufen (Domain-Spekulation). Hier ist eine Steuerpflicht grundsätzlich in zweierlei Hinsicht denkbar:[278]

Private Veräußerungsgeschäfte: § 23 EStG erfasst prinzipiell den Verkauf von allen Wirtschaftsgütern, die auch im Rahmen einer Gewinnermittlung nach § 5 EStG erfasst werden. Folglich müssen auch immaterielle Wirtschaftsgüter wie Domain-Namen versteuert werden, wenn sie innerhalb einer zwölfmonatigen Spekulationsfrist verkauft werden.

Einkünfte aus Gewerbebetrieb: Denkbar wäre auch, dass die Einkünfte aus Domain-Verkäufen gemäß § 15 EStG als solche aus einem Gewerbebetrieb zählen. Da es bei Domains keine feste Richtlinie (ähnlich der Drei-Objekt-Grenze bei Immobilien) gibt, müsste man sich zum Beispiel an Richtlinien bei Aktienverkäufen orientieren. Danach liegt eine gewerbliche Tätigkeit gemäß § 15 EStG vor, wenn der Steuerpflichtige sich wie ein Händler verhält, also wenn er zum Beispiel ein eigenes Büro für die Tätigkeit eingerichtet hat. Von Relevanz wird jedoch sicherlich auch die Anzahl der Domain-Verkäufe pro Jahr sein.

Neben der steuerlichen Betrachtung des Domainhandels soll eine abschließende Analyse des Domainhandels aus Investorensicht das Kapitel abrunden. Domain-Namen können nämlich – ähnlich Aktien, Schuldverschreibungen oder anderen Wertpapieren – als Inves-

Domains als Investitionsgut

---

[278] Vgl. Huber/Dingeldey (Ratgeber Domain-Namen), S. 116.

titionsgut aufgefasst werden. Als ein solches Investitionsgut sind sie unter den Gesichtspunkten Rendite und Risiko zu beurteilen.

Bei Domain-Namen ist eine hohe Rendite zu erwarten:

- Langfristig hohe Wertentwicklung aufgrund zunehmender Knappheit von Domain-Namen mit Potential für hohe Renditen.
- Domain-Namen befinden sich – anders als zum Beispiel Aktien – in einem informationsineffizienten Markt, was es möglich macht, außerordentliche Renditen zu erzielen, indem Domain-Namen, die unter Wert gehandelt werden, lokalisiert und gekauft werden.
- Da relativ wenige Käufer und Verkäufer existieren, können einzelne, gut informierte Akteure einen Wissensvorsprung erzielen.
- Domain-Namen haben eine geringe Korrelation (geringes Markt-Beta) mit anderen Wertpapieren.

Diese wird jedoch mit einem hohen Risiko erkauft:

- Geringe Marktliquidität aufgrund noch weniger Käufer.
- Juristische Unsicherheit, zum Beispiel aufgrund potentieller Markenverletzungen. Daraus folgt ein möglicher Totalverlust plus einem Risiko für juristische Kosten.
- Potentiell großes Angebot an Domain-Namen, etwa durch die Einführung neuer Top-Level-Domains und auch innerhalb einzelner Top-Level-Domains.
- Mögliche Unsicherheit des Domain-Namen-Systems in seiner Gesamtheit. Theoretisch – wenn auch unwahrscheinlich (siehe Kapitel 6) – besteht die Gefahr einer Ablösung des Systems durch neue Technologien wie *Realnames*.

Auch wenn es noch zu früh ist, eine abschließende Beurteilung vorzunehmen, so ist es doch ersichtlich, dass Domain-Namen als Investitionsgut allgemein meist eine hohe Rendite, aber auch ein hohes Risiko haben.

5.3
Domain-Transfer

Wer einen Domain-Namen kauft oder verkauft, muss sich notwendigerweise auch die Frage stellen, wie die Domain nach einer erzielten Einigung den Inhaber wechselt. Welche Richtlinien dabei zu beachten sind und wie eine solche Übertragung im einzelnen aussieht, soll im folgenden erläutert werden.

Wie bereits gezeigt wurde, basiert der Handel mit Domain-Namen auf dem Umstand, dass jeder Domain-Name nur einmal registriert werden kann. Um einen Überblick darüber zu behalten, welche Domain-Namen schon registriert wurden und welche noch frei erhältlich sind, gibt es für die einzelnen Top-Level-Domains Datenbanken, in denen die bereits registrierten Domain-Namen – mit den dazugehörigen Inhabern – verzeichnet sind. Anhand eines solchen Datenbankeintrages kann dann auch eindeutig verifiziert werden, wer der materiell Berechtigte der Domain ist. Ein solcher Datenbankeintrag ist für jedermann einsehbar und setzt sich aus verschiedenen Teilen zusammen.

Domaininhaber:

An oberster Stelle findet sich der Domaininhaber, der im rechtlichen Sinne als materiell Berechtigter der Domain gilt. Hier kann entweder eine natürliche Person oder eine Firma eingetragen sein.

Admin-c:

Steht als Abkürzung für *Administrative Contact*, also administrativer Ansprechpartner. Dieser Eintrag muss in jedem Fall eine natürliche Person aufweisen, die vom Domaininhaber benannt wurde. Selbstverständlich können Domaininhaber und Admin-c auch ein und dieselbe Person sein. Der Admin-c ist eine durch den Domaininhaber bevollmächtigte Person, die alle die Domain betreffenden Angelegenheiten verbindlich entscheiden kann. Bei *.de*-Domains muss der Admin-c seinen Wohnsitz in Deutschland haben, während dies beim Domaininhaber nicht notwendigerweise der Fall sein muss.

Tech-c:

Steht ebenfalls für eine Abkürzung für *Technical Contact* und ist der technische Ansprechpartner für die Domain. In Deutschland wird hier in der Regel ein Mitarbeiter des Providers angegeben, bei dem die Domain konnektiert wurde.

Zone-c:

Hier handelt es sich um einen optionalen Eintrag, der nur dann angegeben wird, wenn eine Person genannt werden kann, die den oder die eigenen Nameserver des Domaininhabers betreut. In vielen Fällen ist hier die gleiche Person eingetragen wie im Tech-c-Feld, nämlich ein Mitarbeiter des Providers.

Wer eine Domain registriert, macht dies in der Regel nicht selbst, sondern wählt dazu einen Internet Service Provider (ISP) aus, der die Registrierung der Domain vornimmt. Dieser Vorgang wird auch als Konnektierung oder Delegation bezeichnet. Eine solche Delegation ist nicht für jedermann durchführbar, sondern kann nur durch Provider vorgenommen werden, die eine entsprechende Akkreditierung zur Registrierung von Domains besitzen. In Deutschland erfolgt eine solche Akkreditierung durch die DENIC. Entsprechend kann ein Domain-Transfer auch nur unter Einbeziehung von Providern durchgeführt werden, die über eine von der DENIC vergebene Delegationserlaubnis verfügen oder die Wiederverkäufer eines akkreditierten Providers sind.

Grob betrachtet unterteilt sich ein Domaintransfer in *drei Stufen*. Die *erste Stufe* sieht die Informierung des aktuell hostenden Providers der Domain (künftig *alter Provider* genannt) über den anstehenden Domaintransfer vor. Dies wird in der Regel durch die Kündigung der Domain vollzogen, bei der – allerdings von Provider zu Provider unterschiedlich – verschiedene Möglichkeiten der Durchführung bestehen. Ist die Information des Providers bzw. die Kündigung der Domain erfolgt, folgt der *zweite Schritt*. Dieser betrifft die technische Übernahme der Domain, die durch den Provider des Übernehmers in die Wege geleitet wird. Ist dieser Schritt ebenfalls durchgeführt, erfolgt als *abschließender Schritt* die Änderung der Inhaberdaten der Domain. Dieser Schritt wird allerdings häufig in einem Zug im Anschluss an die erfolgte technische Übernahme der Domain durchgeführt. Andernfalls erfolgt die Änderung der Inhaberdaten und damit auch die Änderung der Inhaberrechte an der Domain erst durch eine erneute Aufforderung an den Provider durch den neuen Inhaber der Domain.

Schritt 1:
Die Kündigung (durch den <u>alten</u> Inhaber der Domain)

■ Informieren Sie Ihren Provider über einen anstehenden Providerwechsel mittels Kündigung der Domain.

■ Achten Sie auf unterschiedliche Kündigungsoptionen, z.B. Kündigung für Providerwechsel, Kündigung mit Freigabe der Domain per sofort, Kündigung mit Freigabe der Domain zum Vertragsende etc.

■ Setzen Sie sich in Kenntnis darüber, wie die Kündigung bei Ihrem Provider durchgeführt werden muss. Verwenden Sie die dafür zur Verfügung gestellten Formulare und haken Sie telefonisch nach, wenn Sie nach der Einsendung keine Reaktion erhalten haben. Die Verwendung der Dokumente Ihres Providers kann insofern wichtig sein, als hier interne Bearbeitungsnummern verzeichnet sein können.

■ Wird Ihnen die Kündigung bestätigt, informieren Sie den Übernehmer der Domain, dass dieser die technische Übernahme in die Wege leiten kann.

Schritt 2:
Die Übernahme (durch den <u>neuen</u> Inhaber der Domain)

■ Loggen Sie sich in das Kundenmenü Ihres Providers ein und informieren Sie sich über Domaintransfers, die Sie oft als Menüpunkt *Providerwechsel* o.ä. finden.

■ In den meisten Fällen können Sie einen Providerwechsel direkt aus Ihrem Kundenmenü online initiieren. Dieser Vorgang ist sehr ähnlich zu der Bestellung einer noch frei erhältlichen Domain.

■ Bestätigen Sie Ihrem Provider auf Nachfrage, dass der alte Provider informiert ist und einen Providerwechselantrag erwartet.

■ Sollten Sie innerhalb von zehn Tagen nichts von Ihrem Provider hören, haken Sie nach. Gerade bei Providern mit vielen Kunden sind Providerwechsel standardisierte Verfahren, die schon durch kleinere Unregelmäßigkeiten ins Stocken geraten können.

Schritt 3:
Das Update (durch den <u>neuen</u> Inhaber der Domain)

- Sollte das Update der Inhaberdaten nicht automatisch durchgeführt worden sein, senden Sie Ihrem Provider eine entsprechende Einverständniserklärung zum Inhaber-Update, die von Ihnen und dem alten Inhaber unterzeichnet wurde.

- Klären Sie vorher ab, ob für die Durchführung des Updates Kosten entstehen. Die meisten Provider verlangen keine Gebühr, aber es empfiehlt sich trotzdem, dies vorher abzuklären.

- Haken Sie nach Einsendung auch hier nach und fragen Sie gegebenenfalls, ob das Schreiben den Anforderungen entspricht und wann mit dem Update zu rechnen ist.

Schritt 1 – Die Kündigung

Prinzipiell gibt es zwei Möglichkeiten, wie ein Domain-Transfer durchgeführt werden kann. Die erste Möglichkeit sollte aufgrund Ihres hohen Risikos aber nicht in Betracht gezogen. Dennoch sei sie aus Gründen der Vollständigkeit und aufgrund der Tatsache, dass viele Transaktionen wegen Unkenntnis auf diese Weise durchgeführt werden, kurz erläutert.

Domain-Transfer: Erste Möglichkeit

Bei dieser Verfahrensweise wird die Domain beim alten Provider durch den Inhaber der Domain mit dem Ziel der definitiven Freigabe gekündigt. Hat der Provider die Kündigung akzeptiert und vollzogen, wird die Domain über die offizielle Datenbank der Vergabestelle wieder als frei registrierbar angezeigt. Nun kann im nächsten Schritt der Übernehmer der Domain seinen Provider (fortan *neuer Provider* genannt) mit der Registrierung der Domain beauftragen. Die Gefahr, die hierbei auftritt, liegt auf der Hand. Es gibt keine Garantie dafür, dass die Registrierung der Domain dann auch durchgeführt werden kann. Hält man sich vor Augen, dass täglich bis zu 5.000 neue *.de*-Domains registriert werden, ist durchaus die Möglichkeit gegeben, dass eine dritte Person durch Zufall die gerade frei gewordene Domain „wegregistriert". Selbst wenn ein Kauf- oder Übertragungsvertrag geschlossen worden ist, kann gegen eine auf diese Art erfolgte Registrierung kein Einspruch gegenüber der Vergabestelle erhoben werden. Die Situation kann also möglicherweise sehr unbefriedigend für alle Beteiligten enden: Der Käufer bekommt die gewünschte Domain nicht und der Verkäufer ist seine Domain los, bekommt aber kein Geld dafür. Nicht selten sind solche Fälle schon vor Gericht gelandet.

5 Handel mit Domain-Namen

Aus diesem Grund empfiehlt es sich, die im folgenden skizzierte Verfahrensweise zu befolgen. Wie auch bei der gerade beschriebenen Variante ist es dafür notwendig, die Domain bzw. den damit verbundenen Hostingvertrag mit dem alten Provider zu kündigen. Hierbei sollte auf die verschiedenen Arten der Kündigung geachtet werden: Kündigung für Providerwechsel, Kündigung mit Freigabe der Domain per sofort oder Kündigung mit Freigabe der Domain zum Vertragsende. Ohne eine solche Kündigung wird jeglicher Transfer scheitern, da der Provider nicht informiert ist, dass der Inhaber der Domain mit dem Transfer einverstanden ist. Wäre dem nicht so, könnte für jede Domain auch von einem nichtautorisierten Dritten ein Transfer gestartet werden. Die notwendigerweise zu erfolgende Kündigung vor einem Domain-Transfer ist also eine Sicherheitsmaßnahme, die an dieser Stelle uneingeschränkt sinnvoll ist. Ist die Domain gekündigt, was in der Regel durch eine schriftliche Bestätigung des alten Providers an den alten Domaininhaber mitgeteilt wird, kann der Übernehmer der Domain seinen Provider damit beauftragen, einen Übernahmeantrag für die Domain in die Wege zu leiten.

Schritt 2 – Die Übernahme

Die Übernahme der Domain erfolgt durch den neuen Inhaber der Domain, der einen Provider seiner Wahl damit beauftragt. Bei vielen Providern findet sich auf den Webseiten im Kundenmenü ein eigener Menüpunkt, der sich speziell mit Domaintransfers befasst. Die Punkte werden oft als *Providerwechsel* gekennzeichnet, da die Mehrzahl der Domaintransfers von den eingetragenen Inhabern initiiert wird, die ihre Domain bei einem anderen Provider hosten wollen, da dieser bessere Konditionen anbietet. Bis auf das am Ende erfolgende Update der Inhaberdaten ist der Übertragungsprozess zwischen zwei verschiedenen Personen aber der Gleiche. Wer also eine Domain übernehmen will, wird im Kundenmenü seines Providers unter dem Punkt *Providerwechsel* fündig werden. Bei Zweifeln oder nicht ausreichenden Informationen empfiehlt es sich, eine E-Mail an den Support zu schicken oder – wenn vorhanden – die Kundenbetreuung telefonisch zu kontaktieren. In den meisten Fällen können die Übernahmebeauftragungen direkt online im Kundenmenü erfolgen. Sollten dafür bestimmte Dokumente erforderlich sein, werden diese im Laufe der Beauftragung zum Download angeboten.

Im Fachjargon wird die Initiierung einer Domainübernahme als *Starten einer KK* bzw. *eines KK-Antrages* bezeichnet, wobei das Kürzel *KK* als Abkürzung für Konnektivitäts-Koordination steht. Die verwendeten Begriffe entstammen den Vorgaben der DENIC, die für Domaintransfers ein eigenes Prozedere entwickelt hat. Nur unter Berücksichtigung dieser Richtlinien können die akkreditierten Provider Domaintransfers veranlassen. Diese sogenannte technische Übernahme ist im Regelfall für die Endverbraucher nicht einsehbar. Diese werden nur über das Gelingen oder Scheitern eines Domaintransfers informiert. Umso wichtiger ist es, dass man die von den Providern geforderten Vorgaben berücksichtigt, um ein Scheitern durch formale Fehler zu vermeiden. Viele Transfers geraten ins Stocken oder scheitern gar, weil Dokumente falsch oder nicht vollständig eingereicht wurden.

Hat man also einen Domainumzug über das Kundenmenü in die Wege geleitet, beginnt der technische Transfer damit, dass der neue Provider einen formalisierten Providerwechselauftrag, den KK-Antrag, an die zuständige Registrierungsstelle DENIC sendet. Die DENIC registriert diesen Antrag und leitet ihn an den alten Provider des Inhabers der Domain weiter. Dieser Provider kann diesem Antrag dann zustimmen oder ihn ablehnen. Liegt dem Provider das Einverständnis des Kunden zum Providerwechsel vor, z.B. in Form einer Kündigung, erteilt der Provider sein Einverständnis zum Wechsel. Ein solches Einverständnis wird als **ACK** (acknowledge) bezeichnet. Ist der Provider jedoch nicht entsprechend informiert, kann er den Antrag auf Providerwechsel auch ablehnen und erteilt dann ein sog. **NACK** (no acknowledge). Ist dies der Fall, teilt die DENIC dem übernehmenden Provider dies entsprechend mit und der Transfer gilt vorerst als gescheitert. Da für einen Provider, der eine Domain für einen Providerwechsel freigeben soll, eine Einnahmequelle verloren geht, ist es denkbar, dass die Kooperationsbereitschaft nicht so hoch ist wie bei der Übernahme einer Domain. Um unnötige Verzögerungen zu vermeiden, wertet die DENIC eine Nicht-Reaktion des alten Providers innerhalb einer bestimmten Frist als Zustimmung zum Providerwechsel. Erfolgt innerhalb von drei Tagen nach Starten der KK keine Reaktion des Providers, sendet die DENIC eine zweite Anfrage (REMINDER). Sollte fünf Werktage nach Starten der KK immer noch keine Reaktion erfolgt sein, schickt die DENIC eine letzte Aufforderung, auch als **KK-END** bezeichnet. Ist zwei Tage später auch diese Anfrage unbeantwortet geblieben, wertet die DENIC dies als Zustimmung zum Providerwechsel, also als ACK. So ist gewährleistet, dass auch dann ein Providerwechsel durchgeführt werden kann, wenn der Provider seine Dienste eingestellt hat.

Damit ein Domain-Transfer nicht gleich scheitert, weil der alte Provider ein NACK erteilt hat, gibt es noch die Möglichkeit, dass eine nachträgliche Zustimmung durch den Provider erfolgt. Das macht beispielsweise dann Sinn, wenn die Richtlinien des Providers vorsehen, dass bei Eingang einer KK eine entsprechende Information an den Inhaber der Domain gesendet wird. Dieser kann dann seine Zustimmung oder Ablehnung selber geben. In einem solchen Fall ist keine vorherige Kündigung notwendig, da die Domain mit der Zustimmung zum Providerwechsel als gekündigt gehandhabt wird. Soll nach einer bereits erfolgten Ablehnung eines Providerwechselantrages doch noch nachträglich eine Zustimmung erfolgen, kann der alte Provider ein **LATE-ACK** (late acknowledgement) an die DENIC senden und somit die Übertragung doch noch sicherstellen.

Schritt 3 – Das Update

Konnte ein Domain-Transfer erfolgreich durchgeführt werden, erhält der neue Inhaber in der Regel eine kurze Benachrichtigung von seinem Provider. Nach Einrichtung der Nameserver ist die Domain meistens innerhalb von 24 Stunden nach der Übernahme voll nutzbar und erreichbar. Hierbei sollte darauf geachtet werden, dass nach erfolgtem Transfer auch ein Update der Inhaberdaten erfolgt. Denn erst dadurch werden offiziell die Inhaber- und Verfügungsrechte an der Domain auf den neuen Inhaber übertragen. Wird ein Update aus Bequemlichkeit oder Nachlässigkeit unterlassen, hat der noch immer eingetragene alte Inhaber die Verfügungsgewalt und damit die Möglichkeit, jederzeit einen erneuten Providerwechsel zu starten. Da dies ein unnötige Gefahrenquelle darstellt, sollte das Update unbedingt nach dem Transfer durchgeführt werden.

Um ein Update durchführen zu können, muss sich der neue Inhaber der Domain an seinen Provider wenden und diesen um die Durchführung eines Updates bitten. Da der Provider in der Regel nicht darüber informiert ist, ob und inwiefern der alte und neue Inhaber der Domain eine Abmachung über den Wechsel der Inhaberrechte getroffen haben, benötigt der neue Provider eine schriftliche Bestätigung des noch eingetragenen Inhabers über den Wechsel der Inhaberschaft. Es empfiehlt sich daher, ein Schreiben aufzusetzen, in dem die persönlichen Daten des alten und neuen Inhabers genannt sind und der bisherige Inhaber sein Einverständnis erklärt, dass ein Update auf den neuen Inhaber durchgeführt wird. Dieses Schreiben sollte zur Sicherheit sowohl vom alten als auch vom neuen Inhaber unterzeichnet sein, so wie in dem folgenden Muster ausgeführt:

Einverständnis zum Inhaberwechsel der Domain www.domain.de

1. Persönliche Daten des bisher eingetragenen Domaininhabers
Firma, Vorname, Nachname, Straße, PLZ, Ort, Telefon, Fax, E-Mail

Sehr geehrte Damen und Herren,

Ich bestätige hiermit, momentan noch Inhaber o.g. Domain zu sein und erkläre mich damit einverstanden, dass ein Whois-Update der Inhaber-/Admin-c-Daten auf die unten genannte Person durchgeführt wird. Einer Übertragung der Domain an folgende Person stimme ich zu.

2. Daten des Übernehmers der Domain
Firma, Vorname, Nachname, Straße, PLZ, Ort, Telefon, Fax, E-Mail

Mit freundlichen Grüßen

Unterschrift/Stempel
Bisheriger Inhaber

Unterschrift/Stempel
Neuer Inhaber

Nach Zusendung eines solchen unterzeichneten Schreibens kann der neue Provider den gewünschten Inhaberwechsel durch eine Aktualisierung in der DENIC-Datenbank durchführen. Diese Änderungen sind nur über die akkreditierten Provider möglich. Es macht daher keinen Sinn, ein solches – wenn auch formal korrektes Schreiben – direkt an die DENIC zu senden. Diese wird dann auf den hostenden Provider verweisen, in dessen Zuständigkeitsbereich die Durchführung von Inhaber-Updates liegt. Ist das Update erfolgt, was im günstigsten Fall bereits am nächsten Tag in der Whois-Datenbank der DENIC einsehbar ist, kann der Transfer der Domain als erfolgreich abgeschlossen betrachtet werden.

Transfer von .com-, .net- oder .org-Domains

Im Vergleich zum Transfer von *.de*-Domains verläuft das Prozedere für *.com*-Domains etwas anders. Während die Kündigung der Domain beim Provider im Rahmen von *.de*-Transfers generell notwendig ist, ist dies bei *.com*-Transfers von Provider zu Provider unterschiedlich. Deutsche Provider behandeln *.com*-Transfers aus organisatorischen und rechtlichen Gründen oftmals ebenso wie *.de*-Transfers und fordern vor der Freigabe für einen Transfer die schriftliche Kündigung durch den Inhaber. Amerikanische Provider hingegen benötigen keine explizite Kündigung und überlassen Domain-Transfers damit ausschließlich der Verantwortlichkeit des Inhabers.

Will man den Transfer einer *.com*-Domain in Angriff nehmen – eine möglicherweise zu erfolgende Kündigung sei in diesem Fall bereits durchgeführt – so startet der Übernehmer der Domain bei seinem Provider einen sogenannten *Transfer Request*. Dieser Vorgang ist dem Starten einer KK-Anfrage bei *.de*-Domains sehr ähnlich und so verwundert es nicht, dass bei deutschen Providern Providerwechsel für *.de*- und *.com*-Domains selten unterschieden werden. Da die Zahl der gehosteten *.com*-Domains mit über 25 Millionen sehr hoch ist, ist auch das Transferverfahren weitgehend automatisiert worden. Der grundlegendste Unterschied zu *.de*-Domains besteht darin, dass der Inhaber der Domain nach Starten eines *Transfer Request* automatisch per E-Mail durch die Datenbankverwaltungsstelle kontaktiert wird. Im Gegensatz zur DENIC wird die Verwaltung der Domaindatenbank von *.com*-Domains durch eine profitorientiert arbeitende Firma betrieben. *Network Solutions Inc.* (NSI) betreut die Datenbank und wickelt alle die Domains betreffenden Änderungen ab, so also auch die so genannten Providerwechsel. Leider ist es so, dass NSI bei Stattgeben eines Providerwechsel direkt einen zahlenden Kunden verliert und daher die Domaintransfers nicht selten schwierig durchzuführen sind, auch wenn die Richtlinien für Transfers eigentlich sehr eindeutig sind.

Wird also ein Providerwechsel gestartet, wird als erstes NSI darüber unterrichtet. NSI prüft zunächst, ob für die gewünschte Domain überhaupt ein Providerwechsel durchgeführt werden darf. Denn laut Registrierungsrichtlinien für *.com*-Domains darf für eine neu registrierte Domain erst nach Ablauf einer Frist von 60 Tagen ein Providerwechsel durchgeführt werden. Wenn diese 60 Tage-Frist noch nicht abgelaufen sein sollte, lehnt NSI den Antrag auf Providerwechsel ab. Um Aufschluss darüber zu erhalten, ob eine Domain noch innerhalb der 60-Tage-Frist liegt oder nicht, sollte man einen Blick auf den Whois-Eintrag der Domain werfen. Im Gegensatz zu *.de*-Domains sind hier zusätzlich verschiedene Daten angegeben. Eines davon ist das *Created On*-Datum, das angibt, wann die Domain erstmalig registriert wurde. Anhand dieses Datums kann dann errechnet werden, ob ein Providerwechsel möglich ist oder nicht.

Akzeptiert NSI hingegen den Antrag auf Providerwechsel, verschickt NSI automatisch eine E-Mail an die im Whois-Eintrag angegebene E-Mail-Adresse. Darin wird der Inhaber der Domain gefragt, ob er einem Providerwechsel zustimmt. Auf diese E-Mail muss der Inhaber innerhalb von drei Tagen antworten, da andernfalls der Providerwechsel als abgelehnt betrachtet wird. Die E-Mail muss also am besten direkt nach Erhalt beantwortet werden. Am einfachsten

*Transfer
Request*

*Prüfung des
Provider-
wechsels*

wäre es, wenn in der E-Mail zwei Links angegeben wären, die entweder die Zustimmung oder die Ablehnung eines Providerwechsels bewirken. Durch einen Klick wäre dem Providerwechsel zugestimmt und der neue Provider kann die Domain übernehmen. Allerdings ist die Standard-E-Mail von NSI etwas anders aufgebaut. Um eine korrekte Antwort zu liefern, muss der Empfänger der E-Mail die E-Mail direkt beantworten (Reply- bzw. Antworten-Funktion) und darüber hinaus eine bestimmte Zeile aus der E-Mail in die Überschrift kopieren. Dieses Verfahren stellt für geübte Leute kein großes Problem dar, aber wer sich nicht so gut auskennt und sich nicht penibel an die Vorschrift hält, kann den Transfer schnell scheitern lassen. NSI bietet zwei Zeilen zum Kopieren an, wobei die an erster Stelle genannte zum Ergebnis hätte, dass der Transfer abgelehnt wird und die Domain weiterhin bei NSI gehostet werden soll. Nur wer den englischen E-Mail-Text genau durchliest und dann den zweiten Zeilentext in die Überschriftzeile der Antwort-E-Mail kopiert, kann davon ausgehen, dass der Transfer stattfindet. Im Gegensatz zu *.de*-Transfers ist die Rate der gescheiterten Transaktionen bei *.com*-Domains leider sehr hoch. Dies ist nicht zuletzt auf das verbesserungsfähige System der Zustimmung zu einem Transfer zurückzuführen. Der Schwierigkeiten ungeachtet kann bei korrekter Befolgung der Anweisung ein Transfer schnell und zügig durchgeführt werden.

Update der Inhaberdaten

Ist ein Transfer erfolgreich durchgeführt, bleibt wie bei *.de*-Transfers noch das Update der Inhaberdaten. Auch dies wird in der Regel durch den neuen Provider durchgeführt. Alternativ kann aber ein Update auch vor dem Transfer direkt bei NSI durchgeführt werden. Allerdings ist dies eine Angelegenheit, die entweder sechs Wochen Bearbeitungszeit mit sich bringt oder bei einer schnelleren Bearbeitung innerhalb von drei Tagen satte 199 US$ kostet. Auch hier zeigt sich, dass NSI im Gegensatz zur DENIC ein profitorientiert arbeitendes Unternehmen ist. Wer seine Domain zu einem deutschen Provider übernimmt, sollte das Update also am besten nach dem Transfer auch von diesem durchführen lassen. Dies geht in der Regel innerhalb weniger Tage und ist darüber hinaus auch meistens nicht mit weiteren Kosten verbunden. Aber auch hier empfiehlt es sich, vorher Informationen einzuholen.

Das soeben beschriebene Transferprozedere ist zwar in vielen Fällen anwendbar, aber gerade bei amerikanischen Providern sind die Kundenmenüs so ausgestattet, dass sowohl Providerwechsel als auch Modifikationen am Whois-Eintrag selbstständig vorgenommen werden können, zum Beispiel wenn sich die Adresse durch einen Umzug geändert hat oder eben die Domain an jemand anderen verkauft wurde und der neue Inhaber vorab eingetragen werden soll.

Somit können Domains, die bei amerikanischen Providern gehostet werden, ohne große Einbeziehung der beteiligten Provider direkt von Verkäufer zu Käufer transferiert werden.

Wer eine Domain mit einer anderen Top-Level-Domain transferieren möchte, wendet sich bezüglich der Transferrichtlinien am besten an die zuständigen Verwaltungsstellen (siehe hierzu die Liste aller TLDs im Anhang) oder eine fachkundige Domainbörse. Da die Vorgaben teilweise sehr unterschiedlich sind, erhält man dort die notwendigen Informationen aus erster Hand.

6 Zukunft des DNS

6.1 Systemalternativen

Seit Bestehen des Domain-Namen-Systems wird von verschiedenen Seiten immer wieder argumentiert, dass das System durch einfachste technische Alternativen ersetzt werden könnte, da es nicht staatlich legitimiert ist und technisch keine besonderen Fähigkeiten aufweist. So wäre es möglich, dass Teile oder die Gesamtheit der domain-verwaltenden Organisationen (etwa DENIC, INTERNIC oder sogar ICANN) beschließen, das Domain-Namen-System völlig neu zu ordnen oder die Vergabekriterien grundlegend zu ändern. Dies könnte für Inhaber von Domain-Namen im Extremfall bedeuten, dass möglicherweise mit großem Aufwand aufgebaute Internet-Marken an Wert verlieren. Für den heutigen Wert von Domain-Namen würde es bedeuten, dass ein adäquater Risikoabschlag einkalkuliert werden müsste, da die Preise im Falle einer Änderung des Systems rapide sinken würden. Dieser Preisabschlag wäre vergleichbar mit einem Risikoabschlag, wie er zum Beispiel bei Ölbohrungen in politisch unsicheren Gebieten im Hinblick auf eine drohende Enteignung von staatlicher Seite in Kalkulationen einbezogen wird.

Möglicher Ersatz des jetzigen DNS

Da das Domain-Namen-System jedoch nicht von einer staatlichen Zentralstelle verwaltet wird, ist eine politisch gewollte Änderung unwahrscheinlich. Ein möglicher Anstoß zu Veränderungen droht allerdings durch private, gewinnorientierte Unternehmen. Eine Durchbrechung des Domain-Namen-Systems durch eine einzelne Firma würde für diese ein profitables Monopol schaffen. Der Anfang 1996 gestartete Versuch einer Gruppe von Internet Service Providern, ein alternatives Registrierungssystem mit zusätzlichen TLDs (unter anderem *.free, .med, .biz, .ltd, .sex*) zu schaffen, ist gescheitert. Die neuen TLDs wurden von den offiziellen Rootservern nicht beachtet und waren deshalb für die große Masse von Besuchern nicht erreichbar und damit nicht kommerziell nutzbar. Genau vor diesem

Keine staatliche Verwaltung des DNS

Problem, die kritische Masse überschreiten zu müssen, stehen jedoch alle proprietären Systeme.

Mit diesem Problem kämpfen zur Zeit sowohl die seit 1995 operierende amerikanische Firma *Realnames.com* als auch das Anfang 2001 gestartete, ebenfalls amerikanische *New.net*.

Realnames.com versucht ein eigenes, mehr an die natürliche Sprache angelehntes System auf das Domain-Namen-System zusätzlich aufzusetzen (siehe Kapitel 6.3 – Das RealNames-System). *New.net* dagegen propagiert ein System mit alternativen Top-Level-Domains, also Top-Level-Domains, die nicht von der ICANN autorisiert worden sind. Damit diese Domains für den Endnutzer erreichbar sind, muss entweder der Internet-Provider des Endnutzers eine kleine Modifikation seiner Server vorgenommen haben oder der Endnutzer selbst muss ein Browser-Plug-In auf seinem Rechner installiert haben. Momentan können nur etwa 75 Millionen Internetnutzer auf diese Domain-Namen zugreifen, also weniger als 20 Prozent aller Internetnutzer.[279]

Als ein möglicher Grund für das Scheitern der bisherigen Alternativen wird angeführt, dass die Netzwerkeffekte, die das Domain-Namen-System an sich momentan hat, sehr schwer zu durchbrechen sind. Das Domain-Namen-System kann hier mit dem Telefonnummernsystem verglichen werden, das – trotz konzeptioneller Schwierigkeiten und Kapazitätsengpässen – bereits so etabliert ist, dass eine Änderung weder sinnvoll noch machbar ist.

Eine dritte Möglichkeit zur Verbesserung des Systems, die oft diskutiert wird, ist die Erweiterung der Länderkennungen durch die offiziellen Institutionen. So wird seit 1997 eine Diskussion um die Einführung branchenspezifischer Kürzel wie *.rec, .shop* und *.bank* geführt.

Im November 2000 entschied die ICANN die Einführung sieben neuer Top-Level-Domains. Diese wurden Ende 2001 Schritt für Schritt aktiv geschaltet. Im übrigen wird seit 1999 die Einführung einer *.eu*-Domain diskutiert, um eine für alle europäischen Unternehmen verwendbare Domain zu kreieren. Eine Entscheidung hierüber ist bis jetzt nicht gefallen, eine Einführung wird frühestens für das Jahr 2002 erwartet.

Es wird aber auch argumentiert, dass eine Erweiterung des Namensraumes alleine keinen positiven Effekt haben kann, da bestehende Unternehmen sich zusätzliche Namen sichern und auf gerichtlichem Wege anderen verbieten werden, ihren Domain-Namen mit anderen Kürzeln zu verwenden. Vielmehr sei eine Änderung der Beziehung zwischen Domain-Name und Markenname sinnvoll. Eine

---

[279] Stand: Januar 2002.

mögliche gravierende Änderung wäre jedoch die Erweiterung des Namensraumes durch eine Vielzahl an generischen Top-Level-Domains.

Derartige Bemühungen werden auch immer wieder von einzelnen Unternehmen unternommen, die versuchen, Domain-Endungen kleinerer Staaten zu kommerziell breit genutzten Domain-Namen zu machen. Jedoch scheiterten sowohl eine deutsche Firma, die seit 1996 versucht, die *.ag*-Domain-Namen (Antigua) einem breiten Publikum zu verkaufen, wie auch die von anderen, meist amerikanischen Firmen vertriebenen *.cc* (Cocoa Island), *.to* (Tongo) und *.nu* (Niue) Domain-Namen. Diese werden zwar vertrieben, haben jedoch keine oder nur regionale Bedeutung erreicht, wie etwa die *.nu*-Domain-Namen in Skandinavien, wo *nu* fast in allen Sprachen *jetzt* bedeutet. Der bisher spektakulärste Versuch, eine Nischendomain zu verkaufen, wurde von dem amerikanischen Unternehmen *DotTV* unternommen, das vom Inselstaat Tuvalu für 50 Millionen US-Dollar die Rechte für dessen Endung *.tv* erworben hat und nun die dazugehörigen Domain-Namen anbietet.

Momentan versucht das Unternehmen durch eine umfangreiche Marketingkampagne das *.tv*-Kürzel bei Konsumenten und Unternehmen als echte Alternative mit Imagevorteil gegenüber der *.com*-Domain zu etablieren. Auch wenn die Anzahl der Registrierungen von *.tv*-Domains vor allem während des Jahres 2000 sehr hoch lag und die Preise für die Domains tendenziell höher waren als bei allen anderen Top-Level-Domains (außer der TLD *.com*), ist dennoch zu bezweifeln, ob von ihnen eine Bedrohung für die Hegemonie der *.com*-Domains und der regionalen Domains ausgeht.

Eine entgegengesetzte These wird von Anbietern alternativer Rootserver-Systeme wie *New.net* vertreten (siehe auch Kapitel 6.2). Diese argumentieren, dass die ICANN, anstatt das Angebot an Domain-Namen künstlich zu verknappen, Firmen die Vergabe von kompletten Namensräumen überlassen sollen. Diese sollen komplett eigenverantwortlich eigene Top-Level-Domains verwalten können und Domains innerhalb dieser Top-Level-Domain zu frei festsetzbaren Preisen vergeben. *New.net* bietet inzwischen TLDs wie *.kids* oder *.gmbh* an, die von der ICANN nicht autorisiert sind.

Auch wenn dieser Ansatz interessant scheint, so ist der Unternehmenszweck von *New.net* äußerst fragwürdig und für das Internet als Gesamtheit eine Gefahr. Sollte sich das *New.net*-System nicht durchsetzen, wovon die meisten Experten ausgehen, sind alle Registrierungsgebühren für diejenigen, die Domains in dem alternativen Top-Level-System registriert haben, verloren. Das gleiche gilt für den Fall, dass eine der Top-Level-Domains, die bislang nur in einem solchen alternativen Rootserver-System angeboten wird, zu einem späteren Zeitpunkt in das allgemeine ICANN-authorisierte System aufgenommen wird. Dass diese Gefahr realistisch ist, zeigt die Diskussion um die mögliche Einführung einer *.kids*-Domain durch die ICANN. Sollte diese Domain tatsächlich eingeführt werden, wären aufgrund der Priorität der ICANN-Domains (siehe Abbildung 6.1.) die bei *New.net* registrierten Domains wertlos, und zwar ohne Entschädigung für die Kunden:

„Notwithstanding anything to the contrary, you agree that all fees paid by you to New.net are non-refundable, in whole or in part, even if the Domain Name is suspended, cancelled or transferred prior to the end of the then-current registration term by you, by New.net or otherwise."

„Ungeachtet jeglichen Widerspruchs willigen Sie ein, dass alle an New.net gezahlten Gebühren nicht rückerstattbar sind, weder ganz noch teilweise, selbst wenn der Domain-Name zurückgezogen, gelöscht oder transferiert wird, bevor die dann aktuelle Registrierungsperiode ausläuft, sei es von New.net oder sonst jemandem."

Ironischerweise ist trotz dieser Gefahr für die einzelnen Kunden das Risiko noch höher, wenn das *New.net*-Konzept erfolgreich ist. In diesem Fall nämlich ist jeder Kunde, der eine dieser alternativen Domains registriert, gut beraten, seine Registrierungsgebühren weiter zu zahlen, um seine – unter Umständen mit hohen Marketingaufwendungen eingeführte – Domain weiter nutzen zu können. Diese Registrierungsgebühren könnten dann beliebig von New.net erhöht werden:

„New.net reserves the right to change fees, surcharges, renewal fees or to institute new fees at any time, for any reason, at its sole discretion."

„New.net behält sich das Recht vor, Gebühren, Zusatzkosten oder Verlängerungskosten jederzeit, aus jedem Grund und nach eigenen Ermessen zu ändern."

Da es sich – entgegen der Behauptung von *New.net*, man strebe ein gesamtwirtschaftlich vorteilhaftes marktbasiertes System an – um den Versuch handelt, ein Monopol zu kreieren, ist das Konzept sowohl für jedes einzelne Unternehmen als auch für die Gesamtwirtschaft in höchstem Maße gefährlich. Internet-Providern und Domain-Registraren sei daher angeraten, das System in keiner Weise zu unterstützen, um nicht selbst – sollte sich das System tatsächlich durchsetzen (was bezweifelt werden kann) – Opfer der Monopolstellung von *New.net* zu werden. Für Domain-Spekulanten, die auf

Wertsteigerung hoffen, dürfte sich die Registrierung solcher Namen als Fehlinvestition erweisen.

Nur Unternehmen, die ganz sicher gehen möchten, raten wir, die wichtigsten Domain-Namen in den neuen Top-Level-Domains bei *New.net* zu registrieren, diese aber weder öffentlich zu publizieren noch aktiv zu schalten. Innerhalb der nächsten zwei oder drei Jahre wird sich sicherlich zeigen, ob dieses alternative System scheitert. In diesem Fall sind natürlich alle bereits gezahlten Registrierungs-gebühren unwiederbringlich verloren.

6.2
Vergebliche Mühen: Die Geschichte alternativer Rootserver-Systeme

Die Diskussion über die Möglichkeit, alternative Domain-Namen-Systeme anzubieten, ist fast so alt wie das DNS selbst. In einem alternativen DNS existiert eine parallele Adressdatenbank, die von dem Anbieter des Systems gepflegt wird. Wenn ein Endnutzer dann einen alternativen Domain-Namen in seinen Browser eingibt, wird zusätzlich zum normalen ICANN-Rootserver auch in der alternati-ven Adressdatenbank geprüft, ob ein Eintrag existiert – und genau dies ist der Flaschenhals des Systems. Denn um eine Suche in der al-ternativen Adressdatenbank zu ermöglichen, muss entweder der Endnutzer ein Browser-Plug-In installiert haben, oder der Internet-Provider, über den der Endnutzer Zugang zum Internet hat, muss ei-ne Modifikation seiner Server vorgenommen haben. Weder End-nutzer noch Internet-Provider haben jedoch einen Anreiz, dies zu tun, solange die Anzahl der Domain-Namen des Systems klein ist. Die Folge ist, dass nur wenige Endnutzer überhaupt Zugriff auf die-se Domains haben, was wiederum den Anbietern von Internetseiten keine Anreize gibt, für ihre Internetseiten alternative Top-Level-Domains zu registrieren. Diese Rückkoppelungseffekte, auch nega-tive Netzwerkeffekte genannt, führen zu einem Scheitern solcher Systeme.

Diskussion über alternative Domain-Namen-Systeme

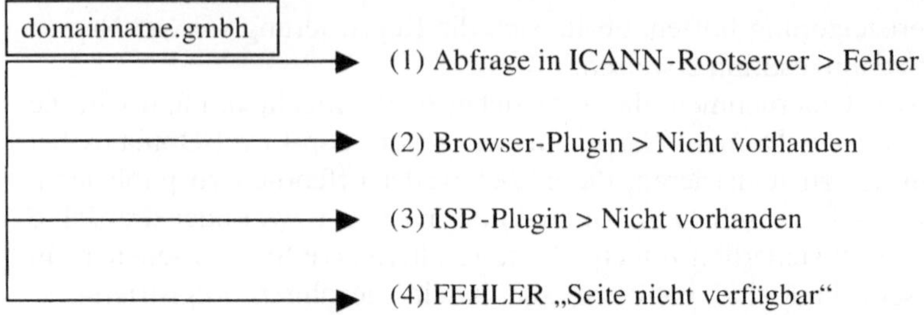

Abb. 6.1.
Abfolge der
Domainprüfung

Anbieter von al-
ternativen TLDs

Trotz dieser konzeptionellen Probleme versuchen Anbieter immer wieder, sich als alternatives System zu positionieren. Eine der ersten Anbieter von alternativen Domain-Namen war *AlterNIC*, ein Start-Up-Unternehmen, das im März 1996 online ging und Wiederverkäufern die Möglichkeit gab, ganze Top-Level-Domains eigenständig zu verkaufen. In Deutschland vertrieb *Germany.net* (jetzt Tochter der *Arcor Online GmbH*) Domain-Namen mit den Endungen *.ger, .gmbh* und *.netz* – jedoch ohne Erfolg. Der Vertrieb wurde daher mittlerweile eingestellt.

Neben diversen dubiosen Anbietern, die seit mehreren Jahren versuchen, alternative Top-Level-Domains (zum Beispiel das Unternehmen *dotSex.com* mit den *.sex*-Domains) anzubieten, offeriert auch eine deutsche Firma alternative Domains: Unter *beat-nic.de* kann kostenlos eine Vielzahl alternativer Domains registriert werden. Fast alle sind jedoch noch frei, denn das System ist für fast keinen Endnutzer erreichbar und damit wertlos.

Allen diesen Konzepten, ein alternatives DNS zu etablieren, ist gemein, dass auch hier die negativen Netzwerkeffekte und die Widerstände von offizieller Seite so groß sind, dass die Konzepte zum Scheitern verurteilt sind. Es ist daher wahrscheinlich, dass Kunden, die bei solchen Anbietern Domain-Namen registriert haben, wie schon oft zuvor auf wertlosen – da nicht erreichbaren – Domains sitzen.

6.3
Das RealNames-System

Die amerikanische *RealNames Corporation* versucht, für „die nächste Generation des Internet" der weltweite Versorger eines Namenssystems zu werden. RealNames bietet unter anderem einen Service Namens *Keywords* an, womit das aktuelle Domain-Namen-System auf eine höhere Ebene gesetzt werden soll.

Bei *Keywords* registriert man Wörter wie Firmennamen, Marken und Produkte ohne Zusatz (also *Siemens* statt *Siemens.de*), die dann einfach in den Browser eingegeben werden oder gleich komplette URLs durch einzelne Keywords ersetzen (also zum Beispiel *Siemens IR* oder *Siemens Investor Relations* statt *http://www.siemens.de/ pages/ir*). Darüber hinaus sind Keywords nicht auf Standardzeichensätze begrenzt, man kann also in jeder Sprache einen spezifischen Namen in dem bevorzugten Zeichensatz registrieren. Lokale Distributoren verkaufen die Keywords dann direkt an Unternehmen und Privatkunden.

Prinzipiell baut *RealNames* auf dem aktuellen Domain-Namensystem auf, jedoch wird im Hinblick auf neue Technologien (zum Beispiel sprachgesteuerter Internetempfang über Mobiltelefone) darauf spekuliert, dass das bisherige Domain-Namen-System dann technisch erneuert werden muss. Sinn macht ein Keyword-System als Ersatz von umständlichen URLs zum Beispiel bei den von ihrer Größe und ihrer Tastatur begrenzten Mobiltelefonen. Auch in Verbindung mit Spracherkennungs-Technologien können Keywords eine gute Alternative zu langen und schwer aussprechbaren URLs darstellen. So hat es die *RealNames Corporation* bereits geschafft, durch eine Zusammenarbeit mit den Firmen *Open Wave* und *VoiceStream* ihre Keywords in drahtlosen Netzwerken verfügbar zu machen.

Interessant sind auch die Teilhaber und Geldgeber der *RealNames Corporation*. So wird diese unter anderem finanziert von *VeriSign* (Konzerntochter von *Network Solutions*), *Morgan Stanley Dean Witter* und *ideaLab Capital Partners* (auch Investor von *dotTV* und *New.net*). Der strategisch interessanteste Geldgeber ist jedoch das Unternehmen *Microsoft*, das einen zwanzigprozentigen Anteil an der *RealNames Corporation* hält. *Microsoft* verfügt nämlich durch den hohen Marktanteil bei Internet-Browsern (momentan über 90 Prozent) über die Möglichkeit, jedes System mit seinem Browser zu unterstützen – und genau dies macht der *Internet Explorer* von *Microsoft* bereits. Damit kann das Keyword-System von über 90 Prozent der Internet-Nutzer verwendet werden.

Die *RealNames Corporation* sollte daher im Auge behalten werden. Obwohl es bis dahin noch ein weiter Weg wäre, hat das Unternehmen sowohl ein gutes strategisches Netzwerk gesponnen als auch ein Konzept entwickelt, das eines Tages das aktuelle Domain-Namen-System in Frage stellen könnte.

6.4
Tendenzen und Trends

Generell sind in Bezug auf Domain-Namen drei langfristige Trends
ersichtlich:

> a)   *Die Nachfrage steigt: Es werden mehr und mehr Domain-
> Namen reserviert.*

Im Zuge der erhöhten Verbreitung des Internets (Nutzer-
wachstum) und der Steigerung von personalisierten Dienstleistungen
wie individuelle Mailadressen oder Domain-Namen nimmt die
Nachfrage nach Domain-Namen kontinuierlich zu. Auch kurzfristige
Trends wie das Wiederfreiwerden von Domain-Namen, die von
Spekulanten erfolglos auf dem Sekundärmarkt angeboten worden
sind, können diesen langfristigen Trend nicht stoppen. Schätzungen
gehen von zirka 200 Millionen registrierten Domain-Namen bis
2010 aus.

> b)   *Das Angebot steigt: Die Anzahl an verfügbaren Top-Level-
> Domains und damit das Angebot an Domain-Namen nimmt
> kontinuierlich zu.*

Im Zusammenhang mit der zunehmenden Knappheit in den Namensräumen *.com*, *.net*, *.org* sowie in den lokalen Länderdomains
wie *.de* versuchen verschiedene Akteure, weitere Top-Level-Domains kommerziell verfügbar zu machen und zu vertreiben. So werden eigentlich lokale TLDs wie *.ws* (West Samoa) und *.tv* (Tuvalu)
als globale Bezeichnungen (Website beziehungsweise Television)
vertrieben. Den Kunden sowie den Endnutzern wird so eine univer-
selle, weltweite Verwendbarkeit suggeriert. Daneben werden neue
generische Top-Level-Domains eingeführt, wovon sich insbesondere
für die *.info*-Domain in Deutschland eine große Verbreitung ab-
zeichnet. Ob dies jedoch insgesamt zu besseren Möglichkeiten führen wird, seine Wunschdomain zu registrieren, ist fraglich. Denn
auch wenn die Möglichkeiten zur Registrierung von Domain-Namen
zunehmen, so ist doch zu erwarten, dass Unternehmen auf bewährte
und bekannte Domain-Endungen wie *.com* und *.de* zurückgreifen.

> c)   *Die Nutzung von Domain-Namen, Sub-Domains und ande-
> ren Adressierungsmethoden wird vielschichtiger und aus-
> gereifter.*

Im Gleichschritt mit insgesamt benutzerfreundlicheren Internet-Anwendungen verbesserten sich im Laufe der letzten Jahre auch die Adressierungen von Internet-Diensten. So werden einzelne Dienste mehr und mehr unter Sub-Domains gelistet. Der Domaindienstleister *Sedo.de* verwendet etwa die Sub-Domain *news.sedo.de* für die Newsplattform, *webtools.sedo.de* für weiterführende Dienste und *diskussion.sedo.d*e für das Domain-Diskussionsforum. Oftmals werden auch gänzlich eigene Domains zum schnellen Erreichen von einzelnen Angeboten verwendet. So verwendet das Portal *Abacho* die Domain *routenplaner.de*, um einen einfachen Zugriff auf seinen Routenplaner zu ermöglichen und darüber hinaus von Besuchern zu profitieren, die den Domain-Namen *routenplaner.de* direkt in den Browser eingeben. Es ist zu erwarten, dass Internetportale diese Arten von Vereinfachungen in der Navigation mehr und mehr nutzen werden.

6.5
Prognosen und Empfehlungen

Das Domain-Namen-System ist seit seiner Etablierung 1984 ständigen Erweiterungen unterworfen worden. Auch für die Zukunft sind ständige Veränderungen zu erwarten, wobei drei grundsätzliche Szenarien denkbar und möglich sind:

SZENARIO 1 – *Beibehaltung des Status quo*: Einige wichtige Top-Level-Domains (*.com*, *.de*, ...) werden genutzt. Andere Top-Level-Domains werden zwar angeboten, deren kommerzielle Nutzung bleibt jedoch gering.

SZENARIO 2 – *Unbegrenzte Top-Level-Domains*: Erweiterung des Domain-Namen-Systems durch eine Vielzahl weiterer Top-Level-Domains mit dem Ergebnis, dass die Image-Bedeutung der Endung des Domain-Namens verschwindet und alle Domain-Namen im Format *www.something.something* gleichberechtigt oder annähernd gleichberechtigt nebeneinander existieren und von den Konsumenten als solche wahrgenommen werden. Im extremen Fall dieses Szenarios kann jedes Unternehmen seine eigene Top-Level-Domain reservieren (*.ibm*, *.sony* etc.) und unterhalb seiner Top-Level-Domains Domain-Namen vergeben.

SZENARIO 3 – *Revolution des Systems*: Ersatz des Domain-Namen-Systems durch ein komplett neues System, wie zum Beispiel durch ein Keyword-System. In diesem Szenario ist es denkbar, dass sich ein neues System zuerst *on top* des Domain-Namen-Systems etabliert und danach dieses ablöst, da es aufgrund überragender Bedienerfreundlichkeit von den Konsumenten besser angenommen wird. Dies wäre beispielsweise der Fall, falls sich *Realnames* mit einem System durchsetzen kann, das nah an der natürlichen Sprache liegt und damit beispielsweise ermöglichen könnte, mit einem sprachgesteuerten System mobile Endgeräte zu steuern. In diesem Fall würde das Domain-Namen-System zwar weiterhin existieren, jedoch rein auf seine technische Funktion reduziert.

Wir erwarten eine Kombination aus Szenario 1 und Szenario 3. Das Szenario 2 schließen wir aus, da der Einsatz regionaler Top-Level-Domains kleinerer Staaten anstelle globaler Top-Level-Domains große Image-, Vertrauens und Wertprobleme mit sich bringt. Die *.com*-Domain, als *DotCom* pars pro toto für die gesamte *New Economy,* profitiert hierbei von einem Imagevorsprung, der für Nachahmer schwer einzuholen scheint.

Szenario 1 scheint als Grundszenario wahrscheinlich, da sich das System so weit etabliert hat, dass eine komplette Umwälzung unwahrscheinlich scheint und die mit der Nutzung des Systems verbundenen Netzwerkeffekte prohibitiv hoch gegenüber alternativen Systemen ist. Dies ist auch historisch gesehen schlüssig, da auch andere Adress-Systeme (Radiofrequenzen, Postleitzahlen, Telefonnummern) nie komplett umgeschaltet worden sind, sondern vielmehr durch einen langen Prozess von Anpassungen und schrittweisen Erweiterungen gegangen sind. Daher gehen wir davon aus, dass das Domain-Namen-System grundsätzlich in der jetzigen Form bestehen bleiben wird.

Die Probleme des Domain-Namen-Systems jedoch führen dazu, dass sich alternative Systeme für die einfache Auffindung von Internet-Webseiten mehr und mehr durchsetzen werden. So sind schon jetzt qualitativ hochwertige Suchmaschinen (zum Beispiel *Google*) verfügbar, die die Auffindbarkeit von Firmen-Webseiten besser möglich machen als dies über die Eingabe eines Domain-Namens möglich ist. *Google* bietet etwa die Möglichkeit, einen kompletten Firmennamen in das Suchfeld einzugeben (zum Beispiel *Siemens AG*) und dann durch Auswahl der Funktion *I feel lucky* direkt auf das erste Suchergebnis zu verzweigen. Dieses Suchverfahren führt in fast allen Fällen zum Erfolg, sofern das gesuchte Unternehmen eine Internetseite besitzt. Ähnliches wäre auch durch ein Keyword-Konzept (wie das von *Realnames*) möglich, das bei der Eingabe eines beliebigen Wortes in die Browserzeile den Nutzer zu einer bestimmten Webseite bringt.

Ein solches System existiert jedoch *on top* des Domain-Namen-Systems, so dass es das bisher existierende System optimal unterstützt, aber nicht ersetzt. Folglich wird es eher eine *Revolution des Suchens* im Internet geben, jedoch keine Revolution des Domain-Namen-Systems.

Anhang: Alle Top-Level-Domains weltweit

TLD	LAND / THEMA	REGISTRAR ODER REGISTRY	VERWALTUNG
.com	Commercial	schlund.de	Internet Corporation for Assigned Names and Numbers (ICANN)
.net	Network	schlund.de	ICANN
.org	Organisation	schlund.de	ICANN
.info	Information	schlund.de	Afilias Ltd.
.biz	Business	schlund.de	NeuLevel
.museum	Museen	musedoma.org	MDMA
.name	Privatpersonen	dot.name	Global Name Registry
.aero	Luftfahrt-Unternehmen	sita.int	SITA
.pro	Professionals	registrypro.com	RegistryPro
.coop	Genossenschaften	ncba.org	NCBA
.eu	Europa	doteu-partner.com	Europäische Union
.int	International		ICANN
.edu	Education (für Bildungs-Organisationen)	educause.edu/edudomain	ICANN
.gov	Government (für US-amerikanische Regierungsbehörden)	nic.gov	US Federal Government General Services Administration

.mil	Military (für US-Militär)	nic.mil	US Federal Government General Services Administration
.arpa	Einrichtung des ARPA-Net		Advanced Projects Research Agency (ARPA)
.ac	Ascension	speednames.de	AC Domain Registry
.ad	Andorra	nic.ad	NIC Andorra
.ae	Vereinigte Arabische Emirate	emirates.net.ae	Emirates Internet
.af	Afghanistan	nic.af	Maktab Ad Daftariayya AF (momentan werden keine Anmeldungen akzeptiert)
.ag	Antigua and Barbuda – vermarktet als Aktiengesellschaft	united-domains.de	UHSA School of Medicine
.ai	Anguilla	offshore.com.ai/ domain_names	Government of Anguilla
.al	Albanien	inima.al/Domains.html	Telecommunications Regulatory Authority (ERT)
.am	Armenien	1globalplace.com	Armenian Internet Users Group
.an	Niederländische Antillen	una.net/AN_DomReg/	University of The Netherlands Antilles
.ao	Angola	fccn.pt	Faculdade de Engenharia da Universidade Agostinho Neto
.aq	Antarktis	nsrc.org/db/lookup/ISO=AQ	2Day Internet Limited
.ar	Argentinien	speednames.de	Ministerio de Relaciones Exteriores Comercio Internacional y Culto Reconquista

.as	Amerikanisch-Samoa	1globalplace.com	ASnic
.at	Österreich	sedo.at	NIC AT
.au	Australien	aunic.net	Australian Research Network
.aw	Aruba	setarnet.aw	SETAR
.az	Aserbaidschan	speednames.de	Azerbaijan Communications
.ba	Bosnien-Herzegowina	utic.net.ba	Universtiy Telinformatic Centre (UTIC)
.bb	Barbados	domains.org.bb	Cable & Wireless, B.E.T.
.bd	Bangladesch	bttb.net	Ministry of Post & Telecommunications
.be	Belgien	speednames.de	DNS-BE Registration Office
.bf	Burkina Faso	onatel.bf/registry.htm	DELGI Delegational Generale Informatique
.bg	Bulgarien	digsys.bg/bg-nic	Digital systems
.bh	Bahrain	batelco.com.bh	Bahrain Telecommunications Company (BATELCO)
.bi	Burundi	1globalplace.com	Centre National de l'Informatique – Interpoint SARL
.bj	Benin	afridns.org	Offices des Posteset Telecommunications
.bm	Bermuda	bermudanic.bm	BermudaNIC
.bn	Brunei	brunet.bn/brunet/brunetjv.htm	Jabatan Telekom Brunei
.bo	Bolivien	nic.bo	BolNet
.br	Brasilien	registro.fapesp.br	Registro .BR
.bs	Bahamas	nic.bs	College of Bahamas
.bt	Bhutan	nic.bt	Bhutan Ministry of Communications – BTnic

.bv	Bouvet-Inseln (Norwegen)	uninett.no	Norwegian Registration Service for Internet Domain Names (NORID) [nicht benutzt]
.bw	Botswana	www.btc.bw	University of Botswana
.by	Weißrußland	tld.by	The State Centre of Security Information of Belarus Republic
.bz	Belize	1globalplace.com	University College of Belize
.ca	Kanada	1globalplace.com	CA Domain Committee
.cc	Kokos Inseln (Keeling-Inseln)	nic.cc	.cc Advisory Board
.cd	Demokratische Republik Kongo	nic.cd	NIC Congo – Interpoint SARL
.cf	Zentralafrika	socatel.intnet.cf	Societe Centrafricaine de Telecommunications – SOCATEL
.cg	Kongo	1globalplace.com	ONPT Congo and Interpoint Switzerland
.ch	Schweiz	sedo.ch	CH/LI DOM-REG
.ci	Elfenbeinküste	nic.ci	INP-HB Institut National Polytechnique Felix Houphouet Boigny
.ck	Cook-Inseln	oyster.net.ck	Telecom Cook Islands
.cl	Chile	1globalplace.com	NIC Chile
.cm	Kamerun	info.intelcam.cm	INTELCAM
.cn	China	cnnic.net.cn/e-index.shtml	CNNIC
.co	Kolumbien	nic.co	University of Los Andes
.cr	Costa Rica	nic.cr	National Academy of Sciences
.cz	Tschechoslowakei	nic.cz	veraltet, nicht mehr in Gebrauch

.cu	Kuba	1globalplace.com	CENIAInternet
.cv	Kap Verde	varela@isecmar.cv	Instituto Superior de Engenhariae Ciencias do Mar
.cx	Christmas-Inseln	1globalplace.com	NIC.CX
.cy	Zypern	nic.cy	University of Cyprus
.cz	Tschechische Republik	1globalplace.com	CZ.NIC z.s.p.o.
.de	Deutschland	sedo.de	Deutsches Network Information Center (DENIC)
.dj	Dschibuti	intnet.dj	Societe des Telecommunications Internationales de Djibouti (STID)
.dk	Dänemark	activeISP.de	DK Hostmaster
.dm	Dominica	b_junquera@upr1.upr.clu.edu	University of Puerto Rico
.do	Dominikanische Republik	nic.do	Pontificia Universidad Catolica Madre y Maestra
.dz	Algerien	nic.dz	CERIST
.ec	Equador	nic.ec/nicec.htm	EcuaNet – Corporacion Ecuatoriana de Informacion
.ee	Estland	eenet.ee/services/subdomains.html	EENet
.eg	Ägypten	frcu.eun.eg	Egyptian Universities Network (EUN)
.eh	West-Sahara	nicht im Gebrauch	
.er	Eritrea	teweldeg@gemel.com.er	Eritrea Information Systems Agency (EISA)
.es	Spanien	speednames.de	Centro de Comunicactiones CSIC RedI-RIRS (ES-NIC)
.et	Äthiopien	telecom.net.et	Ethiopian Telecommunications Corporation

.eu	reserviert für Europa	Einführung in Kürze	
.fi	Finnland	1globalplace.com	Telecommunications Administration Centre (TAC)
.fj	Fiji	usp.ac.fj/domreg	The University of the South Pacific
.fk	Falkland Inseln	fidc.org.fk	Falkland Islands Government
.fm	Mikronesien - vermarktet als Radio	1globalplace.com	FSM Telecommunications Corporation
.fo	Färöer-Inseln	nic.fo	Network Information Center Faroe Islands
.fr	Frankreich	speednames.de	Association Française pour le Nommage Internet en Coopération (AFNIC)
.fx	reserviert für Frankreich	nicht im Gebrauch	
.ga	Gabun	e.idoundou@inet.ga	Office des Postes & Telecommunications de la Republique Gabonaise
.gb	reserviert für Großbritannien	nicht im Gebrauch	
.gd	Grenada	tamcc@caribsurf.com	Ta Maurryshow Community College
.ge	Georgien	nic.net.ge	The Georgian Domain Name Registry
.gf	Französisch Guayana	1globalplace.com	Net Plus
.gg	Guernsey	1globalplace.com	Island Networks Ltd.
.gh	Ghana	ghana.com	Network Computer Systems Limited
.gi	Gibraltar	gibnet.gi/nic	Network Computer Systems Limited
.gl	Grönland	speednames.de	TELE Greenland A/S

.gm	Gambia	speednames.de	Gambia NIC
.gn	Guinea	psg.com/dns/gn	Centre National des Sciences Halieutiques de Boussoura
.gp	Guadeloupe	nic.gp	Networking Technologies Group
.gq	Äquatorial-Guinea	getesa.gq	GETESA
.gr	Griechenland	1globalplace.com	Foundation for Research and Technology Hellas (ICS-FORTH)
.gs	Südgeorgien und Südliche Sandwich-Inseln	speednames.de	AdamsNames
.gt	Guatemala	www.gt	Universidad del Valle de Guatemala
.gu	Guam	gadao.gov.gu	University of Guam
.gw	Guinea-Bissau	cherno@sol.gtelecom.gw	Guine Telecom
.gy	Guyana	speednames.de	University of Guyana
.hk	Hong Kong	hknic.net.hk/hknic	Hong Kong Network Information Centre
.hm	Heard- und Mac-Donald-Inseln (vermarktet als Home)	1globalplace.com	HM Domain Registry
.hn	Honduras	1globalplace.com	Programa Red de Desarrollo
.hr	Kroatien	dns.hr	Croatian Academic and Research Network (CARNet)
.ht	Haiti	haitiworld.com	HINTELFOCUS
.hu	Ungarn	nic.hu	Council of Hungarian Internet Porviders
.id	Indonesien	idnic.net.id	IDNIC – PPAU Mikroelektronika
.ie	Irland	1globalplace.com	University College Dublin

			Internet Society of Israel
.il	Israel	isoc.org.il	Internet Society of Israel
.im	Isle of Man	nic.im	Isle of Man Government
.in	Indien	http://domain.ncst.ernet.in	National Centre for Software Technology
.io	Britisches Indischer Ozean Territorium	1globalplace.com	IO Top Level Domain Registry
.iq	Irak	nic.io	Alani Corporation
.ir	Iran	nic.ir	Institute for Studies in Theoretical Physics & Mathematics (IPM)
.is	Island	isnic.is	Island Networks Jersey Ltd.
.it	Italien	speednames.de	IAT – CNR-Instituto CNUCE
.je	Jersey	isles.net	Island Networks Ltd.
.jm	Jamaika	manison@uwimona.edu.jm	University of West Indies
.jo	Jordanien	nic.gov.jo	National Information Center
.jp	Japan	speednames.de	Japan Network Information Center
.ke	Kenia	nbnet.co.ke/domain.htm	Republic of Kenya
.kg	Kyrgyztan	1globalplace.com	AsiaInfo Telecommunication Enterprise
.kh	Kambodscha	camnet.com.kh	Ministry of Post and Telecommunications
.ki	Kiribati	tikai@fisheries.gov.ki	Ministry of Renewable Resources
.km	Komoren	mgomrio@snpt.km	Societe Nationale des Postes et Telecommunications (SNPT)
.kn	Saint Kitts und Nevis	speednames.de	University of Puerto Rico

		Domain ist nicht im Gebrauch	
.kp	Nordkorea	Domain ist nicht im Gebrauch	
.kr	Südkorea	nic.or.kr/www/english	Korea Network Information Center
.kw	Kuwait	internic.net.kw	Ministry of Communications
.ky	Cayman-Inseln	1globalplace.com	Cayman Community Trust Fund
.kz	Kasachstan	speednames.de	KazNIC Registry
.la	Laos	1globalplace.com	Science, Technology and Environment Organization (STENO)
.lb	Libanon	aub.edu.lb/lbdr	American University of Beirut
.lc	Saint Lucia	isisworld.lc/domains	University of Puerto Rico
.li	Liechtenstein	puretec.de	CH/LI DOM-REG
.lk	Sri Lanka	1globalplace.com	Council for Information Technology
.lr	Liberia	psg.com/dns/lr	Data Technology Solutions, Inc.
.ls	Lesotho	co.ls	National University of Lesotho
.lt	Litauen	speednames.de	Kaunas University of Technology
.lu	Luxemburg	speednames.de	RESTENA
.lv	Lettland	1globalplace.com	University of Latvia – Department of Network Solutions
.ly	Libyen	nic.ly	Alshaeen for Information Technology
.ma	Marokko	iam.ma/indexns.asp	Ecole Mohammadia d'Ingenieurs (EMI)
.mc	Monaco	nic.mc	Gouvernement de Monaco, Direction des Télécommunications

			Republican Centre for Informatics
.md	Moldawien	1globalplace.com	Republican Centre for Informatics
.mg	Madagaskar	orstom.mg	Ecole Superieure Polytechnique d'Antananarivo (ESPA)
.mh	Marshall-Inseln	nic.net.mh	Cabinet Office
.mk	Mazedonien	mt.net.mk	Ministry of Foreign Relations
.ml	Mali	sotelma.ml	Societe des Telecommunications du Mali (SOTELMA)
.mm	Myanmar	nic.mm	MM-NIC
.mn	Mongolei	1globalplace.com	Datacom Co., Ltd.
.mo	Macao	umac.mo/other	University of Macau
.mp	Nördliche Marianen Inseln	dot.mp	Saipan Datacom, Inc.
.mq	Martinique	nic.mq	Systel
.mr	Mauretanien	Univ-nkc.mr/nic_mr.html	University of Nouakchott
.ms	Montsessat	speednames.de	Lubimal (MS) Ltd.
.mt	Malta	nic.org.mt	NIC Malta
.mu	Mauritius	1globalplace.com	Internet Direct Ltd.
.mv	Malediven	tarsus.net	Dhiraagu Pvt. Ltd.
.mw	Malawi	speednames.de	InterACCESS Communications
.mx	Mexiko	nic.mx/nic/plsql/nic.nic_Inicio	NIC-Mexico
.my	Malaysia	mynic.net	MIMOS
.mz	Mosambik	uem.mz	Centro de Informatica de Universidade Eduardo Mondlane
.na	Namibia	na-nic.com.na	Namibian Internet Development Foundation

.nc	Neukaledonien	ird.nc/en/index.html	Institut de recherche pour le développement (IRD)
.ne	Niger	intnet.ne	SONITEL
.nf	Norfolk-Inseln	speednames.de	Norfolk Island Data Services
.ng	Nigeria	excel@link.serve.com.ng	Nigerian TLD Registration Service
.ni	Nicaragua	nic.ni	Universidad Nacional del Ingernieria
.nl	Niederlande	speednames.de	Stichting Internet Domeinregistratie Nederland
.no	Norwegen	speednames.de	Norwegian Registration Service for Internet Domain Names (NORID)
.np	Nepal	mos.com.np	Mercantile Office Systems
.nr	Nauru	cenpac.net.nr	CENPAC NET
.nt	reserviert für Neutrale Zonen	nicht in Benutzung	
.nu	Niue	1globalplace.com	Internet Users Society – Niue
.nz	Neuseeland	domainz.net.nz	Internet Society of New Zealand
.om	Oman	omantel.net.om/design/domain_name.php	Oman Telecommunications Company
.pa	Panama	nic.pa	Panamanian Academic National Network (PANnet)
.pe	Peru	nic.pe	Red Cientifica Peruana
.pf	Französisch-Polynesien	gl@mail.pf	Office des Postes et Telecommunications (OPT)
.pg	Papua-Neuguinea	unitech.ac.pg/Unitech_General/ITS/ITS_Dns.htm	PNG DNS Administration

.ph	Philippinen (vermarktet: Phone)	speednames.de	PH Domain Foundation
.pk	Pakistan	pknic.net.pk	Pakistan Network Information Centre (PKNIC)
.pl	Polen	1globalplace.com	Research and Academic Computer Network
.pm	St. Pierre und Miquelon	nic.pm	AFNIC
.pn	Pitcairn Inseln (vermarktet: Planet)	government.pn/ PnRegistry/ PnRegistry.htm	Pitcairn Domain Names Orichalk Ltd.
.pr	Puerto Rico	uprr.pr/domain/main.html	University of Puerto Rico
.ps	reserviert für Palästina	nicht in Benutzung	
.pt	Portugal	1globalplace.com	Fundacao para a Computacao Cientifica Nacional
.pw	Palau-Inseln	rekel@belau.ne	PW Domain Registry
.py	Paraguay	nic.py	NIC-PY
.qa	Katar	qatar.net.qa/services/ virtual.htm	Qatar Public Telecommunications Corporation (Q-Tel)
.re	Reunion	nic.fr	Association Française pour le Nommage Internet en Coopération (AFNIC)
.ro	Rumänien	speednames.de	National Commission for Informatics
.ru	Russland	speednames.de	Russian Institute for Public Networks (RIPN)
.rw	Ruanda	1globalplace.com	NIC Congo – Interpoint SARL
.sa	Saudi Arabien	saudinic.net.sa	Saudi Network Information Center

.sb	Solomon Inseln	sbnic.net.sb	Solomon Telekom Co Ltd.
.sc	Seychellen	1globalplace.com	ATLAS Seychelles Ltd.
.sd	Sudan	sudatel.sd	Sudan OnLine Inc.
.se	Schweden	speednames.de	Network Information Centre Sweden (NIC-SE)
.sg	Singapur	nic.net.sg	Singapore Network Information Centre (SGNIC) Pte Ltd.
.sh	St. Helena	speednames.de	Government of St. Helena
.si	Slowenien	nic.sh	Academic and Research Network of Slovenia (ARNES)
.sj	reserviert für Svalbard und Jan Mayen Inseln	arnes.si/registracija.htm	Norwegian Registration Service for Internet Domain Names (NORID) [nicht benutzt]
.sk	Slowakische Republik	sk-nic.sk	SK-NIC Eunet Slovakia s.r.o.
.sl	Sierra Leone	zur Zeit keine Anmeldungen aus politischen Gründen	Sierratel
.sm	San Marino	1globalplace.com	Intelcom San Marino S.p.A.
.sn	Senegal	1globalplace.com	Ecole Superieure Polytechnique
.so	Somalia	nic.so	World Class Domains
.sr	Surinam	sr.net	Telesur
.st	Sao Tome und Principe (vermarktet als Site)	speednames.de	Tecnisys
.su	ehemalige Sowjetunion	ripn.net/nic/en	[veraltet, nicht mehr in Gebrauch]
.sv	El Salvador	svnet.org.sv	SVNet

.sy	Syrien	zur Zeit keine Anmeldungen aus politischen Gründen	Syrian Telecommunications Est.
.sz	Swaziland	africaonline.co.sz/domreg	University of Swaziland
.tc	Turks- und Caicos-Inseln	speednames.de	AdamsNames
.td	Tschad	tit.td	Telecommunications Internationales du Tchad (TIT)
.tf	Französische Südterritorien	speednames.de	AdamsNames
.tg	Togo	nic.tg	Cafe Informatique and Telecommunication
.th	Thailand	thnic.net	THNIC – Asian Institute of Technology
.tj	Tadschikistan	1globalplace.com	TJ Network Services
.tk	Tokelau-Inseln	dot.tk	2Day Itnernet Limited
.tm	Turkmenistan (Vermarktung: Trademark)	nic.tm	TM Domain Registry
.tn	Tunesien	ati.tn/nic	Agence Tunisienne Internet
.to	Tonga	1globalplace.com	TONIC – Government of the Kingdom of Tonga
.tp	Ost-Timor	1globalplace.com	Laleia
.tr	Türkei	dns.metu.edu.tr	Middle East Technical University
.tt	Trinidad und Tobago	speednames.de	University of the West Indies
.tv	Tuvalu – vermarktet als Television	speednames.de	dotTV Corporation
.tw	Taiwan	twnic.net/English	Taiwan Network Information Center (TWNIC)
.tz	Tansania	psg.com/dns/tz	University of Dar Es Salaam

			Communication Systems Ltd.
.ua	Ukraine	nic.ua.net	Communication Systems Ltd.
.ug	Uganda	registry.co.ug	Uganda Online
.uk	Großbritannien	nic.uk	Nominet UK
.um	US Minor Outlying Islands	nic.um	US Minor Outlying Islands Registry
.us	Vereinigte Staaten von Amerika	nic.us	United States Domain Registry
.uy	Uruguay	rau.edu.uy/rau/dom	SeCIU – Universidad de la Republica
.uz	Usbekistan	1globalplace.com	Euracom
.va	Vatikanstaat	vatican.va	Holy See Secretariat of State
.vc	Saint Vincent und die Grenadien	netsol.com/en_US/name-it/additional-ext.jhtml	Ministry of Communications and Works
.ve	Venezuela	nic.ve	NIC-VE
.vg	Britische Virgin-Insel	speednames.de	AdamsNames
.vi	Virgin-Inseln	nic.vi	Virgin Islands Public Telcommunications System
.vn	Vietnam	vnnic.net.vn	General Department of Posts and Telecommunications of Vietnam
.vu	Vanatu	1globalplace.com	Telecom Vanuatu Limited
.wf	reserviert für Wallis und Futuna Inseln	nic.fr	Association Française pour le Nommage Internet en Coopération (AFNIC)
.wg	reserviert für West-Jordan und Gaza	inoffizielle TLD, nicht durch die ICANN akzeptiert	
.ws	Samoa (vermarktet: Website)	sedo.de	Government of Western Samoa
.ye	Jemen	www.agip.com/countries/countries.htm	TeleYemen

			Association Française pour le Nommage Internet en Coopération (AFNIC)
.yt	reserviert für Mayotte	nic.fr	
.yu	Jugoslawien	nic.yu	YUNET Association – Telecommunications Society
.za	Südafrika	www2.frd.ac.za/uninet/zadomains.html	UNINET Project
.zm	Sambia	zamnet.zm	ZAMNET Communication Systems Ltd.
.zr	Zaire	nic.cg	
.zw	Zimbabwe	zispa.org.zw	Telecommunications Regulatory Authority (ERT)

Literaturverzeichnis

Althammer, Werner; Ströbele, Paul; Klaka, Rainer: Markengesetz, 7. Auflage, (zitiert: Althammer/Ströbele/Klaka, MarkenG), Köln/Berlin/Bonn/München 2000.

Attlfellner, Rudolph: Web.de mit Realnames, In: <e>MARKET, S. 14, 22/2000.

Bachofer, Michael: Wie wirkt Werbung im Web: Blickverhalten, Gedächtnisleistung und Imageveränderung beim Kontakt mit Internet-Anzeigen, Diplomarbeit, Stuttgart, 1997.

Brandl, Margit; Fallenböck, Markus: Zu den namens- und markenrechtlichen Aspekten der Domain-Namen im Internet, In: Wirtschaftsrechtliche Blätter, S. 481-492, 11/1999.

Boehm, Andreas: Verfügbarkeit und Schutz von Domain-Namen, Online-Publikation, www.fu-berlin.de/jura/netlaw/publikationen/beitraege/ws96-boehm01.html, 10.5.2000.

Booth, Jason: Need a loan? Put up your domain name as collateral, In: Asian Wall Street Journal, S. 6, 14.2.2000.

Brunner, Rick: E-Branding: An Accident Waiting to Happen, In: ClickZ, www.clickz.com/cgi-bin/gt/article.html?article=1733, 19.5.2000.

Bücking, Jens: Update Domainrecht: Aktuelle Entwicklungen im deutschen Recht der Internetdomains, In: MMR 2000, S. 656-664.

Buschek, Oliver: Teure Cyber-Burgen: Firmen, Familien und Städte schachern um das wertvollste Gut im Internet: Web-Adressen, S. 289, In: Focus 12/2000.

Carton, Sean: The Future of Domain Names, In: ClickZ, www.gt. clickz.com/cgi-bin/gt/cz/cz.html?article=1083, 15.12.1999.

De Paoli, Nicola: Neues Kapitel im Rechtsstreit um Domains: L'tur gegen Lastminute, In: Financial Times Deutschland, S. 4, 29.6.2000.

Diekhof, Rolf: Das Ende der Marken, In: <e>MARKET, S. 16-18, 21/2000.

Downey, Sean: GreatDomains.com Reports Year-to-Date Secondary Domain Name Market, PR Newswire, 21.8.2000.

Eder, Stephan: Suchmaschine mit einem fast natürlichen Analyse- verhalten, In: VDI Nachrichten, S. 24 25/2000.

Evans, Thomas: The Evans Appraisal System, In: Afternic.com, www.afternic.com/in-dex.cfm?a=gen&sa=proval&user=pjaevans, 7.9.2000.

Fechner, Georg: Domains, In: Net-Business, S. 23, 26.6.2000.

Fritsch, Michael; Wein, Thomas; Ewers, Hans-Jürgen: Marktversa- gen und Wirtschaftspolitik: mikroökonomische Grundlagen staatli- chen Handelns, 3. Aufl., München, 1999.

Gayer, Manfred: Com, net und org für alle – Network Solutions ver- liert sein Monopol auf die Domainname-Vergabe, In: Berliner Zei- tung, S.17, 1.10.1999.

Gumm, Heinz-Peter; Sommer, Manfred: Einführung in die Informa- tik, 4. Auflage, Oldenbourg Wissenschaftsverlag, 2000.

Hajek, Emanuel: RadioTower.com Inc. and SamsDirect Internet to Sell Domain Names, Business Wire, 13. 04. 2000.

Hance, Olivier: Business and Law on the Internet, o.O., 1996.

Hildesley, Hugh: The Complete Guide to Buying and Selling at Auction, New York, London, 1997.

Hoffmann, Helmut: Beschreibende Domains, Internet World, S. 152, 02/2000.

Höhne, Thomas: Namensfunktion von Internet Domain Names, In: ecolex, S. 924-926, 12/1998.

Horx, Matthias; Wippermann, Peter: Markenkult: Wie Waren zu Ikonen werden, Düsseldorf, 1995.

Huber, Florian: Welchen Wert hat ein Domain-Name?, In: Online Aktuell, S. 17, 9/2000.

Huber, Florian: Mythen und Legenden aus der Welt der Domain-Namen, www.domain-mythen.de, 18.6.2000.

Huber, Florian: What's in a Name? Oder: Der Wert von Domains, www.rick-formel.de, 24.7.2000.

Huber, Florian; Dingeldey, Daniel: Ratgeber Domain-Namen, 2001.

Hubmann, Heinrich; Götting, Horst-Peter: Gewerblicher Rechtsschutz, 6. Auflage, München 1998 (zitiert: Hubmann/Götting, Gewerblicher Rechtsschutz).

Ingerl, Reinhard; Rohnke, Christian: Markengesetz, München 1998 (zitiert: Ingerl/Rohnke, MarkenG).

Kircher, Sybille: Ingredient Branding, In: Wörkshop, S. 24-25, 02/2001.

Kius, René: Kampf um die Pole Position, In: <e>market, S. 64-67, 38/2000.

Kloos, Bernhard: Markenschutz im Internet – Effektives Vorgehen gegen Domain-Grabbing, In: Markenartikel, S. 50-53, 2/1998.

Köhler, Markus; Arndt, Hans-Wolfgang: Recht des Internet, 2. Auflage, Heidelberg 2000 (zitiert: Köhler/Arndt, Recht des Internet).

Krautwurst, Oliver: Viele Banken übersehen die Bedeutung des Domain-Namen, In: Geldinstitute, S. 50-52, 10/1999.

Kriegbaum, Catharina: Valuation of Brands – A Critical Comparison of Different Methods, In: Dresdner Beiträge zur Betriebswirtschaftslehre 13/1998, Dresden, 1998.

Kugler, Friedrich: Preisbildung auf spekulativen Märkten: Ansätze für eine sozioökonomische Formulierung, Heidelberg, 1994.

Kulkarni, Nita Jatar; Mazumdar, Rakhi; Garg, Pooja: India: Dot.coms – The Branding Bazaar, In: Business Today, S. 60-62, 7.4.2000.

Ladermann, Jeffrey; Smith, Geoffrey: Internet stocks: What's their real worth?, In: Business Week, S. 120, 12.14.98.

Lawrence, Elaine; Corbitt, Brian; Tidwell, Alan et. al.: Internet Commerce – Digital Models for Business, Brisbane, New York, Chichester u.a., 1998.

Leibowitz, Wendy R.: As 'cybersquatters' multiply, colleges try to protect their good names, In: Chronicle of Higher Education 1/2000.

Linstow, Bernhard von: Domain-Namen werden wie Firmen-Namen behandelt, In: Werben & Verkaufen, S. 146, 3/2000.

Loebbecke, Claudia; Schumacher, Tim: Towards a Theory of Valuing Internet Domain Names: Modeling and Analyzing Prices on the Secondary Market, Arbeitspapier des Seminars für Medienmanagement, Universität zu Köln, 2001.

Luther, Jörg: Neue Topleveldomains: Löcher im Konzept, In: InternetWorld Online, www.internet-world.de/iw/web_icann.htm, 16.6.2000.

Malakas, Konstantin; Schumacher, Tim (2000) Domain-Händel, In: c't, S. 262-263, 25/2000.

Martin, Charles L.: The digital estate: strategies for competing, surviving, and thriving in an internetworked world, New York u.a., 1997.

Manhard, Klaus: www.schon-vergeben.de, In: Süddeutsche Zeitung, S. 13, 2.5.2000.

Mayer-Schönberger, Viktor; Hauer, Karin: Kennzeichenrecht und Internet Domain Namen, In: ecolex, S. 947-951, 12/1997.

Meeker, Mary: The Internet Advertising Report, New York, 1997.

Mei-Pochtler, Antonella; Rasch, Stefan: E-Commerce in Deutschland – vom Goldrausch zur Goldgewinnung, Hrsg. von The Boston Consulting Group, München, 1999.

Merz, Michael: Elektronische Märkte im Internet, Berlin, 1996.

Müller, Hermann-Viktor: Die Bewertung von Immobilien: Verfahrensweisen, quantitative und qualitative Methoden, In: Brunner, Marlies (Hrsg.): Geldanlage mit Immobilien, Wiesbaden, 1994.

Mueller, Milton: The battle over Internet domain names, In: Telecommunications policy, S. 89-107, 22/1998.

Ojala, Marydee: The Business of Domain Names, In: Online 6/2000, S. 78-81.

Palandt, Otto: Bürgerliches Gesetzbuch, 60. Auflage, München 2001 (zitiert: Palandt, BGB).

Pogoda, Andreas: Auch im Internet Marke bleiben, In: Marketing Journal, S. 84-88, 2/2000.

Reichwald, Ralf; Hermann, Michael; Bieberbach, Florian: Auktionen im Internet, In: wisu – das Wirtschaftsstudium, S. 542-552, 4/2000.

Ries, Al; Ries, Laura: Die 11 unumstößlichen Gebote des Internet-Branding, München 2001.

Roeb, Thomas: Markenwert: Begriff, Berechnung, Bestimmungsfaktoren, Mainz 1994.

Rony, Ellen; Rony, Peter: The Domain Name Handbook, Lawrence, 1997.

Samuelson, Paul; Nordhaus, William: Economics, 15. Aufl., New York, St. Louis, San Francisco u.a., 1995.

Sander, Matthias: Die Bestimmung und Steuerung des Wertes von Marken: eine Analyse aus der Sicht des Markeninhabers, Tübingen, 1994.

Schönpflug, Tobias: Perfektion ade: Marken-Darwinismus im E-Commerce, In: Econy, S. 111-114, Berlin 6/2000.

Schumacher, Tim: Preisbildung im Handel mit Internet-Domain-Namen, Diplomarbeit an der Universität zu Köln im Fach Betriebswirtschaftslehre, Köln 2000.

Schumacher, Tim: Die strategische Bedeutung von Domain-Namen bei der Lokalisation von Internet-Angeboten, In: Usability – Nutzerfreundliches Webdesign, Hrsg. v. Gizycki, Springer-Verlag, Heidelberg, 2002.

Schumacher, Tim: Strategische Bedeutung von Internet-Domains für die Online-Aktivitäten, In: Das Innovative Unternehmen, Hrsg. von H. Barskeet, Düsseldorf 2001.

Shapiro, Carl; Varian, Hal R.: Information Rules: a strategic guide to the network economy, Boston 1998.

Simon, C.; Sullivan, M.: A Financial Approach to Estimating Firm-Level Brand Equity and Measuring the Impact of Marketing Events, Working Paper, Marketing Science Institute Report 92-116, Cambridge, 1992.

Sommer, Heike; Hansen, Carolin F.: Der Griff nach der com-Domain, In: Anwalts-Report, S. 4-8, 9/2000.

Smith, David Sumner; Murray, Ian: Internet: Names are the game, In: MARKETING, S. 35-37 10/1998.

Stadik, Michael: Die Taufe der Dotcoms, In: Business 2.0, S. 52-56, 10/2000.

Sternberg, Rolf; Krymalowski, Mark: Internet Domains and the Innovativeness of Cities/Regions – Evidence from Germany and Munich, In: European Planning Studies, Vol. 10, No. 2, S. 253-275, 2002.

Strömer, Tobias H.: Online-Recht: Rechtsfragen im Internet, 2. Auflage, Heidelberg, 1999.

Terhörst, Wolfgang: Branding setzt Firmen ins rechte Licht, In: Computerwoche, 6.8.1999.

Viefhues, Martin: Domain-Names, In: MMR Beilage 8/2001, S. 25-29.

Waltl, Peter: In: Lehmann, Michael (Hrsg.): Internet- und Multimediarecht (Cyberlaw), Stuttgart, 1997.

Weisser, Michael: www.dumm-gelaufen.com: Media-Unternehmen wurde vom Erfolg überrollt, In: Econy, S. 46-48, Berlin, 6/2000.

Wichmann, Friedrich: Die Preisbildung am Grundstücksmarkt, Dissertation, Technische Universität Berlin, 1958.

Wilson, Ralph F.: Long Domain Names and Links, In: Web Marketing Today, S. 66-69, 1/2000.

o.V.: Die meistabgerufenen Suchbegriffe auf Fireball.de, www.fireball.de/qstat.html, 8.6.2000.

o.V.: Die richtige Streuung, Mediaplan: Bei der Buchung und Plazierung von Bannern können unterschiedliche Strategien verfolgt werden, In: <e>market new media update 5/2000.

o.V.: E-Pricing: How the Digital Marketplace is Changing Product Pricing, A. T. Kearney, 1999.

o.V.: Integra – Complex Web Hosting: The Brains and Muscles of eCommerce, Lehman Brothers, 1999.

o.V.: What are the risks of investing in domain names?, In: Domain Names General, www.goldnames.com/faq_domainnames_general. html, 20.8.2000.

o.V.: What is the value of a domain name?, www.greatdomains .com/appraisal.asp, 26.1.2000.

Abkürzungsverzeichnis zum Kapitel Domain-Recht

AfP   Archiv für Presserecht (Zeitschrift)
BB   Betriebsberater (Zeitschrift)
BGB   Bürgerliches Gesetzbuch
BGH   Bundesgerichtshof
BGHZ   Entscheidungen des Bundesgerichtshofes in Zivilsachen
CR   Computer und Recht (Zeitschrift)
GRUR   Gewerblicher Rechtsschutz und Urheberrecht (Zeitschrift)
K&R   Kommunikation & Recht (Zeitschrift)
LG   Landgericht
MarkenG   Markengesetz
MMR   MultiMedia und Recht (Zeitschrift)
NJW   Neue Juristische Wochenschrift (Zeitschrift)
NJW-RR   Neue Juristische Wochenschrift – Rechtsprechungsreport (Zeitschrift)
OLG   Oberlandesgericht
UWG   Gesetz gegen den unlauteren Wettbewerb
WIPO   World Intellectual Property Organisation
WRP   Wettbewerb in Recht und Praxis (Zeitschrift)

Glossar

A

Ad Banner (Werbebanner): Eine Grafik auf einer Webseite, die auf eine vom Werbetreibenden gewählte → URL verweist. Werbebanner stellen zur Zeit die gebräuchlichste Form der Online-Werbung dar, meist in Standardformaten wie 468 x 60 Pixel.

Ad Product (Werbeprodukt): Eine spezielle Form der Werbung auf einer Website. Beispiele für Werbeprodukte sind Banner, Überblendungen, Spaltenanzeigen, Ticker und andere.

Ad Requests/Ad Impressions (Anzeigenanforderung): Eine Anforderung an den Server, eine Anzeige für die entsprechenden Webseite bereitzustellen. Messgröße für die Anzahl der Einblendungen eines Werbebanners.

Animated GIF (Animiertes GIF): Eine Animation, die aus verschiedenen, in einer Datei zusammengefassten GIF-Bildern besteht. Diese Bilder werden nacheinander angezeigt und vermitteln dadurch den Eindruck einer Animation. Forschungen belegen, dass animierte Banner effektiver als statische Banner sind, da sie eine höhere Aufmerksamkeit und einen höheren Erinnerungswert erzielen und dadurch erhöhte Klickfrequenzen erzeugen.

ARPANET: Ende 1969 wurde das *ARPANET* (Advanced Research Projects Agency-Net) in Amerika entwickelt. Zu Beginn hatte man innerhalb des ARPANET vier Host-Computer zusammengeschlossen. Das ARPANET wird als die „Mutter des Internet“ gesehen.

Auditor (Prüfstelle): Unabhängige Unternehmen oder Organisationen, die Bannerabrufe aufzeichnen, zählen und überprüfen oder das

Bannerberichtssystem einer Website bewerten und kontrollieren. Die in Deutschland bekannteste Organisation ist die IVW (Informationsgesellschaft zur Feststellung der Verbreitung von Werbeträgern).

B

Bandbreite (Band Width): Die Menge an Informationen, die gleichzeitig über eine Kommunikationsleitung übertragen werden kann. Je höher die Bandbreite ist, desto schneller wird die Webseite geladen. Eine begrenzte Bandbreite ist der Hauptgrund, warum die Dateigrößen der Grafiken auf Webseiten so klein wie möglich sein sollten.

Branding: Unter Branding versteht man das Etablieren einer Marke, um ein Produkt leichter von Konkurrenzprodukten abzugrenzen und den Wiedererkennungseffekt beim Konsumenten zu steigern. Um eine Marke einprägsam zu machen, muss eine möglichst treffende Assoziation mit ihr verbunden werden können. Ein einprägsamer Begriff (als Wortmarke eingetragen und als Domain-Name registriert), ein Logo oder eine Bildmarke können den Prozess des Brandings unterstützen und beschleunigen.

Browser: Ein Programm, mit dem im World Wide Web navigiert werden kann. Browser können sowohl text- als auch grafikbasiert sein. Zwei Beispiele für Browser sind Microsoft Internet Explorer und Netscape Navigator, wobei der Explorer momentan von über 80% der Internetnutzer verwendet wird.

Browser-Plug-In: Unter einem Plug-In versteht man eine Zusatzkomponente, die den Browser um eine Funktionalität erweitert. Netscape hat diese Art der Erweiterung eingeführt und eine Schnittstelle dazu definiert, so dass andere Hersteller Zusatzkomponenten anbieten können. Plugins sind Programme, die direkt im Betriebssystem des Client-Rechners ablaufen und vor der Benutzung auf dem Rechner installiert werden müssen. Sie werden für jedes Betriebssystem neu angepasst und sind deshalb nur für eine begrenzte Anzahl von Betriebssystemen erhältlich.

C

Cache (Zwischenspeicher): Eine Datei auf dem Client-Computer oder auf dem Unternehmens- oder Internet Service Provider-Server, in der Webseiten für die Anzeige im Browser zwischengespeichert werden. Dies beschleunigt die Anzeige von Webseiten, da sie durch lokale Computer nun direkt vom Client-Computer abgerufen werden können, ohne sie aus dem Web herunterladen zu müssen. Dieses Verfahren wird häufig von Unternehmen und ISPs eingesetzt, bei denen viele Benutzer einen gemeinsamen Zugang zur Anzeige derselben Webseiten verwenden.

Channels (Themenbereiche): Links, die in bestimmten Kategorien (üblicherweise auf einer Portalseite) zusammengefasst sind, und auf thematisch verwandte Inhalte verweisen.

Chat: Eine Form der interaktiven Kommunikation im Web. User können sich in Echtzeit über ihre Tastatur mit anderen Personen in einem Chat-Raum "unterhalten".

Clickstream (Klickverlauf): Der elektronische Weg, dem ein Benutzer während einer Internet-Sitzung folgt, während er sich zwischen Websites und innerhalb einzelner Websites von Seite zu Seite bewegt.

Click-through (Klick): Das Klicken auf ein Banner oder eine anderes Online-Werbemittel, wodurch ein Benutzer in der Regel zur Website des Auftraggebers der Werbung weiterleitet wird. Bei einem Pay-Per-Click-Programm wird der Werbeträger anhand der Anzahl der erfolgten Klicks vergütet.

Click-through Ratio (CTR, Anzeigenklickrate): Prozentualer Anteil der Klicks im Verhältnis zur Gesamtzahl der Bannereinblendungen. Formel: CTR = Klicks / Bannereinblendungen.

Cookie: Eine Datei auf einem Computer, in der beispielsweise Informationen darüber gespeichert werden, welche Websites ein Nutzer besucht hat. Einige Websites verwenden Cookies, um Besucher dieser Site zu identifizieren und ihnen personalisierte Informationen bei einem erneuten Besuch der Site anzubieten. Benutzer können die Speicherung von Cookies durch Websites verhindern, indem sie entsprechende Einstellungen in ihrem Browser vornehmen.

Corporate Identity: Unter Corporate Identity versteht man die einheitliche Unternehmensidentität und deren Kommunikation nach innen und nach außen.

CRM: Customer Relationship Management, Management von Kundenbeziehungen, oft mittels Datenbanken.

Cybersquatting : Siehe → Domain-Grabbing.

D

Demographics (Demografische Daten): Demografische Merkmale, anhand derer die Bevölkerung bestimmten Bevölkerungsgruppen zugeordnet wird. Zu den typischen demografischen Daten gehören Alter, Geschlecht, Wohnort und Einkommen.

DENIC: Deutsches Network Information Center e.G., als Genossenschaft organisierte Zentralstelle zur Vergabe und Verwaltung deutscher (*.de*) Domain-Namen.

DNS (Domain-Name-System): Domain-Namen-System, also die Gesamtheit des auf Domain-Namen basierenden Adressierungssystems.

Domains: Domains sind der Teil der Internetadresse nach dem *www*. In den meisten Fällen wird das *www* zusätzlich als sogenannte Subdomain vorausgestellt, aber der Domainname selbst ist nach dem Muster *xyz.de* aufgebaut. Siehe auch → Second-Level-Domain und → Top-Level-Domain.

Domain-Grabbing (Cybersquatting): Der Begriff Domain-Grabbing bezeichnet die Registrierung von Domains, die Namens- oder Kennzeichenrechte Dritter verletzen, mit dem Ziel, den Inhaber des Rechts oder einen Dritten zur Zahlung einer Geldsumme für die Überlassung der Domain zu bewegen.

Dynamic Rotation (Dynamische Rotation): Banner werden zufällig ausgewählt und angezeigt, so dass den Verbrauchern verschiedene Varianten angezeigt werden.

E

E-Commerce: Verkauf von Produkten und Dienstleistungen über
das Internet.

Escrow Service: Unter einem Escrow Service (Treuhanddienst) ver-
steht man im Zusammenhang mit Domain-Namen die treuhänderi-
sche Abwicklung einer Domaintransaktion durch einen Internet-
Dienstleister. Die Übertragung der Domain vom Verkäufer auf den
Käufer wird dabei erst nach dem Eingang des Kaufpreises auf ein
Treuhandkonto veranlaßt. Ist die Übertragung erfolgreich, wird der
Kaufpreis an den Verkäufer ausgezahlt. Im Domainmarkt wird ein
Treuhanddienst häufig von Domainbörsen angeboten, um einen rei-
bungslosen und vertrauensvollen Transfer von Domain und Kauf-
preis für beide Parteien zu gewährleisten.

Expiration Date: Datum, an dem der vorausbezahlte Zeitraum für
die Domain-Registrierung ausläuft. Beim Expiration Date geht die
Domain wieder in den Pool der frei registrierbaren Domains über.

F

FTP: File Transfer Protocoll, ein Protokoll, um Dateien zu übertragen.

G

GIF (Graphic Interchange Format): Weitverbreitetes Dateikom-
pressionsverfahren für Werbebanner und die meisten anderen Grafiken im Web.

H

Hit (Server-Anfrage, Anfrage): Ein Ereignis auf dem Server, das
durch die Aktion eines Benutzers auf der Webseite ausgelöst wird.
Anhand von Hits kann das Traffic-Aufkommen einer Website ermit-
telt werden. Dies ist jedoch kein zuverlässiges Verfahren für den

Vergleich verschiedener Websites, da eine Seite mit zehn grafischen Elementen elf Hits registriert, während einer Seite ohne Grafiken nur einen Hit auslöst.

Http: Hypertext Transfer Protocol, ein Protokoll, um Textdateien im HTML-Format zu übertragen.

Hyperlink: Texte oder Grafiken, die Verknüpfungen enthalten. Wenn ein Benutzer auf einen verknüpften Text beziehungsweise eine verknüpfte Grafik klickt, wird der Benutzer zu einer anderen Stelle entweder auf derselben oder auf einer anderen Seite weitergeleitet.

I

ICANN: Die Abkürzung steht für Internet Corporation for Assigned Names and Numbers. Die ICANN ist eine private Internet-Organisation mit Sitz in Marina del Rey, Kalifornien, die bestimmte zentrale Koordinierungsaufgaben im Internet übernimmt. Es geht dabei um folgende Bereiche:

- IP-Adressen: ICANN koordiniert das IP-Adressensystem und ist die oberste Instanz, die IP-Adressenblöcke vergibt. Die Blöcke werden an die regionalen IP-Registries vergeben, die sie dann weiter verteilen.

- Domain-Namen-System: ICANN koordiniert das Domain-Namen-System (DNS) und ist insbesondere die Instanz, die über die Einrichtung von Top-Level-Domains entscheidet.

- Internet-Protokolle: ICANN koordiniert die Zuweisung von Parametern mit Internet-Bezug und ist zum Beispiel für die Vergabe von IP-Port-Nummern zuständig.

- Rootserver System: Die ICANN überwacht den Betrieb des Rootserver-Systems.

Impressions/Ad Requests (Banneranforderungen): Banneranforderung ist der Fachbegriff für die Bereitstellung eines Banners auf einer Webseite. Technisch gesehen handelt es sich um eine Anforderung von einer Banner-Engine an den Anzeigenserver, eine Anzeigengrafik darzustellen.

Internet: Das Wort *Internet* setzt sich aus zwei Teilen zusammen, nämlich aus *inter* (lateinisch für *zwischen*) und *net*, der Abkürzung für *networking* (englisch für *vernetzen*). Im Computerbereich bedeutet *Internet* also die Vernetzung zwischen Computernetzen. Das Internet darf nicht gleichgesetzt werden mit dem World Wide Web (WWW). Es ist statt dessen ein Oberbegriff für viele einzelne Funktionen, zu denen das WWW gehört. Weitere Dienste sind E-Mail, Newsnet, FTP (File Transfer Protocol) und Telnet.

Internetadresse: Eine Adressierung im Format *www.xyz.de*.

Internet Service Provider (ISP, Internet-Diensteanbieter): Eine Organisation, die (normalerweise gegen eine monatliche Gebühr) den Zugang zum Internet ermöglicht. Bei einem Internet Service Provider kann es sich um einen kommerziellen Anbieter, ein Unternehmensnetzwerk, eine Schule, eine Universität oder eine Regierung handeln.

Inventory (Banner-Bestand): Der auf einer Website verfügbare Platz für Banner, der für eine bestimmten Zeitspanne bereitgestellt werden kann.

IP: Internet Protokoll, allgemeine Bezeichnung für im Internet verwendete Protokolle.

J

JPEG (Joint Photographic Experts Group, JPG): Ein Dateiformat für Grafiken, das für Fotos und andere Bilder mit vielen Farben und Abstufungen verwendet wird.

K

Kunstbegriff: Ein nicht-generischer Begriff, also ein erfundenes Wort wie zum Beispiel *Sedo* oder *Yahoo*.

L

Länderkürzel: Siehe → Top-Level-Domain.

Latency (Latenz): In Netzwerkumgebungen bestimmen die Latenz und die Bandbreite die Geschwindigkeit einer Verbindung. Latenz ist die Zeit, die für den Transport eines Datenpakets über eine Netzwerkverbindung benötigt wird.

Lead: Unter einem Lead versteht man eine qualifizierte Anfrage, zum Beispiel das Ausfüllen eines Formulars durch den Internetnutzer. Ein Pay-Per-Lead-Programm vergütet einen Werbepartner abhängig von der Anzahl der erfolgten Anfragen.

Link (Hyperlink): Hervorgehobener Text (in der ursprünglichen Form blau und unterstrichen) oder ein Bild in einem HTML-Dokument. Wenn auf einen Hyperlink geklickt wird, wird man zu einer anderen Webseite oder zu einem anderen Ort auf derselben Webseite weitergeleitet.

Lock-in-Effekt: Mit dem Begriff Lock-in-Effekt werden Zustände beschrieben, die entstehen, wenn eine Vertragspartei (Kunde bzw. Anbieter) in besonderem Maße an seinen Vertragspartner gebunden ist, zum Beispiel weil bei einem Wechsel eines Vertragspartners zu einem neuen Konkurrenzanbieter Wechselkosten anfallen. Im Bezug auf Domain-Namen kann ein Lock-in-Effekt zum Beispiel auftreten, wenn ein Domaininhaber mittels hoher Wechselbarrieren von einem Umzug seines Domainnamens zu einem anderen Provider gehindert wird. Auch ein Anbieter kann sich in eine Lock-in-Position begeben, zum Beispiel wenn er durch die zu einem früheren Zeitpunkt erfolgte falsche Wahl eines generischen Domain-Namens eine regionale oder produktspezifische Expansion zu einem späteren Zeitpunkt verhindert.

M

Metatags: Unter Metatags versteht man Eintragungen in einer HTML-Seite, die nicht auf der Seite selbst zu sehen sind. Die Eintragungen enthalten Anweisungen für den Browser und für die Suchmaschinen.

Multichannel-Anbieter: Ein Anbieter, der verschiedene Vertriebswege, zum Beispiel Filialen und Direktvertrieb, gleichzeitig nutzt.

Multilinguale Domain-Namen (MDN): Bisher sind nur Domains im internationalen Standardzeichensatz möglich. Bei den multilingualen Domain-Namen sind auch Sonderzeichen und nationale Zeichensätze verwendbar. Das RACE-Verfahren arbeitet an dieser Entwicklung.

N

Namefinding: Mit Namefinding bezeichnet man den Prozess der professionellen Entwicklung und Überprüfung kommerziell genutzter Namen, vornehmlich Marken- und Firmennamen. Im Rahmen der Markenbildung liefert das Namefinding den Grundstein zur Marke und ist nicht gleichzusetzen mit Termini wie Branding oder Markenkreation.

O

Online Service (Online-Dienst): Ein Unternehmen, das nur registrierten Kunden Content zur Verfügung stellt. Die meisten Online-Dienste bieten zwar mittlerweile auch Zugang zum Internet an, jedoch bleibt deren wichtigste Dienstleistung weiterhin das unabhängig verwaltete Netzwerk, auf das nur registrierte Kunden zugreifen können. Dieses Netzwerk ist kein Bestandteil des Internets, obwohl einige Online-Dienste ihre Inhalte teilweise im Web zur Verfügung stellen. Beispiele: AOL, MSN, CompuServe und Prodigy.

P

Packages (Pakete): Eine Gruppe bzw. eine Sammlung von Online-Werbeprodukten, die zu einem kostengünstigen Paket zusammengefasst sind.

Page Views (Seitenaufrufe, Page Impressions): Ein Page View ist der Seitenabruf einer Internetseite. Wichtig für Werbebannerbuchungen. Ein → Visitor erzeugt in der Regel mehrere Page Views, je nach Inhalt und Attraktivität einer Internetseite sind es meist 3-10 Pageviews.

Per-Klick-Programm: Siehe → Click-through

Per-Lead-Programm: Siehe → Lead

Plug-In: Siehe → Browser-Plug-In.

Portal: Der Ausgangspunkt für einen Benutzer im Internet. Hier werden Informationen und Dienstleistungen wie News, E-Mail, Unterhaltung, Einkaufsmöglichkeiten, Sport und viele weitere Informationen angeboten. Der Begriff Portal bezieht sich auf die virtuelle "Tür", durch die ein Benutzer bei jedem Zugriff auf das Internet eintritt. Dies ist der erste Bildschirm, der einem Benutzer nach der Einwahl angezeigt wird.

Provider: Dienstleister unter anderem für die Domainregistrierung.

Psychographics (Psychographische Daten): Psychographische Merkmale, anhand derer die Bevölkerung bestimmten Bevölkerungsgruppen zugeordnet wird. Typische psychographische Daten sind Meinungen und Einstellungen zu verschiedenen Aspekten des Lebensstils und Einkaufsverhaltens.

R

RACE-Verfahren: Domains wie *bücher.com* oder *börse.com* (Multilinguale Domain-Namen) sind durch dieses Verfahren allgemein und ohne Software-Erweiterung im Browser erreichbar. Dies wird durch einen technischen Kunstgriff möglich, bei dem solche Namen auf der Grundlage des Unicode-Standards in eine ASCII-Zeichenfolge übertragen werden. Bisher sind nur Domains tauglich, die sich aus dem internationalen Standardzeichensatz zusammensetzen.

Reach (Reichweite): Die Gesamtzahl der Personen, die eine bestimmte Anzeige sehen.

Registrar: Dienstleister für Domainregistrierungen.

Rootserver: Die Zuordnung einer IP-Adresse zu einem Domain-Namen erfolgt über so genannte DNS-Server. Solche DNS-Server sind auf der ganzen Welt verteilt, und zumeist kennt der DNS-Server z.B. des eigenen Zugangsproviders bereits die IP-Adresse der gewünschten Domain. Wenn der DNS-Server die Domain nicht zuordnen kann (oder die Zuordnung bereits so alt ist, dass sie nicht mehr verlässlich ist), schickt er die Anfrage weiter an einen höheren DNS-

Server. An oberster Stelle des Domain-Namen-Systems stehen dreizehn Rechner: die Rootserver, jeweils mit einem Buchstaben gekennzeichnet. An oberster Stelle steht der Rootserver A, auf dessen Daten die Angaben aller anderen Rootserver beruhen.

S

Search Engine (Suchmaschine): Ein Programm, das für das Internet eine ähnlich Funktion wie ein Suchkatalog in einer Bibliothek übernimmt. Suchmaschinen helfen einem Benutzer dabei, die gewünschten Informationen oder Ressourcen einzugrenzen, die der Benutzer anhand von Schlüsselwörtern spezifiziert. Für die Suche dieser Informationen wird normalerweise ein Index von Webressourcen anhand von Schlüsselwörtern oder Kategorien durchsucht, die vom Benutzer eingegeben werden. Dieser Index kann entweder basierend auf bestimmten Ressourcenlisten oder durch spezielle Software, wie Web-Robots, -Spiders, -Crawlers und -Worms erstellt werden.

Second-Level-Domain (SLD): Mit dem Begriff Second-Level-Domain wird die zweite Ebene eines Domain-Namens bezeichnet, also der Teil vor der Top-Level-Domain.

Seitenaufrufe: Siehe → Page Views.

Switching Costs (Wechselkosten): Kosten, die beim Wechsel des Vertragspartners entstehen. In Bezug auf Domain-Namen können Switching Costs zum Beispiel bei der Umbenennung einer Internet-Präsenz entstehen.

T

Targeting: Der Versuch, Benutzern die bestmögliche Anzeige anzubieten. Dies kann durch Abstimmung des Inhalts, Erstellung von Profilen oder Filtern basierend auf den Interessen oder der Situation des Rezipienten erreicht werden.

TCP: Kommunikationsprotokoll für die Übertragungssteuerung von Nachrichten im Internet.

TKP (CPM): Tausender-Kontakt-Preis, Kosten pro tausend Anzeigenanforderungen. Entspricht dem Preis, den ein Auftraggeber bezahlen muss, wenn seine Anzeige tausend Mal auf der Website angezeigt wird.

Top-Level-Domain (TLD): Jeder → Domain-Name hat eine Top-Level-Domain als Suffix. Man unterscheidet zwei Arten von Top-Level-Domains: Die *generischen* Top-Level-Domains (gTLDs) wie etwa *.com*, *.net* und *.org* und die länderspezifischen *country code* Top-Level-Domains (ccTLDs), beispielsweise *.de* für Deutschland oder *.fr* für Frankreich.

Traffic (Verkehrsaufkommen): Die Anzahl und die Art der Benutzer, die eine Website besuchen. Der Traffic kann auf unterschiedliche Arten gemessen werden. Messgrößen sind → Unique Users oder → Page Views.

Treuhanddienst: Siehe → Escrow Service.

U

Überlaufverluste: Verlust von Kunden aufgrund einer nicht gut durchdachten Wahl des Domain-Portfolios.

Unique Users: Zu den Unique Users werden nicht die Benutzer gezählt, die innerhalb eines Monats mehrfach die gleiche Website aufrufen.

URL: Uniform Ressource Locator. Eine Adresse, die eine bestimmte Seite im Web eindeutig identifiziert.

V

Visitor: Ein Visitor, auch Unique Visitor genannt, ist ein Besucher auf einer Internetseite. Siehe auch → Page Views.

Webhosting: Anbieten von Servern und Speicherplatz in professionell verwalteten Rechenzentren.

Website: Ein abgelegter Inhalt auf einem Rechner im World Wide Web. Der Begriff Website bezieht sich auf alle unter einer bestimmten Domain bereitgestellten Informationen. In der Regel besteht eine Webseite aus mehreren Unterseiten.

WIPO: World Intelectual Property Organization, in Genf ansässige Organisation, die sich mit Fragen bezüglich Patenten, Marken und anderen Rechten beschäftigt. Seit Ende 1999 existiert zusätzlich eine internationale Schlichtungsstelle für Domainstreitigkeiten.

WWW: World Wide Web, der grafische Teil des Internet.

Sachverzeichnis